Die FORTRAN-Fibel

Strukturierte Programmierung mit FORTRAN 77
Lehr- und Arbeitsbuch für Anfänger

Von
Dr. Thomas Kühme
und
Dr. Peter Witschital

3., durchgesehene Auflage

R. Oldenbourg Verlag München Wien

Dr. Thomas Kühme
Menthstraße 4
8011 Pöring

Dr. Peter Witschital
Geschwister-Scholl-Ring 6
8034 Germering

CIP-Titelaufnahme der Deutschen Bibliothek

Kühme, Thomas:
Die FORTRAN-Fibel : strukturierte Programmierung mit
FORTRAN 77 ; Lehr- u. Arbeitsbuch für Anfänger / von
Thomas Kühme u. Peter Witschital. – 3., durchges. Aufl. –
München, Wien ; Oldenbourg, 1991
   ISBN 3-486-22016-0

Gesamtherstellung: Hofmann, Augsburg

ISBN 3-486-22016-0

Vorwort

Vorwort zur 3. Auflage

Wir freuen uns, hiermit eine dritte, sorgfältig durchgesehene Auflage der FORTRAN-Fibel präsentieren zu können.

Die unverändert bestehende Nachfrage nach dem Buch zeigt, daß die Programmiersprache FORTRAN allen Unkenrufen zum Trotz noch immer eine große Bedeutung besitzt. Das ungebrochene Interesse an der Fibel und die durchweg positive Resonanz, die in den Briefen unserer Leser zum Ausdruck kommt, belegen aber auch, daß mit dem Fibel-Konzept der Einstieg in das Programmieren mit FORTRAN ganz wesentlich erleichtert werden kann. Wir freuen uns über diesen Erfolg und wünschen allen zukünftigen Lesern ein gutes Gelingen!

München, im Frühjahr 1991

Thomas Kühme
Peter Witschital

Vorwort zur 2. Auflage

Unter Beibehaltung des „Fibel-Konzepts", das sich in der ersten Auflage dieses Lehrbuchs erfolgreich bewährt hat, wurden zahlreiche Verbesserungen und Ergänzungen in die Neuauflage aufgenommen. Mit dem neuen Kurzindex zum Herausklappen wurde eine oft geäußerte Anregung verwirklicht. Die Fibel kann nun noch wirkungsvoller als Lehrbuch und Nachschlagewerk in einem verwendet werden.

Wir danken allen, die durch ihre Kritik, Anregungen und Mitwirkung zum guten Gelingen dieser Auflage beigetragen haben.

Braunschweig, im Herbst 1988

Thomas Kühme
Peter Witschital

Vorwort zur 1. Auflage

Die FORTRAN-Fibel ist ein Anfänger-Lehrbuch. Sie soll den Leser am Beispiel der weit verbreiteten Programmiersprache FORTRAN 77 in die Grundzüge des

Programmierens einführen. Vorkenntnisse aus Informatik, Mathematik oder anderen Bereichen sind nicht erforderlich.

Die Fibel ist für das Selbststudium gedacht. Auf eine leicht verständliche und sehr ausführliche Darstellung wurde daher besonderer Wert gelegt. Schritt für Schritt werden die wichtigsten Konzepte der höheren Programmiersprache FORTRAN erläutert. Schon nach kurzer Zeit ist der Leser in der Lage, kleine, aber deshalb nicht weniger anspruchsvolle Programmierprobleme zu lösen und seinen Lernerfolg daran zu messen.

Die Ausführungen in der Fibel beziehen sich auf den FORTRAN-77-Standard, für den es mittlerweile Übersetzer auf fast allen Klein- und Großrechnern gibt. Der Leser wird aber nicht mit der verwirrenden Vielfalt des vollen Sprachumfangs belastet. In der Fibel soll vielmehr im Sinne eines „sauberen" Programmierstils vermittelt werden, wie man mit elementaren FORTRAN-Sprachmitteln gut strukturierte und klar formulierte Programme entwickelt. Dazu gehört sicherlich nicht die Diskussion von Anweisungen, die gerade wegen ihrer Exotik und Systemabhängigkeit vermieden werden sollten. Wo trotz allem Rechnerabhängigkeiten berücksichtigt werden müssen, wird jeweils im Text und zusammenfassend im Anhang darauf hingewiesen.

FORTRAN ist eine recht betagte Programmiersprache und hinkt den Erkenntnissen heutiger Programmiermethodik konzeptionell hinterher. Die Fibel will zeigen, daß man auch dann etwas über moderne Informatik lernen kann, wenn man sich wegen der weiten Verbreitung für FORTRAN als erste Programmiersprache entschieden hat.

Die FORTRAN-Fibel sowie die gleichzeitig erscheinende Pascal-Fibel entstanden als Unterlagen zu einem Programmierkurs für Studenten aller Fachrichtungen und Semester an der Technischen Universität Braunschweig. Bei allen Kursteilnehmern und -betreuern möchten wir uns herzlich für die vielen wertvollen Hinweise und Anregungen bedanken.

Unser Dank gilt auch und vor allem Herrn Prof. Dr. Günther Stiege, der den Anstoß zur Entstehung der Fibeln gab und uns bei diesem Vorhaben umfassende Unterstützung gewährte. Besonderen Dank möchten wir Herrn Arnd Gerns und Herrn Karsten Luck für die Erstellung der Druckvorlage unter Verwendung des Programms TEX aussprechen. Nicht zuletzt danken wir unseren Angehörigen für das uns entgegengebrachte Verständnis und die Hilfe beim Korrekturlesen. Beschließen möchten wir die Danksagungen mit einem herzlichen Dankeschön an den Oldenbourg Verlag, der bereitwillig auf unsere Wünsche bei der Gestaltung der Fibel einging.

Den Lesern der FORTRAN-Fibel wünschen wir viel Erfolg beim Programmieren!

Braunschweig, im Frühjahr 1987   Thomas Kühme
                                                  Peter Witschital

Inhaltsverzeichnis

Lektionen:

| 1 Hinweise zum Lesen der Fibel | 1 |

2 Grundbegriffe der Programmierung	2
2.1 Daten, Programme, Programmiersprachen	2
2.2 Vom Problem zum Programm	6

| 3 Programmierumgebung | 9 |

| 4 Elementare Bestandteile eines Programms | 12 |

| 5 Aufbau eines Programms | 18 |

| 6 Übersetzen und Ausführen eines Programms | 19 |

| 7 Daten und Datentypen | 23 |

| 8 Datenverarbeitung: Ausdrücke und Zuweisungen | 26 |

| 9 Bildschirmdialog | 34 |

10 Programmstrukturen	41
10.1 Auswahl	41
10.1.1 Auswahl nach logischer Bedingung	41
10.1.2 Auswahl nach Wert eines Ausdrucks	56
10.2 Wiederholung	64
10.2.1 Wiederholung mit nachfolgender Bedingung	64
10.2.2 Wiederholung mit vorausgehender Bedingung	70
10.2.3 Wiederholung mit vorgegebener Anzahl	80

| 11 Kommentierung und Gestaltung des Programmtextes | 84 |

12 Rechnerarithmetik   88

  12.1 Ganze Zahlen   89
  12.1.1 Interne Darstellung   89
  12.1.2 Fehler durch Bereichsüberschreitung   89
  12.2 Reelle Zahlen   93
  12.2.1 Interne Darstellung   93
  12.2.2 Rundungsfehler   97
  12.2.3 Iterationsverfahren und Abbruchkriterien   104
  12.2.4 Doppelt genaue reelle Zahlen   109

13 Modularität   110

  13.1 Externe Funktionen   111
  13.2 Subroutinenunterprogramme   120

14 Datenstrukturen I: Felder   126

  14.1 Vereinbarung und Zugriff   127
  14.2 Ein- und Ausgabe   141
  14.3 Felder als Unterprogrammparameter   156

15 Dateibearbeitung I: Textdateien   160

  15.1 Einfache Ein- und Ausgabe   161
  15.2 Eingabe mit Dateiendeerkennung   169
  15.3 Ein-/Ausgabe mit Fehlererkennung   174

16 Datenstrukturen II: Verkettete Listen   177

17 Dateibearbeitung II: Binärdateien   194

  17.1 Sequentieller Zugriff   195
  17.2 Direkter Zugriff   201

Anhänge:

A   Struktogramme   206

B   Tabelle der vordefinierten Standardfunktionen   209

C   Systemspezifische Merkmale   211

D   Lösungen zu den Kontrollaufgaben   214

E   Literaturhinweise   243

Stichwortverzeichnis   244

Lektion 1

Hinweise zum Lesen der Fibel

Die FORTRAN-Fibel ist für das Selbststudium konzipiert. Sie ist in Lektionen aufgeteilt, die aufeinander aufbauen und die Sie daher nacheinander durchgehen sollten. Bevor Sie sich das erste Mal an den Rechner setzen, sollten Sie Lektion 2 durchlesen. In Lektion 3 werden Sie aufgefordert, sich mit dem Ihnen zur Verfügung stehenden Rechnersystem vertraut zu machen. Von dort an sollten Sie die Fibel möglichst direkt am Rechner bearbeiten.

In den ersten Lektionen werden Sie dazu angehalten, die Beispielprogramme in den Rechner einzugeben, auszuprobieren und mit ihnen zu experimentieren. Später sollten Sie mit selbst ausgewählten Beispielen entsprechend verfahren.

Überspringen Sie nichts, und versuchen Sie, alle Kontrollaufgaben zu lösen. Für fast alle Kontrollaufgaben sind Lösungen im Anhang angegeben. Sehen Sie dort aber erst nach, wenn Sie sich ernsthaft mit einer Aufgabe befaßt haben.

Programmtexte sowie Ein- und Ausgaben von Programmen werden in der Fibel durch einen stilisierten Bildschirm hervorgehoben und zusätzlich durch einen **speziellen Schrifttyp**, auch im fortlaufenden Text, gekennzeichnet:

```
        Dies ist ein Text auf dem Bildschirm.
```

Zur allgemeinen Darstellung eines Programmschemas wird in der Fibel die folgende Notation verwendet. Die kursiv gedruckten Teile sind als Platzhalter zu verstehen, die im Einzelfall noch durch einen entsprechenden Programmtext ersetzt werden müssen.

```
IF   Bedingung THEN
        Anweisung(en)
ELSE
        Anweisung(en)
ENDIF
```

Doch nun genug der Vorrede, los geht's!

Lektion 2

Grundbegriffe der Programmierung

2.1 Daten, Programme, Programmiersprachen

Dieser Abschnitt richtet sich an alle diejenigen, die sich das erste Mal mit der Programmierung eines Rechners beschäftigen. Die wichtigsten Begriffe dieses Problemkreises werden kurz erläutert.

Der Begriff **Rechner** (engl.: computer) ist eigentlich zu speziell gefaßt. Denn ein Rechner kann nicht nur mit Zahlen rechnen, sondern auch **Daten** ganz anderer Art verarbeiten, zum Beispiel Texte.

Die Verarbeitung von Daten findet immer in drei Schritten statt. Der erste Schritt ist die **Dateneingabe**, die zum Beispiel über eine Tastatur erfolgen kann. Als zweites folgt die eigentliche **Verarbeitung** der Daten im Rechner und der dritte Schritt ist die **Ausgabe** der Ergebnisse, zum Beispiel auf einen Bildschirm oder einen Drucker.

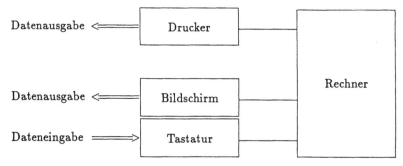

Wenn wir mit dem Rechner etwas anfangen wollen, müssen wir ihn irgendwie dazu bringen, das zu tun, was wir von ihm wollen. Dazu müssen wir ihm ein **Programm** geben. Ein Programm enthält eine Reihe von **Anweisungen** an den Rechner, die jeden Verarbeitungsschritt genau festlegen. Erst, wenn dem Rechner ein Programm als Ganzes vorliegt, kann er es auf Wunsch beliebig oft und mit verschiedenen Daten ausführen.

Nehmen wir an, wir wollen den Rechner zur Addition zweier beliebiger ganzer Zahlen einsetzen. Die Zahlen sollen über die Tastatur eingegeben werden, und das Ergebnis soll auf dem Bildschirm erscheinen. „Beliebige" Zahlen bedeutet dabei nicht, daß wir uns zwei Zahlen aussuchen können, sondern daß wir noch nicht wissen, welche Zahlen wir mit dem Rechner addieren wollen.

Bevor wir ein Programm erstellen können, müssen wir uns überlegen, welche Daten wir dem Rechner geben wollen, was er damit machen soll und was wir als Ergebnis erhalten wollen. Die Eingabedaten für unser Beispiel sind zwei Zahlen, das einzige Ausgabedatum deren Summe. Die eigentliche Verarbeitung der Daten besteht lediglich aus der Addition der beiden Zahlen. Wir wollen nun ein Programm aufschreiben, das die notwendigen Schritte enthält und zunächst in unserer Umgangssprache formuliert ist.

Additionsprogramm:
1. Lies die beiden zu addierenden Zahlen von der Tastatur ein!
2. Addiere die beiden Zahlen!
3. Gib die Summe auf den Bildschirm aus!
4. Fertig!

Leider ist der Rechner ziemlich dumm. Wenn wir unser Programm in dieser Form in den Rechner eingeben, wird er sich beharrlich weigern, auch nur im entferntesten zu verstehen, was wir von ihm wollen. Der Rechner versteht nämlich kein Deutsch sondern nur seine spezielle **Maschinensprache**.

Man könnte nun darangehen, die umgangssprachlichen Anweisungen in die sogenannten **Maschinenbefehle** zu übertragen, diese in den Rechner einzugeben und sie dann ausführen zu lassen (im Bild links).

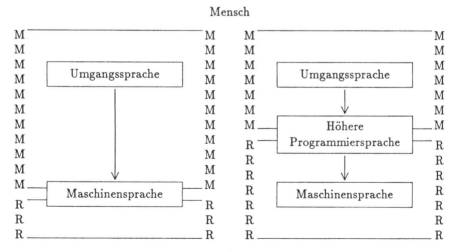

Aber die Maschinensprache kennt nur zwei „Buchstaben" (0 und 1) und läßt sich sehr schlecht aussprechen. Außerdem braucht man für eine Anweisung der Umgangssprache unter Umständen sehr viele Wörter in der Maschinensprache (wegen der wenigen Buchstaben), und schließlich hat fast jeder Rechner seine eigene Maschinensprache, die nur er und kein anderer Rechner versteht. Maschinensprache ist also für den Menschen sehr schwer zu lernen.

Um die Verständigung zwischen Mensch und Rechner zu erleichtern, wurden **höhere Programmiersprachen** entwickelt. Diese basieren auf der grundsätzlichen Funktionsweise von Rechnern, sind aber nicht auf einen speziellen Rechnertyp abgestimmt. Ihre Anweisungen orientieren sich mehr an der Umgangssprache und sind somit für den Mensch leichter zu verstehen und zu erlernen. Gegenüber den Anweisungen der Umgangssprache haben die Anweisungen von höheren Programmiersprachen den Vorteil, daß sie nach Form und Bedeutung einer strengen Festlegung genügen. Man kann mit ihnen ganz präzise formulieren, was man vom Rechner will. Bei komplizierteren Problemstellungen ist dies in der Umgangssprache nicht immer möglich.

Allerdings sind nun zwei Umsetzungen des Programmtextes notwendig (im Bild rechts). Die eine, von der Umgangssprache in die höhere Programmiersprache, führt der Programmierer aus. Diese Umsetzung wird **Codierung** eines Programms genannt, und das Ergebnis der Umsetzung heißt **Quellprogramm** in der jeweiligen Programmiersprache.

Die (noch unvollständig) codierte Fassung unseres Beispielprogramms würde in einigen bekannten höheren Programmiersprachen in etwa so aussehen:

```
BASIC:          10 INPUT ZAHL1, ZAHL2
                20 SUMME = ZAHL1 + ZAHL2
                30 PRINT SUMME
                40 END

FORTRAN 77:     READ  *, ZAHL1, ZAHL2
                SUMME = ZAHL1 + ZAHL2
                PRINT *, SUMME
                END

PASCAL:         BEGIN
                READ (ZAHL1, ZAHL2);
                SUMME := ZAHL1 + ZAHL2;
                WRITELN (SUMME)
                END
```

Die andere Umsetzung, von der höheren Programmiersprache in die Maschinensprache, kann der Rechner übernehmen, wenn ihm ein **Übersetzer** (das ist auch ein spezielles Programm) zur Verfügung steht, der die höhere Programmiersprache in seine Maschinensprache übersetzen kann. Bei so einer Übersetzung wird jede Anweisung des Programms in der höheren Programmiersprache im allgemeinen in mehrere Maschinenbefehle übersetzt. Das entstehende Maschinenprogramm wird als Ergebnis des Übersetzungsvorgangs **Objektprogramm** genannt. Das Objektprogramm kann vom Rechner direkt ausgeführt werden.

Sehen wir uns den Ablauf der Programmierung noch einmal zusammenfassend an. Ausgangspunkt ist die Problemstellung. Es folgen dann:

- Formulierung eines Programmtextes in der Umgangssprache
- Codierung des Programms in der höheren Programmiersprache
- Eingabe des Quellprogramms in den Rechner
- Übersetzung des Quellprogramms in ein Maschinenprogramm durch den Rechner (genauer: durch das Übersetzerprogramm im Rechner)
- Ausführung des Objektprogramms durch den Rechner (beliebig oft)

Wie läuft nun die Ausführung eines Programms ab? Wir nehmen an, wir hätten die vorstehenden Schritte für unser Beispiel, die Addition zweier Zahlen, durchgeführt und hätten den Rechner bereits dazu veranlaßt, die Ausführung unseres Programms zu starten.

Der Rechner führt die erste Anweisung aus, die ihm sagt, daß er zwei Zahlen von der Tastatur einlesen soll. Er wartet solange, bis wir tatsächlich zwei Zahlen über die Tastatur eingeben, zum Beispiel 3 und 5, getrennt durch einen Zwischenraum. Erst, wenn der Rechner unsere Eingabe erhalten hat, fährt er mit der Ausführung des Programms fort und addiert die beiden Zahlen gemäß der nächsten Anweisung. Mit der dritten Anweisung erfolgt die Ausgabe der Summe auf den Bildschirm, in diesem Fall 8. Die vierte Anweisung veranlaßt den Rechner, die Ausführung des Programms zu beenden.

Wir können das Programm noch mehrfach anstarten, d.h., die Ausführung des Objektprogramms veranlassen. Jedesmal können andere Daten eingegeben werden. In einem zweiten Programmlauf würde zum Beispiel die Eingabe der Zahlen 789 und 310 zu dem Ergebnis 1099 auf dem Bildschirm führen.

Kontrollaufgaben

K.2.1   Zwei Zahlen sollen addiert werden, und die Summe soll mit einer dritten multipliziert werden. Die Zahlen sollen über die Tastatur eingegeben werden, und das Ergebnis soll auf dem Bildschirm erscheinen. Schreiben Sie ein Programm in der Umgangssprache!

K.2.2   Was versteht man unter der Codierung eines Programms?

K.2.3   Was ist ein Quellprogramm, und was ein Objektprogramm?

K.2.4   Wer übersetzt ein Quellprogramm in ein Objektprogramm?

2.2   Vom Problem zum Programm

Im vorhergehenden Abschnitt wurde der Ablauf der Programmierung in einer
höheren Programmiersprache schematisch beschrieben. Dabei war für das einfache Beispiel „Additionsprogramm" die Formulierung eines Programmtextes in der
Umgangssprache anschaulich klar und ausgehend von der Problemstellung ohne
Zwischenschritte möglich. Im allgemeinen ist dieser Schritt, nämlich der eigentliche Programmentwurf, jedoch wesentlich aufwendiger und kann als Kernstück
jeder Programmentwicklung angesehen werden. Die Vorgehensweise beim Programmentwurf ist Gegenstand dieses Abschnitts. Graphische Darstellungen der
Programmabläufe und -strukturen sind nützliche Hilfsmittel und werden kurz
erläutert.

Bevor wir auf den Programmentwurf eingehen, wollen wir diesen Vorgang nochmals in den Gesamtablauf der Programmierung einordnen:

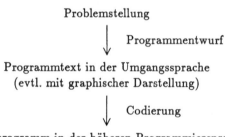

Problemstellung

Programmentwurf

Programmtext in der Umgangssprache
(evtl. mit graphischer Darstellung)

Codierung

Quellprogramm in der höheren Programmiersprache

Eine Problemstellung der Datenverarbeitung ist gegeben durch die Beschreibung
der in das Problem eingehenden Daten und der gewünschten Ergebnisse.

Der Programmtext muß für das jeweilige Problem einen Lösungsweg darstellen,
der eindeutig festlegt, wie die Verarbeitung zu erfolgen hat, um aus den eingehenden Daten die gewünschten Ergebnisse zu erhalten. Ein solcher Lösungsweg
wird **Algorithmus** genannt.

Der Lösungsweg für das Problem, aus zwei Zahlen die Summe zu ermitteln, besteht, wie wir gesehen haben, einfach darin, die beiden Zahlen zu addieren. Als
Beispiel für einen etwas umfangreicheren Lösungsweg wollen wir folgendes Problem betrachten.

Es seien drei Zahlen gegeben, und es soll der größte Abstand zwischen je zwei dieser Zahlen bestimmt werden. Ein- und Ausgabe sollen über das Bildschirmgerät
erfolgen.

Der folgende Programmtext stellt einen möglichen Algorithmus zur Lösung dieser
Aufgabe mit dem Rechner dar:

1. Lies die drei Zahlen über die Tastatur ein!
2. Bestimme die größte der drei Zahlen!
3. Bestimme die kleinste der drei Zahlen!
4. Ermittle den gesuchten Abstand durch Subtraktion der kleinsten von der größten Zahl!
5. Gib den Abstand als Ergebnis aus!
6. Fertig!

Jede der Anweisungen 1. bis 6. stellt ein Teilproblem dar, das unter Umständen wieder durch einen Algorithmus gelöst werden muß. Die Anweisungen müssen solange „verfeinert" werden, bis sie in der gewählten Programmiersprache codiert werden können.

Für die Programmiersprache FORTRAN wäre der Programmentwurf für das Beispiel bereits abgeschlossen, denn in FORTRAN kann man Anweisungen formulieren, die das Maximum bzw. Minimum von drei Zahlen bestimmen. Das Programm ließe sich in FORTRAN direkt codieren. Die Anweisungen 2. und 3. müßten hingegen für eine Programmierung in PASCAL weiter zerlegt werden, denn es gibt in dieser Sprache keine Anweisungen mit entsprechender Bedeutung wie in FORTRAN. Die größte und die kleinste Zahl könnten stattdessen zum Beispiel folgendermaßen gefunden werden:

2a. Bestimme die größere von der ersten und der zweiten Zahl!

2b. Bestimme die größte Zahl als Maximum der größeren der beiden und der dritten Zahl!

3a. Bestimme die kleinere von der ersten und der zweiten Zahl!

3b. Bestimme die kleinste Zahl als Minimum der kleineren der beiden und der dritten Zahl!

Für diese Anweisungen gibt es entsprechende in PASCAL, so daß der Programmentwurf hiermit fertig ist und das Programm codiert werden kann.

Im allgemeinen empfiehlt es sich, den Lösungsweg zunächst möglichst grob aufzuschreiben und eine schrittweise Verfeinerung solange wie beschrieben durchzuführen, bis jedes Teilproblem einer Anweisung oder einer kurzen Anweisungsfolge in der zu verwendenden höheren Programmiersprache entspricht.

Neben der Herleitung eines eindeutigen Lösungsweges muß beim Programmentwurf festgelegt werden, welche Daten verarbeitet werden sollen. Dazu gehören nicht nur die Ein- und Ausgabedaten sondern auch jegliche Zwischenergebnisse.

Für das obige Beispiel ergibt sich als Aufstellung der zu verarbeitenden Daten folgendes:

- drei Zahlen   (Eingabe)
- die größte Zahl   (Zwischenergebnis)
- die kleinste Zahl   (Zwischenergebnis)
- der Abstand   (Endergebnis bzw. Ausgabe)

Je nach verwendeter Programmiersprache kann oder muß diese Aufstellung ebenfalls codiert und zum Lösungsweg hinzugefügt werden.

Mit Hilfe graphischer Darstellungen kann man Programme übersichtlicher darstellen und sich dadurch die Entwurfsarbeit erleichtern. Gebräuchliche Darstellungsformen sind **Programmablaufpläne** (Flußdiagramme) und **Struktogramme** (Nassi-Shneiderman-Diagramme) (siehe Anhang A).

Mit Flußdiagrammen lassen sich alle denkbaren Programmstrukturen darstellen, mit Struktogrammen hingegen nur einige bestimmte. Beschränkt man sich auf genau diese, und das wollen wir tun, so erhält man übersichtlichere, leichter änderbare und zuverlässigere Programme. Man spricht dann von **Strukturierter Programmierung**.

Im einfachsten Fall enthält ein Struktogramm lediglich eine Folge von Verarbeitungsschritten:

Lies drei Zahlen über die Tastatur ein!
Bestimme die größte der drei Zahlen!
Bestimme die kleinste der drei Zahlen!
Ermittle den Abstand zwischen der kleinsten und der größten!
Gib den Abstand als Ergebnis aus!

Kontrollaufgaben

K.2.5   Welche Forderung muß ein Lösungsweg für eine Problemstellung erfüllen?

K.2.6   Wie sollte man bei der Herleitung eines Lösungsweges, der programmiert werden soll, verfahren?

K.2.7   Was gehört neben der Herleitung des Lösungsweges noch zum Programmentwurf?

Lektion 3

Programmierumgebung

Unter einer Programmierumgebung ist im weitesten Sinne alles zu verstehen, was man benötigt, um eigene Programme entwickeln und testen zu können. Natürlich gehört dazu vor allem ein Rechner mit bestimmten Gerätekomponenten: die sogenannte **Hardware**. Dazu gehören aber auch etliche Programme, die zur **Grundsoftware** des Rechners zählen und die eine Kommunikation mit dem Rechner überhaupt erst möglich machen.

Hardware

Als wesentlich für die Programmierumgebung sind die abgebildeten Teile eines Rechners anzusehen:

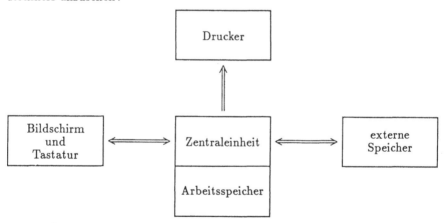

Die Abbildung gibt nur den funktionalen Zusammenhang zwischen den betreffenden Komponenten wieder und stellt nicht unbedingt ihre räumliche Anordnung dar. So sind beispielsweise bei einem Arbeitsplatzrechner (engl. Begriff: personal computer, PC) oft Zentraleinheit mit Arbeitsspeicher und externem Speicher in einem Gehäuse der Größe eines Aktenkoffers integriert, während bei einer Großrechenanlage die entsprechenden Komponenten auch heute noch mehrere Schränke füllen.

Bildschirm, Tastatur und **Drucker** sind Ein-/Ausgabegeräte, über die wir mit dem Rechner kommunizieren können.

Die **Zentraleinheit** (engl. Begriff: central processing unit, CPU) ist der eigentliche Kern des Rechners. Hier werden Maschinenprogramme interpretiert und ausgeführt.

Weil der **Arbeitsspeicher** flüchtig ist, d.h., alle eingegebenen Daten, insbesondere Programmtexte, nach dem Abschalten des Rechners verloren gingen, benötigt man **externe Speicher**, die Informationen auf Dauer speichern können. Externe Speicher sind zum Beispiel Festplatten (engl. Begriff: hard disk) oder Disketten (engl. Begriff: floppy disk).

Grundsoftware

Zu den Programmen, die mit dem Rechner bereits mitgeliefert werden und die für den Betrieb des Rechners unerläßlich sind, gehört das **Betriebssystem**. Dieses Programm übernimmt „Verwaltungsaufgaben", die beim Betrieb des Rechners intern anfallen. Dazu gehört insbesondere die Koordinierung und Durchführung sämtlicher Ein-/Ausgabevorgänge.

Nach dem Einschalten des Rechners bzw. nach der Anmeldung zu einer Bildschirmsitzung, wie es bei Rechnern mit Mehrbenutzerbetrieb heißt, befinden wir uns normalerweise in einem Kommandomodus. Damit kann ebenso ein zeilenweise geführter Dialog gemeint sein wie auch eine graphische Benutzeroberfläche mit Fenstertechnik, Menüs und Maus.

Die auf dieser Ebene zur Verfügung stehenden Kommandos zur Ein-/Ausgabe, Verwaltung, Übersetzung und Ausführung von eigenen Programmen können als Programmierumgebung im engeren Sinne aufgefaßt werden.

Aus Gründen der Übersichtlichkeit sind die Daten auf den externen Speichern zu **Dateien** zusammengefaßt. Eine Datei kann zum Beispiel enthalten:

- einen Programmtext in einer höheren Programmiersprache
- einen beliebigen anderen Text
- Zahlen
- ein Maschinenprogramm

Dateien tragen einen Namen, unter dem wir sie in Kommandos ansprechen können. Das Betriebssystem führt auf dem externen Speicher ein **Dateiverzeichnis**, in das alle Dateien namentlich eingetragen werden.

Hinter allen Kommandos stecken Maschinenprogramme, die zur Ausführung gebracht werden. Herausragende Bedeutung haben zwei, nämlich der **Editor** zur Eingabe und Änderung von Programmtexten und der **Übersetzer** zum Erzeugen von Maschinenprogrammen aus Quellprogrammen.

Da sich die Namen der Kommandos und ihre Verwendung von Rechner zu Rechner sehr stark unterscheiden, können wir hier nur die allgemeine Bedeutung der Kommandos erläutern. Ziehen Sie daher parallel dazu die Unterlagen des Ihnen zur Verfügung stehenden Rechners heran. Probieren Sie alle Kommandos bis auf den FORTRAN-Übersetzer an Ihrem Rechner aus, und üben Sie insbesondere den Umgang mit dem Editor!

Editor

Mit dem (Text-)Editor können wir einen beliebigen Text (z.B. einen Programmtext) in den Rechner eingeben und dafür sorgen, daß dieser Text in einer (Text-) Datei abgelegt wird. Der Inhalt einer vorhandenen Datei kann mit dem Editor verändert werden. Man spricht auch von der Tätigkeit des „Edierens".

FORTRAN-Übersetzer

Der Übersetzer (engl.: compiler) erzeugt aus einem FORTRAN-Quellprogramm ein ablauffähiges Maschinenprogramm. Er muß dazu intern den Quellprogrammtext in mehreren Schritten verarbeiten. Beispiele für den Aufruf eines FORTRAN-Übersetzers finden Sie im Anhang C. Auf den Vorgang des Übersetzens kommen wir in Lektion 6 zurück.

Ausführung eigener Programme

Ein mit dem Übersetzer erzeugtes Maschinenprogramm können Sie ausführen lassen. Als Kommando reicht oft der Programmname aus; bei manchen Systemen gibt es auch ein spezielles Kommando zum Starten eines eigenen Programms.

Kommandos zur Dateiverwaltung

Die hier aufgeführten Kommandos sind die wichtigsten Kommandos zur Dateiverwaltung. Sie erleichtern Ihnen die Arbeit und helfen, den Überblick über Dateien und Programme zu bewahren.

- Ausgabe des Dateiverzeichnisses
- Ausgabe einer Datei auf den Bildschirm
- Ausgabe einer Datei auf den Drucker
- Kopieren einer Datei
- Löschen einer Datei
- Umbenennen einer Datei

Kontrollaufgabe

K.3.1   Erzeugen Sie eine Datei mit dem Namen HALLO, die einen kurzen Text enthält. Benennen Sie die Datei um in HUHU, geben Sie sie auf den Bildschirm sowie auf den Drucker aus und löschen Sie sie anschließend.

Lektion 4

Elementare Bestandteile
eines Programms

Sehen wir uns zunächst ein Beispiel an:

```
PROGRAM SEKTAG

INTEGER SEK

SEK = 60 * 60 * 24
PRINT *, SEK, 'Sekunden hat ein Tag.'

END
```

Dieses Programm präsentiert uns auf dem Bildschirm die hochinteressante Information: 86400 Sekunden hat ein Tag. Es ist zwar ein sehr kurzes Programm, aber dennoch lassen sich bereits einige grundsätzliche Eigenschaften von FORTRAN-Programmen erkennen.

Die elementaren Bestandteile eines jeglichen Textes sind Buchstaben, Ziffern und Sonderzeichen wie *, :,), usw.. Mit der Definition einer Programmiersprache sind Regeln vorgegeben, welche dieser Zeichen für ein Programm in der jeweiligen Sprache verwendet werden dürfen und wie der Programmtext aus ihnen zusammengesetzt wird.

Zeichen

↓

Spezialsymbole, symbolische Namen,
Zahlen, Zeichenreihen, logische Werte,
Kommentare und Marken

↓

Anweisungen

↓

Programm

Woraus ein FORTRAN-Programm besteht, betrachten wir der Übersichtlichkeit wegen in mehreren Stufen, wie im vorstehenden Bild angedeutet.

Auf der ersten Stufe stehen die einzelnen Zeichen, die als Alphabet anzusehen sind, das der Sprache zugrundeliegt. Als nächstgröbere Bestandteile eines FORTRAN-Programms lassen sich Spezialsymbole, symbolische Namen, Zahlen, Zeichenreihen, logische Werte, Kommentare und Marken auffassen. Sie bilden sozusagen das Vokabular der Programmiersprache FORTRAN. Mit selbständigen Satzgebilden vergleichbar sind die auf diesem Vokabular basierenden Anweisungen. Ihre Aneinanderreihung schließlich ergibt den Programmtext.

Der FORTRAN-Zeichensatz

Für ein FORTRAN-Programm benötigten wir nicht alle auf dem Bildschirm darstellbaren Zeichen. Um FORTRAN-Programme auf möglichst vielen Rechnern schreiben zu können, hat man sich nämlich einst bei der Festlegung des Vokabulars auf solche Zeichen beschränkt, die auf fast allen Rechnern und Bildschirmen verfügbar waren. Der sogenannte FORTRAN-Zeichensatz umfaßt daher die Großbuchstaben A–B, die Ziffern 0–9 und dreizehn ausgewählte Sonderzeichen. In Zeichenreihen und Kommentaren (s.u.) dürfen auch Kleinbuchstaben und andere Sonderzeichen verwendet werden. Manche Übersetzer lassen Kleinbuchstaben auch generell zu.

Spezialsymbole

Zu den Spezialsymbolen gehören die **Operatoren** und die **Schlüsselwörter**. Operatoren wie +, -, *, usw. dienen zur Verknüpfung von Daten. Die Schlüsselwörter wie PROGRAM, PRINT, INTEGER, usw. kennzeichnen die verschiedenen FORTRAN-Anweisungen. Die runden Klammern, der Doppelpunkt, der Schrägstrich und das Komma als **Begrenzer** zwischen Teilen einer Anweisung sind ebenfalls Spezialsymbole. Die Bedeutung der einzelnen Spezialsymbole werden Sie im weiteren Verlauf der Fibel kennenlernen.

Symbolische Namen

Symbolische Namen können vom Programmierer für Programme, Unterprogramme sowie variable und konstante Daten vergeben werden. Unter diesen Namen können die benannten Objekte dann innerhalb des Programms angesprochen werden. Ein symbolischer Name besteht aus 1 bis 6 Buchstaben und Ziffern, wobei das erste Zeichen ein Buchstabe sein muß, also zum Beispiel:

SEKTAG   SEK   ZAHL1   PI   G76

Zahlen

Bei den Zahlen müssen wir die ganzen Zahlen und die reellen Zahlen unterscheiden.

Die **ganzen Zahlen** werden in der üblichen Weise mit oder ohne Vorzeichen dargestellt:

    45   +777   -28375   (auch 007 ist zulässig)

Die **reellen Zahlen** können entweder in der Festpunktschreibweise

    3.14159   0.00125   -2345678.0   .751   +17.5   10.

oder in der Gleitpunktschreibweise

    1E-12   123.0E+9   +45.678E7   -21E6   .05E-2

dargestellt werden. -21E6 bedeutet dabei $(-21) * 10^6$. Beachten Sie, daß statt eines Kommas ein Dezimalpunkt geschrieben wird!

Die zulässigen Wertebereiche für ganze und reelle Zahlen sind abhängig vom verwendeten Rechner und Übersetzer. In Lektion 12 werden Sie darüber näheres erfahren (vgl. auch Anhang C).

Zeichenreihen

Zeichenreihen, auch Zeichenketten genannt, sind Folgen von Zeichen, die links und rechts von Apostrophen ' ' eingeschlossen sind. Soll ein Apostroph selbst Bestandteil einer Zeichenkette sein, so muß es zweimal hintereinander eingereiht werden. Beispiele:

    'Dies ist eine Zeichenkette'
    '?'
    '1.000.000.-- $'
    '0123456789'
    'That''s it'

Innerhalb von Zeichenreihen können normalerweise alle auf einem Rechner verfügbaren Zeichen vorkommen. Da manche FORTRAN-Übersetzer in diesem Punkt von der Norm abweichen, werden wir in der Fibel weitgehend darauf verzichten, fragliche Sonderzeichen (z.B. die Umlaute) in Zeichenketten zu verwenden.

Jede Zeichenreihe besitzt eine Länge, die der Anzahl der enthaltenen Zeichen entspricht. Die Länge ist immer größer als Null. Es gibt also keine „leere" Zeichenkette. Die maximale Länge einer Zeichenreihe hängt vom Übersetzer ab, aber zusätzlich auch vom Zusammenhang, in dem sie im Programm verwendet wird.

Logische Werte

Wie Sie sehen werden, kann man mit FORTRAN-Programmen auch die Wahrheitswerte von Aussagen verarbeiten. Mögliche Wahrheitswerte sind „wahr" und „falsch". Ihnen entsprechen in FORTRAN-Programmen die sogenannten logischen Werte:

.TRUE.

.FALSE.

Anweisungsmarken

Anweisungsmarken dienen der Kennzeichnung von Anweisungen, die von einer anderen Anweisung her angesprochen werden sollen. Anweisungsmarken sind ein- bis fünfstellige, positive ganze Zahlen ungleich Null und können vom Programmierer in beliebiger Reihenfolge vergeben werden.

Kommentare

Kommentare können zeilenweise im Programm vorkommen und müssen durch den Buchstaben C oder das Sonderzeichen * in der ersten Spalte der betreffenden Zeile gekennzeichnet sein. Leerzeilen sind ebenfalls Kommentare. Mit Kommentaren können und sollen Erläuterungen zum Programm gegeben werden, die den Programmtext für den Programmierer lesbarer machen, ohne seine Bedeutung zu verändern. Der Übersetzer ignoriert die entsprechenden Zeilen. Beispiel:

```
       ...
C====> Ausgabe der Quadrate der Zahlen von 1 bis 6

       DO 100 I = 1, 6

       IQUAD = I * I
       PRINT *, IQUAD

100    CONTINUE
       ...
```

Zeilenstruktur

Eine Zeile eines FORTRAN-Programms besteht aus 80 Spalten. Dies ist historisch in der Verwendung von Lochkarten begründet und ist auch heute noch die gängige Bildschirmbreite. Jede Zeile kann höchstens eine Anweisung aufnehmen, während sich eine Anweisung über maximal 20 Zeilen erstrecken kann. Die Anweisung muß innerhalb der Spalten 7 bis 72 der Anfangszeile sowie der eventuell vorhandenen Fortsetzungszeilen stehen. Sie kann in den Spalten 1 bis 5 mit einer Marke versehen werden. Fortsetzungszeilen sind in der 6. Spalte mit einem beliebigen Zeichen außer der Ziffer 0 und dem Zwischenraum (Leertaste) zu

kennzeichnen. Die Spalten 73 bis 80 werden manchmal rechnerabhängig für eine
Zeilennumerierung verwendet, die für das Programm jedoch ohne Bedeutung ist.

12345678...   ... Spaltennummer ...   ...72......80

```
      ...
C--------------------------------------------------------
C Ausgabe auf den Bildschirm:
C            Überschrift für einen Stundenplan
C--------------------------------------------------------

10000 PRINT *, '   Zeit   Montag   Dienstag',
    &            '   Mittwoch   Donnerstag   Freitag'

      ...
```

Leerzeichen können an jeder beliebigen Stelle des Programms stehen, also auch
innerhalb von Zahlen oder symbolischen Namen, ohne die Bedeutung des Programms zu verändern. Das Programm kann auf diese Weise übersichtlicher gestaltet werden wie im folgenden Beispiel:

```
      I N T E G E R   Z1    , Z2    , IND   ,
    &                 I10001, I10002, TEILER
      R E A L         SUMME , R30000, C99999, VIERTE

      Z1    = 23
      Z2    = 7
      IND   = 0

      C A L L   S U B 1  (Z1, Z2, VIERTE)
```

Kontrollaufgaben

K.4.1   Entscheiden Sie, ob es sich um gültige symbolische Namen handelt:

ZAHL1	HALLO
I877	ABSTAND
XX-3	SIEBEN
RADIUS2	%SATZ
3FACH	H1P2

K.4.2   Geben Sie an, ob es sich um gültige FORTRAN-Konstanten handelt:

'Paris'   .TRUE.
12858   270.23E7
-3.1783465E-11   37%
-927.   -83.3A8
2.4E0.5   4,5
'45,8 %'   ,,,,
.5   'Rock'n'Roll'

K.4.3   Untersuchen Sie, ob im folgenden Programmstück die Regeln zur Bildung von FORTRAN-Anweisungen beachtet wurden.

12345678...   ... Spaltennummer ...

```
      INTEGER Z1, Z2,
   &          ERGEB

         Z1 = 3600
         Z2 = (Z1+3) / 3
                     ERGEB = 2 * Z2

      PRINT *, ERGEB
```

Lektion 5

Aufbau eines Programms

Jedes FORTRAN-Programm besteht aus Programmkopf und Programmrumpf.

Das folgende Beispiel ist eine vollständige, kommentierte Fassung des Additionsprogramms aus Lektion 2:

```
C**** Programmkopf ************************

      PROGRAM ADD

C Programm zur Addition zweier ganzer Zahlen
C ==========================================

C**** Programmrumpf ***********************

C---- Vereinbarungsteil --------------------
      INTEGER ZAHL1, ZAHL2, SUMME

C---- Anweisungsteil -----------------------
      READ  *, ZAHL1, ZAHL2
      SUMME = ZAHL1 + ZAHL2
      PRINT *, SUMME

      END
```

Im **Programmkopf** wird das Programm mit einem symbolischen Namen benannt, und es wird festgelegt, ob es sich um ein Hauptprogramm oder um ein Unterprogramm handelt. Gegebenenfalls werden bei Unterprogrammen zusätzlich Eingangs- und Ausgangsgrößen aufgeführt. Zunächst wird der Programmkopf aller unserer Programme nur aus der Kennzeichnung als Hauptprogramm PROGRAM und einem von uns frei zu wählenden Programmnamen bestehen, im Beispiel ADD.

Der **Programmrumpf** ist unterteilt in Vereinbarungsteil und Anweisungsteil. Im Vereinbarungsteil wird festgelegt, welche Daten vom Programm verarbeitet werden, während der Anweisungsteil den Algorithmus repräsentiert, den wir zur Lösung eines Problems entwickelt haben. Der Programmrumpf muß mit der Anweisung END abgeschlossen werden.

Lektion 6

Übersetzen und Ausführen
eines Programms

Die Bestandteile und den Aufbau eines FORTRAN-Programms haben Sie kennengelernt. Ehe wir auf die Einzelheiten der Programmierung eingehen, wollen wir ein einfaches Programm übersetzen und ausführen lassen. Dazu eignet sich wieder unser Additionsprogramm, und zwar in der in Lektion 5 dargestellten Form. Lesen Sie die folgenden Abschnitte A. bis E. in der jeweils angegebenen Reihenfolge. Führen Sie parallel dazu die beschriebenen Aktionen am Rechner durch.

A. Eingabe des Programmtextes

Geben Sie den Programmtext des Additionsprogramms aus Lektion 5 mit Hilfe des Editors in den Rechner ein. Der Dateiname, unter dem Sie den Programmtext abspeichern, braucht nicht mit dem im Programmkopf angegebenen Programmnamen übereinzustimmen, kann es aber. Überprüfen Sie zum Schluß noch einmal, ob Sie sich auch nicht vertippt haben.

B. Übersetzen

Damit der Rechner einen Programmtext übersetzen kann, gibt es ein Programm, das dem Rechner die dafür notwendigen Anweisungen gibt. Dieses Programm heißt Übersetzer. Es verwendet als Eingabedaten den Programmtext und erzeugt als Ausgabe ein ablauffähiges Maschinenprogramm. Starten Sie den FORTRAN-Übersetzer und geben Sie den Dateinamen an, unter dem das Additionsprogramm gespeichert ist (siehe Anhang C, Aufruf).

Auf dem Bildschirm erscheinen nun irgendwelche Meldungen des Übersetzers. Fehlermeldungen erkennt man daran, daß darin die Wörter „Fehler" oder „error" vorkommen. Sollten Fehlermeldungen nicht auftreten, können Sie mit der Ausführung des Programms unter D. fortfahren. Andernfalls müssen Sie eine Korrektur des Programmtextes vornehmen, wie in Abschnitt C. beschrieben.

C. Fehler beim Übersetzen

Werden bei der Übersetzung eines Programms Fehler gemeldet, gibt es dafür zwei mögliche Gründe:

1. Der Programmtext ist falsch, d.h., die Regeln der Programmiersprache wurden vom Programmierer nicht befolgt. Der Übersetzer bemerkt diese Fehler und gibt eine entsprechende Meldung aus.

2. Der Programmtext ist richtig, aber der Übersetzer arbeitet fehlerhaft. Diese Möglichkeit ist nicht ganz auszuschließen, sollte aber nur zuallerletzt in Betracht gezogen werden.

Versuchen Sie, die ausgegebenen Fehlermeldungen zu deuten, den Fehler im Programmtext zu finden und ihn zu korrigieren. Lesen Sie die Meldungen dazu durch, und machen Sie sich nötigenfalls ein paar Notizen. Rufen Sie dann den Editor auf, um den Programmtext zu bearbeiten.

Sind Sie der Meinung, den Fehler behoben zu haben, müssen Sie das Programm erneut übersetzen lassen. Lesen und arbeiten Sie also bei B. weiter!

D. Ausführung des Programms

Wenn der Übersetzer keine Fehler im Programmtext bemerkt, erzeugt er ein ablauffähiges Maschinenprogramm, das dem FORTRAN-Programmtext entspricht. Starten Sie das Programm durch Angabe des Dateinamens, unter dem es abgelegt ist.

Im Falle des Additionsprogramms wird nun nichts weiter passieren, als daß die Schreibmarke an den Anfang der nächsten Zeile geht. Der Rechner wartet auf die Eingabe der beiden zu addierenden Zahlen. Geben Sie zwei ganze Zahlen getrennt durch eine Leerstelle ein und schließen Sie die Eingabe mit der Eingabetaste ab. Der Rechner fährt dann mit der Abarbeitung des Programms fort, indem er die Summe berechnet und auf dem Bildschirm ausgibt. Nach dem Programmende erscheint wieder das Aufforderungszeichen für die Eingabe des nächsten Kommandos. Sie können das Programm nun erneut starten. Sollte es während der Ausführung des Programms zu Fehlern kommen, müssen Sie Abschnitt E. lesen.

E. Fehler bei der Ausführung

Auch während der Ausführung des Programms kann es zu Fehlern kommen, die entweder zu falschen Ergebnissen, d.h. Ausgaben des Programms, führen oder die vom Rechner entdeckt werden und entsprechende Meldungen auf dem Bildschirm zur Folge haben. Ursachen können sein:

1. Das Programm enthält einen Fehler, den der Übersetzer nicht bemerken konnte. Der Rechner führt die fehlerhaften Anweisungen aus. Bemerkt er dabei den Fehler, so gibt er eine Fehlermeldung aus. In manchen Fällen hört er auch ganz auf zu arbeiten. Man sagt dann, er sei „abgestürzt".

2. Das Programm ist richtig, aber es ist vom Übersetzer fehlerhaft bearbeitet worden. Die Reaktion des Rechners ist die gleiche wie bei 1..

3. Das Programm ist richtig und ist auch fehlerfrei übersetzt worden, aber der Rechner arbeitet fehlerhaft. Dies ist auf Fehler im Betriebssystem oder in der Hardware des Rechners zurückzuführen.

Fehler, die unter Punkt 1. fallen, sind vom Programmierer zu untersuchen und im Programmtext zu korrigieren. Unter Umständen muß sogar der gesamte Programmentwurf revidiert werden. In jedem Fall muß anschließend der Programmtext wieder übersetzt werden (Abschnitt B.).

Fehler im Übersetzer (2.) und im Rechner (3.) sollten nicht vorkommen bzw. sind sehr selten. Gibt es solche Fehler bei dem verwendeten System dennoch, werden Sie hoffentlich durch zusätzliche Unterlagen darüber informiert, wie sie zu beseitigen oder zu umgehen sind.

Falls die Übersetzung des Beispielprogramms auf Anhieb fehlerfrei verlief, bauen Sie bitte absichtlich einen Fehler in Ihr Programm ein, und durchlaufen Sie die Punkte ab B. nochmals.

Experimentieren Sie mit der Zeilenstruktur, den Leerstellen und den Kommentaren.

Zu Fehlern während der Ausführung des Programms kann es trotz korrektem Programm und fehlerfreier Übersetzung auch kommen, wenn der Rechner auf unerlaubte Operationen stößt, wie zum Beispiel die Division durch Null oder die Bildung einer Quadratwurzel aus einer negativen Zahl. Schreiben Sie zum Kennenlernen der Reaktion des Rechners in solchen Fällen unser Additionsprogramm um in ein Divisionsprogramm. Dazu brauchen Sie lediglich das +-Zeichen, das in der Anweisung SUMME = ZAHL1 + ZAHL2 für die Addition steht, durch ein /-Zeichen zu ersetzen. Lassen Sie das Programm übersetzen und ausführen, und geben Sie die beiden Zahlen 3 und 0 ein. Die erscheinende Fehlermeldung bedeutet, daß eine Division durch Null nicht möglich ist und daß das Programm daher abgebrochen wird.

Syntax und Semantik

Die Regeln, die besagen, wie ein Programm rein formal auszusehen hat, nennt man **Syntax** der Programmiersprache. Geht es um den Inhalt, die Bedeutung des Programms, spricht man von der **Semantik** des Programms. Zur Verdeutlichung ein paar umgangssprachliche Beispiele. Der Satz

Farblose grüne Ideen schlafen wild.

stammt im englischen Original von Noam Chomsky und ist ein typisches Beispiel für einen zwar syntaktisch korrekten Satz, der aber semantisch keinen Sinn ergibt. Ein ähnliches Beispiel ist die Anweisung:

Schreibe den Namen des dreißigsten Buchstaben des Alphabets!

Nicht immer sind semantische Unstimmigkeiten so klar zu erkennen:

> Denke Dir eine Zahl von 1 bis 30 aus,
> bezeichne diese Zahl mit n,
> schreibe den n-ten Buchstaben des Alphabets!

Ob die Unstimmigkeit überhaupt auftritt, hängt hier vom Ergebnis eines vorausgehenden Algorithmusschritts ab.

Beim Übersetzen und Ausführen eines Programms muß der Rechner drei Schritte durchlaufen. Er muß

1. die Symbole, die für die Formulierung des Algorithmus verwendet wurden, verstehen,
2. jedem Algorithmusschritt entsprechend seiner Bedeutung in ausführbare Operationen überführen
3. und schließlich die entsprechenden Operationen ausführen.

Syntaktische Fehler können im ersten Schritt, bestimmte semantische Fehler im zweiten Schritt und andere semantische Fehler erst im dritten Schritt festgestellt werden.

Die ersten beiden Schritte werden vom Übersetzer vorgenommen. Der Übersetzer kann also die syntaktischen Fehler und einige semantische Fehler aufdecken, aber nicht alle semantischen Fehler.

Schließlich gibt es in Programmen noch logische Fehler. Die Anweisung, nach der das Gesamtgewicht von Boris Beckers mit Tennisbällen prall gefüllter Tennistasche berechnet werden soll, ist syntaktisch und semantisch korrekt:

```
C       GESGEW   -   Gesamtgewicht
C       TGEW     -   Taschenleergewicht
C       TVOL     -   Taschenvolumen
C       BVOL     -   Ballvolumen
C       BGEW     -   Ballgewicht

        GESGEW = TGEW + BGEW * TVOL / BVOL
```

Sie liefert das falsche Ergebnis, weil nicht berücksichtigt wird, daß das Taschenvolumen mit runden Bällen nicht ausgefüllt werden kann, ohne daß Zwischenräume zwischen den Bällen bleiben.

Lektion 7

Daten und Datentypen

Bei der Betrachtung der vom Programm zu verarbeitenden Daten muß man zwischen Konstanten und Variablen einerseits und zwischen verschiedenen Datentypen andererseits unterscheiden.

Konstante Daten sind solche, deren Wert bereits beim Programmentwurf bekannt ist und sich während der Programmausführung nicht ändert. Sie werden im Programm entweder durch den Wert selbst (Zahlen, Zeichenreihen, logische Werte) dargestellt oder können durch einen symbolischen Namen, der für einen bestimmten Wert vereinbart wird, angesprochen werden.

Variable Daten können während des Programmlaufs unterschiedliche Werte annehmen, wie zum Beispiel Eingabedaten, Zwischenergebnisse, usw. Im Programmtext werden Variablen daher durch für sie vereinbarte symbolische Namen repräsentiert.

Die Unterscheidung nach **Datentypen** wird vorgenommen, weil Operationen zur Verknüpfung von Daten im allgemeinen nur innerhalb eines Datentyps sinnvoll definierbar sind. Der Datentyp legt die möglichen Werte fest, die die Daten des jeweiligen Typs haben können. Wir werden uns zunächst auf die folgenden Grunddatentypen beschränken:

- ganze Zahlen
- reelle Zahlen
- logische Werte
- Zeichen und Zeichenreihen

Typvereinbarungen

Im Vereinbarungsteil jedes Programms werden für alle symbolischen Namen, die für Variablen und Konstanten gelten sollen, Typvereinbarungen getroffen. Gemäß der obigen Liste der Grunddatentypen lauten die zugehörigen FORTRAN-Anweisungen zur **expliziten Typvereinbarung**:

- INTEGER
- REAL
- LOGICAL
- CHARACTER

Durch Aufzählung der symbolischen Namen in diesen Anweisungen werden Variablen bzw. Konstanten des entsprechenden Typs vereinbart. Zum Beispiel:

```
      . . .
C==== Vereinbarungsteil =======================================

      REAL      ZAHL1 , ZAHL2 , ZAHL3 , K3
      INTEGER   IND   , ANZAHL
      LOGICAL   FERTIG, JA    , NEIN
      CHARACTER EINGAB
      . . .
```

Mit der CHARACTER-Anweisung kann man nicht nur Namen vereinbaren, die für einzelne Zeichen stehen sollen, sondern auch solche für Zeichenreihen. Dazu muß man die Länge der Zeichenreihe angeben, d.h. die Anzahl der Zeichen, und zwar entweder für alle aufgezählten Namen direkt hinter dem Schlüsselwort CHARACTER oder hinter jedem Namen einzeln. Beispiel:

```
      . . .
      CHARACTER*30 SATZ1, SATZ2, FORMEL
      CHARACTER    SATZ*50, WORT*6, ANSWER
      . . .
```

Wird keine Länge angegeben (wie bei ANSWER), so wird 1 als Voreinstellung angenommen.

Es darf nicht unerwähnt bleiben, daß es in FORTRAN eine standardmäßige Typzuordnung gibt, bei der der Typ von dem Anfangsbuchstaben des Namens abhängt. Diese Typzuordnung, auch Namensregel oder Typenkonvention genannt, gilt für alle Namen, die im Programm verwendet werden, für die aber keine explizite Typvereinbarung getroffen wurde. Danach sind Namen, die mit einem der Buchstaben I, J, K, L, M oder N beginnen, vom Typ INTEGER, alle anderen vom Typ REAL.

In der Fibel werden wir die standardmäßige Typzuordnung ignorieren. Die explizite Typvereinbarung aller im Programm vorkommenden symbolischen Namen gestattet uns nämlich eine freiere Wahl der Namen und hilft, den Überblick über die vom Programm zu verarbeitenden Daten zu behalten.

Symbolische Konstanten

Soll ein symbolischer Name im Programm für eine Konstante stehen, so muß ihm der entsprechende Wert mit der PARAMETER-Anweisung im Vereinbarungsteil zugeordnet werden. Man spricht dann auch von einer symbolischen Konstanten.

Beispiel:

```
       . . .
C**** Konstanten  *********************************************
       REAL       PI
       PARAMETER (PI=3.14159)

C**** Variablen   *********************************************
       REAL       UMFANG, RADIUS
       . . .
```

Sollen mehrere symbolische Konstanten vereinbart werden, so kann das mit einer oder mehreren PARAMETER-Anweisungen geschehen:

```
       . . .
       INTEGER     ANZAHL, MENGE
       CHARACTER*18 KASPER
       PARAMETER   (ANZAHL=10, KASPER='Seid ihr alle da ?')
       PARAMETER   (MENGE=150)
       . . .
```

Wird eine Zeichenreihe als symbolische Konstante vereinbart, braucht man die Anzahl der Zeichen nicht mühsam abzuzählen. Einfacher geht es so:

```
       CHARACTER*(*)  KASPER
       PARAMETER      (KASPER='Seid ihr alle da ?')
```

Kontrollaufgabe

K.7.1   Schreiben Sie den Vereinbarungsteil für ein FORTRAN- Programm, mit dem die folgenden Daten einer Firma verarbeitet werden sollen:

- Name der Firma
- Adresse der Firma
- Anzahl der Mitarbeiter
- Gründungsjahr
- Jahresumsatz

Lektion 8

Datenverarbeitung:
Ausdrücke und Zuweisungen

Zur Verarbeitung von Daten kann man in FORTRAN **Ausdrücke** bilden, in denen beliebige konstante und variable Daten miteinander verknüpft werden. Für jeden Datentyp gibt es spezielle **Operationen** und **vordefinierte Standardfunktionen**, die auf Werte dieses Typs anwendbar sind. Das Ergebnis einer Verknüpfung kann durch **Zuweisung** an eine Variable für weitere Verarbeitungen im gleichen Programm verfügbar gemacht werden.

Ganze Zahlen

```
      ...
C==== Vereinbarungsteil ======================================
      INTEGER ZAHL1, ZAHL2, SUMME
      ...
C==== Anweisungsteil ==========================================

      ...
      SUMME = ZAHL1 + ZAHL2
      ...
```

Aus den Variablen ZAHL1 und ZAHL2 wurde hier ein arithmetischer Ausdruck gebildet. Die Verknüpfung ist die Addition ganzer Zahlen und wird durch den +-Operator dargestellt. Der Wert des Ausdrucks wird beim Ablauf des Programms vom Rechner bestimmt. Dabei wird von den am Ausdruck beteiligten Variablen jeweils der aktuelle Wert zur Berechnung herangezogen. Angenommen, die Werte für ZAHL1 und ZAHL2 wurden zuvor von der Tastatur eingelesen, so können diese Werte nun addiert werden.

Um das Ergebnis für den weiteren Programmablauf nicht zu verlieren, wird es der Variablen SUMME zugewiesen. Unabhängig davon, welchen Wert SUMME vor der Zuweisung besaß, ist unter diesem Namen von nun an der soeben berechnete Wert abrufbar. Das Gleichheitszeichen hat also an dieser Stelle nicht die Bedeutung „ist gleich", sondern es ist als gerichtete Aktion zu verstehen: Der Wert der Variablen links „ergibt sich aus" dem Wert des Ausdrucks rechts. Mit anderen

Worten: Zuerst wird der Wert des Ausdrucks berechnet und dann der Variablen zugewiesen. Insbesondere kann eine Variable, der ein Wert zugewiesen wird, selbst in dem bestimmenden Ausdruck vorkommen.

Beispiel:

```
     . . .
     SUMME = 2 * SUMME
     . . .
```

Was passiert beim Ablauf des Programms an dieser Stelle? Der Rechner bildet den Wert des Ausdrucks auf der rechten Seite. Hierzu nimmt er den Wert der Variablen SUMME und multipliziert ihn mit zwei. Das Ergebnis der Berechnung weist er wiederum der Variablen SUMME zu. Hat SUMME beispielsweise vor der Ausführung der Anweisung den Wert 22 gehabt, so besitzt diese Variable hinterher den Wert 44.

Variablen, die in einem Ausdruck vorkommen, müssen definiert sein, d.h., ihnen muß im Programm bereits ein Wert zugewiesen worden sein. Dies kann allerdings auch durch Einlesen erfolgen.

Welche Operationen mit ganzen Zahlen in FORTRAN möglich sind, zeigt die folgende Tabelle:

FORTRAN-Ausdruck	mathematischer Ausdruck	Operation
x**y	x^y	Exponentiation
x*y	xy	Multiplikation
x/y	$\frac{x}{y}$	Division
x+y	$x + y$	Addition
x-y	$x - y$	Subtraktion
+x	x	Pos. Vorzeichen
-x	$-x$	Neg. Vorzeichen

In einem Ausdruck können auch mehrere Operationen enthalten sein, zum Beispiel:

$$- A - 5 * C + D ** E ** 4 / 2$$

Bei der Auswertung eines solchen Ausdrucks hält sich der Rechner an eine Rangfolge der Operatoren, die der Regel „Punkt- vor Strichrechnung" entspricht und die der Exponentiation den höchsten Rang gewährt. Mehrere, aufeinanderfolgende Exponentiationen werden von rechts nach links ausgewertet. Bei allen anderen gleichrangigen Operationen findet die Auswertung in umgekehrter Richtung statt. Der obige FORTRAN-Ausdruck steht also für den mathematischen Ausdruck:

$$-a - 5c + \frac{d^{e^4}}{2}$$

Falls Sie eine andere als die durch Vorrangregeln festgelegte Auswertungsreihenfolge hervorrufen wollen, können Sie in FORTRAN-Ausdrücken einfach entsprechend Klammern setzen. Sie können natürlich auch vorsichtshalber klammern, wenn Sie sich beim Vorrang der Operatoren nicht ganz sicher sind. Oft helfen Klammern sogar, einen Ausdruck übersichtlicher zu gestalten. Der mathematische Ausdruck $\frac{a+b}{c-d}$ beispielsweise müßte in FORTRAN so lauten:

$$\text{(A+B) / (C-D)}$$

Die Vorzeichenoperatoren + und - dürfen nicht direkt auf einen anderen Operator folgen. Nötigenfalls müssen auch hier Klammern gesetzt werden, zum Beispiel:

$$\text{A / (-B)}$$

Bei der Addition +, der Subtraktion -, der Multiplikation * und der Exponentiation ** mit positivem Exponenten erhält man für ganze Zahlen innerhalb der Möglichkeiten des im Rechner darstellbaren Zahlenbereichs ein exaktes, ganzzahliges Ergebnis.

Beispiel:

FORTRAN-Ausdruck	Wert
2 ** 4	16
12 + 4 * 3	24
7164 - 9600	- 2436

Die Division / und die Exponentiation ** mit negativen Exponenten hingegen liefern nur den ganzzahligen Anteil des Quotienten:

Beispiel:

FORTRAN-Ausdruck	Wert
1/2	0
4/3	1
3 ** (-1)	0

Der Rest einer ganzzahligen Division muß getrennt bestimmt werden, zum Beispiel durch diese Anweisungsfolge:

```
GANZ = ZAHL1 / ZAHL2
REST = ZAHL1 - ZAHL2 * GANZ
```

Zahlenbeispiele:

ZAHL1	ZAHL2	GANZ	REST
4	3	1	1
5	2	2	1
1	2	0	1

Außer der Verknüpfung von Daten durch Operatoren gibt es noch die Möglichkeit, Funktionen auf sie anzuwenden. So kann zur Bestimmung des Divisionsrestes auch eine von vielen vordefinierten Standardfunktionen, die Modulo-Funktion MOD, herangezogen werden:

```
    REST = MOD ( ZAHL1, ZAHL2 )
```

Ein weiteres Beispiel:

```
    INTEGER ZAHL1, ZAHL2, SPITZE, DIFF
    ...
    SPITZE = MAX ( ZAHL1, ZAHL2 )
    ...
```

MAX ist ebenfalls eine vordefinierte Standardfunktion. Sie erlaubt es, einen Ausdruck zu bilden, dessen Wert das Maximum, d.h., die größte mehrerer Zahlen ist.

Weiterhin ist es möglich, Ausdrücke zu bilden, die sowohl Funktionen als auch Operationen enthalten, zum Beispiel:

```
    DIFF   = MAX (ZAHL1, ZAHL2) - MIN (ZAHL1, ZAHL2)
```

In diesem Beispiel wird die kleinere zweier Zahlen von der größeren subtrahiert. Die Funktion MIN liefert nämlich das Minimum ihrer Argumente. Es ergibt sich also der Abstand beider Zahlen voneinander. Dieses Ergebnis hätte man sogar noch einfacher durch eine andere vordefinierte Standardfunktion gewinnen können:

```
    DIFF   = ABS ( ZAHL1 - ZAHL2 )
```

Die Differenz ZAHL1-ZAHL2 bildet in diesem Fall das Argument der Funktion. Als Ergebnis liefert die Funktion ABS den „Betrag" des Arguments im mathematischen Sinn.

Die wichtigsten vordefinierten Standardfunktionen mit ganzzahligen Argumenten X, Y, ... und ebensolchen Funktionswerten sind die folgenden. Eine vollständige Liste finden Sie im Anhang B.

Funktion	Funktionswert
ABS (X)	Betrag $|x|$
DIM (X,Y)	positive Differenz $\begin{cases} x-y & \text{für } x > y \\ 0 & \text{für } x \le y \end{cases}$
MAX (X,Y,...)	Maximum von $x, y, \ldots$
MIN (X,Y,...)	Minimum von $x, y, \ldots$
MOD (X,Y)	Divisionsrest $x - (x/y) * y$
SIGN(X,Y)	Vorzeichenübertrag $\begin{cases} |x| & \text{für } y > 0 \\ -|x| & \text{für } y \le 0 \end{cases}$

Beispielprogramm SPIEL

Ein Kartenspiel mit 52 Blatt soll gleichmäßig auf eine vorgegebene Anzahl von Mitspielern verteilt werden. Wieviele Spielkarten bekommt jeder, und wieviele bleiben übrig?

Wir wollen ein Programm entwerfen, das den Rechner dazu veranlaßt, die Anzahl der Mitspieler einzulesen, die gewünschten Angaben zu berechnen und auf dem Bildschirm auszugegeben.

Der erste Schritt ist die Formulierung eines umgangssprachlichen Programmtextes:

     1. Lies die Anzahl Mitspieler ein!
     2. Berechne die Anzahl Spielkarten pro Mitspieler!
     3. Berechne die verbleibende Anzahl Spielkarten!
     4. Gib die berechneten Werte auf dem Bildschirm aus!

Das zugehörige Struktogramm zeigt den Aufbau des Programms aus Blöcken, die unbedingt und genau einmal abgearbeitet werden:

Anzahl Mitspieler einlesen
Anzahl Spielkarten pro Mitspieler berechnen
Anzahl verbleibender Spielkarten berechnen
Ausgabe der berechneten Werte

In der Aufstellung der vom Programm zu verarbeitenden Daten werden zweckmäßigerweise schon symbolische Namen und Datentypen vergeben, die im Programm vereinbart werden sollen.

Daten	symb. Name	Datentyp
Anzahl der Spielkarten	KARTEN	ganzzahlig
Anzahl der Mitspieler	MITSP	ganzzahlig
Anzahl der Spielkarten pro Mitspieler	KARMIT	ganzzahlig
Anzahl der restlichen Spielkarten	KARRES	ganzzahlig

Mit dieser Aufstellung können der Vereinbarungsteil und mit dem umgangssprachlichen Programmtext der Anweisungsteil in FORTRAN formuliert werden:

```
      PROGRAM SPIEL

C==== Vereinbarungsteil =======================================

C---- Konstanten -----------------------------------------------

      INTEGER    KARTEN
      PARAMETER ( KARTEN = 52 )

C---- Variablen ------------------------------------------------

      INTEGER    MITSP, KARMIT, KARRES

C==== Anweisungsteil ==========================================

C---- Eingabe --------------------------------------------------

      PRINT *, 'Anzahl Mitspieler ?'
      READ  *, MITSP

C---- Berechnungen ---------------------------------------------

      KARMIT = KARTEN / MITSP
      KARRES = MOD ( KARTEN, MITSP )

C---- Ausgabe --------------------------------------------------

      PRINT *, 'Karten pro Mitspieler : ', KARMIT
      PRINT *, 'Rest                  : ', KARRES

      END
```

Die Anweisungen zur Ein- und Ausgabe wollen wir erst in der nächsten Lektion näher betrachten. Die Berechnungsanweisungen werden vom Rechner wie beschrieben ausgeführt. Der Variablen KARMIT wird als Wert der ganzzahlige Anteil des Quotienten aus KARTEN und MITSP zugewiesen, und der Rest ergibt sich aus dem Wert der Modulo-Funktion.

Reelle Zahlen

Für reelle Zahlen gibt es in FORTRAN die gleichen Operatoren wie für ganze
Zahlen. Lediglich die Division verhält sich anders; nämlich so, wie wir es aus
der Mathematik kennen. Die Regeln für die Rangfolge und die Auswertungsreihenfolge bei Ausdrücken mit mehreren Operatoren gelten ebenfalls in gleicher
Weise.

Für reelle Zahlen gibt es, neben den schon erwähnten für ganze Zahlen, noch weitere vordefinierte Standardfunktionen, wie zum Beispiel Sinus, Cosinus, Logarithmus oder die Quadratwurzel. Eine vollständige Übersicht finden Sie im Anhang
B.

Auf das Rechnen mit reellen Zahlen und auf die Bildung von gemischten arithmetischen Ausdrücken mit ganzzahligen und reellen Daten werden wir später
eingehen.

Zeichenreihen

Für die Verknüpfung von Zeichenreihen steht uns in FORTRAN lediglich ein
Operator zur Verfügung, nämlich der Verkettungsoperator //. Mit ihm lassen sich
Zeichenreihen aneinanderhängen. Zum Beispiel ergibt sich aus den Zeichenreihen
'HAND' und 'BALL' durch die Verkettung

                    'HAND' // 'BALL'

die Zeichenreihe 'HANDBALL'.

Der Wert eines Zeichenausdrucks kann einer Variablen vom Typ CHARACTER zugewiesen werden, zum Beispiel:

```
     . . .
     CHARACTER  A*4, B*10
     . . .
     A = 'HANDSCHUH'
     B = A // 'BALL'
     . . .
```

Mit der ersten Zuweisung erhält A den Wert 'HAND', denn A ist vier Zeichen
lang, und vor der Zuweisung wird die zuzuweisende Zeichenreihe von rechts auf
die entsprechende Länge gekürzt. In der zweiten Zuweisung ergibt sich für B der
Wert 'HANDBALL   '. Falls die zuzuweisende Zeichenreihe nämlich kürzer ist als
die Variable, der der Wert zugewiesen werden soll, so wird die Zeichenreihe vor
der Zuweisung nach rechts bis zur entsprechenden Länge mit Leerzeichen aufgefüllt. Vordefinierte Standardfunktionen für Zeichenreihen werden wir anhand
eines Beispielprogramms der nächsten Lektion betrachten.

Logische Werte

Auch auf Operationen und Ausdrücke mit logischen Werten wollen wir erst in einer späteren Lektion zu sprechen kommen. Hier sei nur so viel gesagt, daß es sie gibt, und daß auch Zuweisungen von logischen Werten an Variablen des entsprechenden Typs möglich sind. Beispiel:

```
      ...
      LOGICAL  FERTIG
      ...
      FERTIG = .FALSE.
      ...
```

Kontrollaufgaben

K.8.1   Geben Sie den Text des Programms SPIEL unter einem geeigneten Dateinamen in den Rechner ein. Lassen Sie das Programm übersetzen und mehrfach ausführen. Halten Sie sich dabei an die Punkte A. bis E. von Lektion 6.

K.8.2   Was bedeutet es, wenn eine Variable „vereinbart" ist, und was, wenn sie „definiert" ist?

K.8.3   Geben Sie an, ob die Variablen die aufgeführten Werte annehmen können. Voraussetzung sei der folgende Vereinbarungsteil:

```
C==== Vereinbarungsteil =====================================

      INTEGER    MM
      CHARACTER  WORT*10, LWORT*20
      CHARACTER*6 A, B*2
```

Wert	MM	WORT	LWORT	A	B
'Beispiel'	nein	ja	ja	nein	nein
'ABC'					
7					
'Moritz'					
'Eingabezeichen'					
'56'					

Lektion 9

Bildschirmdialog

In dieser Lektion geht es um die Ein- und Ausgabe von Daten über Tastatur und Bildschirm. Am Programmbeispiel von Lektion 8 haben Sie gesehen, daß sich schon in einfachen Fällen ein Frage- und Antwortspiel, eben ein Dialog, ergeben kann:

```
PRINT *, 'Anzahl Mitspieler ?'
READ  *, MITSP
```

Der Rechner gibt gemäß der PRINT-Anweisung die Frage nach der Anzahl der Mitspieler auf dem Bildschirm aus und wartet dann auf die Eingabe einer Zahl, deren Wert durch die READ-Anweisung der Variablen MITSP zugewiesen wird.

Listengesteuerte Ein-/Ausgabe

Das *-Symbol in den Anweisungen bedeutet, daß eine listengesteuerte Ein-/Ausgabe vorzunehmen ist. Die Liste der ein- bzw. auszugebenden Werte steuert ihre Formatierung. Die Formatierung auszugebender Daten äußert sich beispielsweise darin, mit wie vielen Stellen insgesamt, mit wie vielen Stellen nach dem Komma und ob mit oder ohne Exponent eine reelle Zahl ausgegeben wird.

Listengesteuerte Eingabe ermöglicht es, über die Tastatur Daten einzugeben, ohne sich an feste Formate halten zu müssen. Lediglich an die Regeln zur Bildung von Zahlen, Zeichenreihen und logischen Werten muß man sich halten.

Mit listengesteuerter Eingabe können mehrere Eingabewerte mit nur einer Anweisung sehr flexibel über die Tastatur eingelesen werden:

```
PRINT *, 'Bitte vier ganze Zahlen eingeben !'
READ  *, ZAHL1, ZAHL2, ZAHL3, ZAHL4
```

Nach Ausführung dieser Anweisungen wartet der Rechner auf die Eingabe von vier Zahlen. Als Trennzeichen zwischen je zwei Eingabewerten, werden ein oder mehrere Leerzeichen oder ein durch die Eingabetaste hervorgerufener Zeilenvorschub akzeptiert. Auf die Verwendung von Kommas als Trennzeichen wollen wir verzichten. Die vier Zahlen könnten wir also zum Beispiel so eingeben:

```
Bitte vier ganze Zahlen eingeben !
337    -501
17 04
```

Bei listengesteuerter Ausgabe wird übersetzerabhängig ein Standardformat gewählt. Als erstes Zeichen jeder Zeile wird immer ein Leerzeichen ausgegeben.
Dies hat historische Gründe, denn früher wurde das erste Zeichen einer Zeile
als Zeilenvorschubsteuerung für das Ausgabegerät (insbesondere bei Druckern)
interpretiert.

Formatgebundene Ein-/Ausgabe

Bei Anwendung der formatgebundenen Ein-/Ausgabe können bestimmte Formate
vorgegeben werden. Damit kann beispielsweise die Ausgabe auf dem Bildschirm
gestaltet werden:

```
    . . .
    CHARACTER*7  AN, AB
    . . .

    AN     = 'Ankunft'
    AB     = 'Abfahrt'

    PRINT 1001, 'Hamburg', AB, '13:45'
    PRINT 1001, 'Hannover', AN, '15:08'
    PRINT 1001, 'Hannover', AB, '15:12'
    PRINT 1001, 'Fulda', AN, '17:50'

1001 FORMAT ( T10, A, T30, A, T40, A )
    . . .
```

Dieses Programmstück erzeugt die folgende Ausgabe auf dem Bildschirm:

```
        Hamburg          Abfahrt   13:45
        Hannover         Ankunft   15:08
        Hannover         Abfahrt   15:12
        Fulda            Ankunft   17:50
```

Das **T-Format** stellt einen Tabulator dar, mit dem man bei der Ausgabe in eine
beliebige Spalte positionieren kann. Das **A-Format** steht für die Ausgabe einer
Zeichenkette.

Falls beim verwendeten System die Vorschubsteuerung durch das erste Zeichen
einer Zeile realisiert ist, muß dem bei der formatgebundenen Ausgabe Rechnung
getragen werden, zum Beispiel durch das T-Format.

In der Fibel werden wir Formate zunächst nur beim Einlesen von einzelnen Zeichen und Zeichenreihen von der Tastatur verwenden. Hierbei erweist sich nämlich die Angabe eines Formats komfortabler als die listengesteuerte Eingabe. Dazu ein Beispiel:

Beispielprogramm WORTLG

Es soll ein Programm entwickelt werden, das von der Tastatur ein Wort einliest, die Länge dieses Wortes bestimmt und auf den Bildschirm ausgibt. Den umgangssprachlichen Programmtext wollen wir gleich als Struktogramm aufschreiben:

WORTLG

| Wort einlesen |
| Länge des Wortes bestimmen |
| Länge ausgeben |

Die folgenden Daten sollen vom Programm verarbeitet werden:

Daten	symbolischer Name	Datentyp
Wort	WORT	CHARACTER
Länge des Wortes	LAENGE	INTEGER

Für die Längenbestimmung brauchen wir uns keinen eigenen Algorithmus zu überlegen, denn es gibt eine vordefinierte Standardfunktion, die wir hierfür verwenden können. Es sind daher auch keine zusätzlichen Variablen für die Aufnahme von Zwischenergebnissen notwendig. Für die Variable WORT müssen wir uns eine sinnvolle Länge überlegen, so daß die einzulesenden Wörter „hineinpassen". Wir können zum Beispiel die Länge 30 Zeichen wählen und den Vereinbarungsteil so formulieren:

```
    CHARACTER*30  WORT
    INTEGER       LAENGE
```

Für die Eingabe könnten wir wie bisher die folgende Anweisung mit listengesteuerter Eingabe verwenden:

```
    READ *, WORT
```

Der Rechner erwartet auf diese Anweisung hin die Eingabe einer Zeichenreihe. Wie Sie bereits wissen, ist eine Zeichenreihe eine Folge von Zeichen, eingeschlossen in Häkchen, also zum Beispiel: `'Dies ist eine Zeichenreihe.'` oder

'Hallo'. Bei der listengesteuerten Eingabe müssen die Häkchen am Anfang und Ende einer Zeichenreihe mit eingegeben werden. Das ist sehr umständlich und kann durch Verwendung formatgebundener Eingabe vermieden werden. Die entsprechende Anweisung sieht so aus:

```
READ '(A)', WORT
```

Das Format (A) ist selbst eine Zeichenreihe und muß deshalb in Häkchen eingeschlossen werden. Das A-Format ist eines von vielen möglichen Formaten und ist für das Einlesen von Zeichenreihen vorgesehen. Die hier verwendete Form des A-Formats verzichtet auf die explizite Angabe der sogenannten Datenfeldweite. Die maßgebende Datenfeldweite ergibt sich dann aus der für die Variable WORT vereinbarten Länge, also 30 in unserem Falle. Maximal 30 Zeichen werden von der Eingabe übernommen und der Variablen zugewiesen. Sind in der Eingabe weniger als 30 Zeichen vorhanden, so wird vor der Zuweisung bis zur vollen Länge mit Leerzeichen aufgefüllt.

Man kann Formate auch in getrennten, durch eine Anweisungsmarke gekennzeichneten Anweisungen unterbringen und in der READ-Anweisung auf diese Marke Bezug nehmen. Zum Beispiel:

```
     READ 1001, WORT
1001 FORMAT (A)
```

Diese Anweisungen haben dieselbe Wirkung wie die vorherige READ-Anweisung, jedoch lohnt sich diese Schreibweise lediglich dann, wenn man viele Ein-/Ausgabeanweisungen hat, die sich auf dasselbe Format beziehen. Wir wollen in der Fibel daher zunächst keinen Gebrauch von dieser Möglichkeit machen.

Zur Längenbestimmung des Wortes kann, wie bereits erwähnt, eine vordefinierte Standardfunktion verwendet werden. Wir wollen hier zwei Standardfunktionen für Zeichenreihen betrachten, von denen die eine auf den ersten Blick die gewünschte Längenbestimmung leistet. Auf den zweiten Blick werden wir feststellen, daß gerade die zweite für unsere Zwecke geeignet ist. Beide Funktionen liefern einen ganzzahligen Wert.

Funktion	Funktionswert
LEN(S)	Länge der Zeichenreihe S
INDEX(S,T)	Position der Zeichenreihe T in der Zeichenreihe S, falls T in S enthalten. Sonst 0.

Die Länge einer Zeichenvariablen ist die mit der CHARACTER-Anweisung vereinbarte Länge. Würden wir in unserem Programm die Funktion LEN auf die Variable WORT anwenden, würde das Ergebnis 30 lauten, unabhängig vom aktuellen Inhalt der Variablen. Die Variable WORT enthält nämlich **immer** 30 Zeichen, da sie von uns so vereinbart wurde. Das trifft auch zu für den Fall, daß eine kürzere Zeichenreihe mit READ eingelesen wird, da ja der Rest mit Leerzeichen aufgefüllt wird. Sogar direkt nach dem Starten des Programms enthält jede Variable die vereinbarte Anzahl von Zeichen. Welche Zeichen dies sind, ist allerdings vom Zufall abhängig. Man sagt, sie sind undefiniert.

Mit der Funktion LEN können wir also hier nichts anfangen. Wie gut, daß es die Standardfunktion INDEX gibt. Diese Funktion hilft uns bei unserem Problem tatsächlich weiter, obwohl die Beschreibung gar nicht danach aussieht.

Ein Beispielaufruf:

```
   ...
   INTEGER  POS
   ...
   POS = INDEX ('drei', 'ei')
   ...
```

POS würde durch diese Zuweisung den Wert 3 erhalten, da die Zeichenvariable 'ei' in der Zeichenkette 'drei' enthalten ist und an der entprechenden Zeichenposition innerhalb des Wortes 'drei' beginnt.

Zur Längenbestimmung eines Wortes kann die folgende Anweisung dienen:

```
   LAENGE = INDEX (WORT, ' ')
```

Was bewirkt der Aufruf der Funktion INDEX in diesem Falle? Der Wert der Variablen WORT, vereinbarungsgemäß eine 30 Zeichen lange Zeichenkette, wird von links nach rechts daraufhin untersucht, an welcher Stelle die Zeichenkette ' ', also ein Leerzeichen, vorkommt. Die gefundene Position wird als ganzzahliges Ergebnis des Funktionsaufrufs der Variablen LAENGE zugewiesen.

Beispiel:
Position   12345678.................30
Inhalt von WORT   'Hallo   '

Der Aufruf INDEX (WORT, ' ') würde in diesem Fall den Wert 6 liefern, da die Zeichenkette ' ' an der Position 6 innerhalb der Zeichenkette WORT auftritt. Mit einer kleinen Korrektur können wir daraus die gesuchte Länge des Wortes ermitteln:

```
   LAENGE = LAENGE - 1
```

Eingabeaufforderung und Ausgabe des Ergebnisses werfen keine neuen Probleme auf, so daß wir nun das Programm hinschreiben können.

```
      PROGRAM WORTLG

C==== Vereinbarungsteil =======================================

C---- Variablen -----------------------------------------------

      CHARACTER*30  WORT
      INTEGER       LAENGE

C==== Anweisungsteil ===========================================

C---- Wort einlesen --------------------------------------------

      PRINT  *  , 'Bitte Wort eingeben !'
      READ '(A)', WORT

C---- Länge bestimmen ------------------------------------------

      LAENGE = INDEX ( WORT, ' ')
      LAENGE = LAENGE - 1

C---- Ergebnis ausgeben ----------------------------------------

      PRINT *, 'Laenge des Wortes:', LAENGE

      END
```

Wie Sie vielleicht schon bemerkt haben, sind wir beim Entwurf des Programms stillschweigend von einigen Voraussetzungen ausgegangen, die im allgemeinen nicht zuzutreffen brauchen. So führt das Programm in folgenden Fällen zu unerwünschten bzw. fehlerhaften Ergebnissen:

- Das Wort wird nicht linksbündig eingegeben.
- Das eingegebene Wort ist länger als 29 Zeichen.

Um auf diese Spezialfälle mit dem Programm reagieren zu können, benötigt man die in der nächsten Lektion behandelten Programmstrukturen. Schon mit unseren bisherigen Möglichkeiten können wir aber den Benutzer des Programms auf diese Schwachstellen hinweisen. Die Eingabeaufforderung würde dann vielleicht so aussehen:

```
      PRINT *,'Bitte Wort eingeben (linksbuendig, max.',
     &        '29 Zeichen) !'
```

Um das Programm übersichtlicher zu machen, sollten wir die Länge der Variablen WORT als symbolische Konstante vereinbaren. Wir nennen diese Konstante ANZAHL und vereinbaren sie für den Wert 30. In der Vereinbarung von WORT und in der PRINT-Anweisung müssen die Zahlen 30 und 29 dann entsprechend ersetzt werden.

Wenn wir noch die zwei Anweisungen für die Längenbestimmung zu einer verkürzen, erhalten wir die vorerst endgültige Version des Programms WORTLG:

```
      PROGRAM WORTLG

C==== Vereinbarungsteil ======================================

C---- Konstanten -------------------------------------------

      INTEGER           ANZAHL
      PARAMETER       ( ANZAHL = 30 )

C---- Variablen --------------------------------------------

      CHARACTER*(ANZAHL) WORT
      INTEGER           LAENGE

C==== Anweisungsteil ======================================

C---- Wort einlesen ----------------------------------------

      PRINT  *  , 'Bitte Wort eingeben (linksbuendig, max.',
     &            ANZAHL-1, 'Zeichen) !'
      READ '(A)', WORT

C---- Länge bestimmen --------------------------------------

      LAENGE = INDEX ( WORT, ' ') - 1

C---- Ergebnis ausgeben ------------------------------------

      PRINT  *  , 'Laenge des Wortes:', LAENGE

      END
```

Kontrollaufgaben

K.9.1   Geben Sie das Programm WORTLG unter einem geeigneten Dateinamen in den Rechner ein. Lassen Sie das Programm übersetzen und mehrfach ausführen.

K.9.2   Zu welchen logisch inkorrekten Ergebnissen führen die oben aufgeführten Sonderfälle bei der Eingabe zum Programm WORTLG?

Lektion 10

Programmstrukturen

10.1 Auswahl

10.1.1 Auswahl nach logischer Bedingung

Unsere bisherigen Programmbeispiele bestanden nur aus einfachen Folgen von Verarbeitungsschritten. Wenn der Rechner so ein Programm ausführt, beginnt er mit der ersten Anweisung des Anweisungsteils und arbeitet die im Programmtext folgenden Anweisungen nacheinander ab, bis er das Programmende erreicht hat. Jede Anweisung wird also genau einmal ausgeführt.

Für viele Problemstellungen ist die Folge als einzige Programmstruktur jedoch unzureichend. Dazu ein Beispiel:

Beispielprogramm VOKAL

Es sei ein Programm zu entwerfen, das einen Buchstaben vom Bildschirm einliest und ausgibt, ob der Buchstabe ein Vokal ist oder nicht.

Der umgangssprachliche Programmtext könnte so lauten:

1. Lies einen Buchstaben ein.

2. Untersuche, ob der Buchstabe ein Vokal ist oder nicht.

3. Gib einen entsprechenden Ergebnistext aus.

4. Fertig!

Auf dieser Verfeinerungsstufe ist die Programmstruktur eine Folge.

Bei der Codierung des Programms würden wir spätestens bei der dritten Anweisung des umgangssprachlichen Programmtexts auf ein Problem stoßen. Es heißt dort:

3. Gib einen entsprechenden Ergebnistext aus.

Das heißt, es soll ein Text ausgegeben werden, der dem Ergebnis der Untersuchung in Anweisung 2 entspricht. Mögliche Ergebnistexte sind also:

- Der eingegebene Buchstabe ist ein Vokal.

- Der eingegebene Buchstabe ist kein Vokal.

Während der Ausführung des Programms muß zwischen diesen beiden Texten ausgewählt werden.

Anweisung 3 müßte also genauer lauten:

  3. Falls der Buchstabe ein Vokal ist, dann

    3.1. Gib aus: Der eingegebene Buchstabe ist ein Vokal.

    sonst

    3.2. Gib aus: Der eingegebene Buchstabe ist kein Vokal.

Damit sind wir von der Programmstruktur Folge abgewichen und haben eine neue Struktur, die **Auswahl** oder Verzweigung genannt wird. Das entsprechende Sprachkonstrukt in der Programmiersprache FORTRAN sind die **Block-IF-Strukturen**.

In Abhängigkeit von einer **Bedingung** wird nur eine der beiden Anweisungen 3.1 bzw. 3.2 ausgeführt, die andere wird nicht abgearbeitet. Dieser Sachverhalt läßt sich sehr gut mit dem entsprechenden Struktogramm darstellen:

Buchstaben einlesen	
Untersuchen, ob Vokal oder nicht	
Falls Vokal ———— dann ————	———— sonst ————
Ausgabe: Der Buchstabe ist ein Vokal.	Ausgabe: Der Buchstabe ist kein Vokal.

Nehmen wir die Codierung dieses Programms doch einmal in Angriff. Für den Programmkopf benötigen wir einen treffenden Namen für unser Programm. Wie wär's mit: VOKAL ?

```
      PROGRAM VOKAL
```

Es soll ein Buchstabe eingelesen werden. Wir brauchen also eine Variable vom Datentyp Zeichen, der wir den einzulesenden Buchstaben mit einer READ-Anweisung zuweisen können.

In der zweiten Anweisung des Programms untersuchen wir, ob der eingelesene Buchstabe ein Vokal ist, und verwenden das Ergebnis dieser Untersuchung in der

dritten Anweisung als Bedingung für eine entsprechende Ausgabe. Es handelt sich
also um ein Zwischenergebnis, das in Anweisung 2 ermittelt wird und in einer
Variablen abgelegt werden muß, um in Anweisung 3 zur Verfügung zu stehen.
Da es für dieses Zwischenergebnis nur zwei Möglichkeiten gibt, nämlich Vokal
oder kein Vokal, eignet sich am besten eine logische Variable, die ja nur zwei
verschiedene Werte annehmen kann. Also schreiben wir im Vereinbarungsteil
unseres Programms

```
      CHARACTER BUCHST
      LOGICAL   BVOKAL
```

Das Einlesen eines Buchstaben können wir analog zum Einlesen eines Wortes im
vorigen Beispiel realisieren:

```
      PRINT  *  , 'Bitte einen Buchstaben eingeben !'
      READ '(A)', BUCHST
```

Nun sollen wir untersuchen, ob der Buchstabe ein Vokal ist. Dazu müssen wir
die Bedingung formulieren, unter der ein Buchstabe ein Vokal ist:

Ein Buchstabe ist ein Vokal, wenn es
- der Buchstabe **a**   oder
- der Buchstabe **e**   oder
- der Buchstabe **i**   oder
- der Buchstabe **o**   oder
- der Buchstabe **u**   ist.

Wir müssen also den eingelesenen Buchstaben mit den Buchstaben **a, e, i, o** und
u vergleichen. Der entsprechende FORTRAN-Ausdruck sieht so aus:

```
BUCHST .EQ. 'a' .OR. BUCHST .EQ. 'e' .OR. BUCHST .EQ. 'i' .OR.
BUCHST .EQ. 'o' .OR. BUCHST .EQ. 'u'
```

Das Spezialsymbol .EQ. ist ein **Vergleichsoperator**. Ein Vergleichsoperator
dient zur Bildung von **Vergleichsausdrücken**. Die Auswertung eines Vergleichsausdrucks ergibt ein logisches Ergebnis mit dem Wert wahr oder falsch.
Die entsprechenden Konstanten sind die FORTRAN-Spezialsymbole .TRUE. und
.FALSE.. Im Ausdruck

```
BUCHST .EQ. 'a'
```

wird überprüft, ob der aktuelle Wert der Variablen BUCHST mit der Zeichenkette
'a' übereinstimmt (engl.: equal). Ist das der Fall, so erhält der Ausdruck den
Wert „wahr" und sonst den Wert „falsch".

Näheres über Vergleichsausdrücke und eine Liste aller Vergleichsoperatoren finden
Sie als Einschub im Anschluß an dieses Beispielprogramm.

Aus Vergleichsausdrücken können, wie oben geschehen, **logische Ausdrücke** gebildet werden. Der **logische Operator** .OR. verknüpft zwei logische Werte zum logischen Wert wahr, wenn mindestens einer der beiden Werte wahr ist.

Der obige Ausdruck erhält dementsprechend den Wert wahr, wenn die Variable BUCHST einen der Buchstaben a, e, i, o, u enthält, und sonst den Wert falsch. Den Wert des Ausdrucks weisen wir der logischen Variablen BVOKAL zu. Diese Variable repräsentiert dann den Wahrheitsgehalt der Aussage 'Der eingelesene Buchstabe ist ein Vokal'.

```
     BVOKAL = BUCHST .EQ. 'a' .OR. BUCHST .EQ. 'e' .OR.
    &         BUCHST .EQ. 'i' .OR. BUCHST .EQ. 'o' .OR.
    &         BUCHST .EQ. 'u'
```

Ein zweiter Einschub im Anschluß an dieses Beispiel enthält eine Übersicht über alle logischen Operatoren, die es in FORTRAN gibt, sowie eine Tabelle mit den Werten aller elementaren logischen Ausdrücke.

Die FORTRAN-Anweisung, die uns gestattet, die Ausführung einer Anweisung vom Resultat einer Bedingung, also eines logischen Ausdrucks, abhängig zu machen, ist die **IF-Anweisung**.

Die IF-Anweisung in einer allgemeinen Form lautet:

```
    IF    Bedingung THEN
          Anweisung(en)
    ELSE
          Anweisung(en)
    ENDIF
```

Die *Anweisungen* nach THEN werden alternativ zu denen nach ELSE ausgeführt, je nachdem, ob die *Bedingung* erfüllt ist oder nicht. Die *Bedingung* ist ein logischer Ausdruck, der in Klammern gesetzt werden muß. Für unser Beispielprogramm muß man also schreiben:

```
    IF (BVOKAL) THEN
        PRINT *, 'Der Buchstabe ist ein Vokal.'
    ELSE
        PRINT *, 'Der Buchstabe ist kein Vokal.'
    ENDIF
```

Die Bedingung besteht hier lediglich aus einer logischen Variablen, deren Wert wir vorher bestimmt haben. Falls (IF) BVOKAL den Wert wahr hat, dann (THEN) wird ausgegeben 'Der Buchstabe ist ein Vokal.', sonst (ELSE) wird ausgegeben 'Der Buchstabe ist kein Vokal'.

Noch etwas eleganter ist die folgende Version, bei der der eingegebene Buchstabe im Antwortsatz enthalten ist:

```
IF (BVOKAL) THEN
    PRINT *, 'Der Buchstabe', BUCHST, 'ist ein Vokal.'
ELSE
    PRINT *, 'Der Buchstabe', BUCHST, 'ist kein Vokal.'
ENDIF
```

Hier nun das vollständige Programm:

```
      PROGRAM VOKAL

C==== Vereinbarungsteil ======================================

      CHARACTER BUCHST
      LOGICAL   BVOKAL

C==== Anweisungsteil ========================================

C---- Buchstaben einlesen ----------------------------------
      PRINT  *  , 'Bitte einen Buchstaben eingeben !'
      READ '(A)', BUCHST

C---- Untersuchen, ob eingegebener Buchstabe ein Vokal ist ----
      BVOKAL = BUCHST .EQ. 'a' .OR. BUCHST .EQ. 'e' .OR.
     &         BUCHST .EQ. 'i' .OR. BUCHST .EQ. 'o' .OR.
     &         BUCHST .EQ. 'u'

C---- Ergebnis ausgeben ------------------------------------
      IF (BVOKAL) THEN
          PRINT *, 'Der Buchstabe', BUCHST, 'ist ein Vokal.'
      ELSE
          PRINT *, 'Der Buchstabe', BUCHST, 'ist kein Vokal.'
      ENDIF

C---- Ende -------------------------------------------------
      END
```

Geben Sie bitte auch dieses Programm in den Rechner ein und lassen Sie es
ablaufen.

Vergleichsausdrücke

Mit einem Vergleichsausdruck können entweder die Werte zweier arithmetischer
Ausdrücke oder die Werte zweier Zeichenausdrücke verglichen werden. Für die
Bildung von Vergleichsausdrücken stehen mehrere Operatoren und vordefinierte
Standardfunktionen zur Verfügung.

Betrachten wir zunächst die Vergleichsoperatoren, die auf Zahlenwerte anwendbar
sind:

FORTRAN- Ausdruck	mathematischer Ausdruck	Operation
X .EQ. Y	$x = y$	gleich (equal)
X .NE. Y	$x \neq y$	ungleich (not equal)
X .LT. Y	$x < y$	kleiner (less)
X .LE. Y	$x \leq y$	kleiner gleich (less than)
X .GT. Y	$x > y$	größer (greater)
X .GE. Y	$x \geq y$	größer gleich (greater equal)

Wie bereits erwähnt, ergibt ein Vergleichsausdruck den Wert „wahr" oder
„falsch". Beispiele für Vergleichsausdrücke sind:

FORTRAN-Ausdruck	Wert
4 .LT. 10	wahr
3 .GT. 3	falsch
100 .NE. 199	wahr

Das Ergebnis eines Vergleichs von Zahlen ist intuitiv klar, denn man weiß ja nun
mal, welche von zwei Zahlen zum Beispiel die größere ist.

Bei Zeichenreihen sieht das schon ganz anders aus. Daß dem Ausdruck
'Hand' .LT. 'Hund' der Wert „wahr" zugeordnet wird, ist ja noch einleuchtend,
da 'Hand' in einem alphabetischen Verzeichnis vor 'Hund' einsortiert würde.
Aber wie steht es mit dem Vergleich '+' .LT. '-'? Hat dieser Ausdruck den
Wert „wahr" oder „falsch"? Um dies zu entscheiden, bezieht sich der Rechner
auf eine interne Sortierfolge, den Zeichencode. Aber leider gibt es von Rechner
zu Rechner unterschiedliche Sortierfolgen, so daß auch der Wert eines solchen
Zeichenvergleichsausdrucks nicht auf jedem Rechner derselbe ist.

Einen Ausweg aus dieser Situation bieten die folgenden vordefinierten Standardfunktionen. Diese Funktionen erwarten zwei Zeichenreihen S und T als Argumente und liefern einen logischen Wert als Ergebnis. Sie beziehen sich dabei
rechnerunabhängig (!) auf die **ASCII-Sortierfolge** (American Standard Code
for Information Interchange).

Funktion	Funktionswert	
LLT(S,T)	wahr,	falls S in der ASCII-Folge T vorausgeht
	falsch	sonst
LLE(S,T)	wahr,	falls S gleich T ist oder S in der ASCII-Folge T vorausgeht
	falsch	sonst
LGT(S,T)	wahr,	falls S in der ASCII-Folge auf T folgt
	falsch	sonst
LGE(S,T)	wahr,	falls S gleich T ist oder S in der ASCII-Folge auf T folgt
	falsch	sonst

Für den Test auf Gleichheit oder Ungleichheit werden auch bei Zeichenreihen die Operatoren .EQ. und .NE. verwendet, denn diese Vergleiche sind ohnehin unabhängig von der Sortierfolge.

Vergewissern Sie sich anhand der untenstehenden ASCII-Sortierfolge, daß die bei den folgenden Beispielen angegebenen Ergebnisse korrekt sind. Bei einem Vergleich von zwei verschieden langen Zeichenketten wird die kürzere von beiden mit Leerzeichen bis zur Länge der anderen aufgefüllt.

FORTRAN-Ausdruck	Wert
LLT('+', '-')	wahr
LGE('$', 'DM')	falsch
'Hallo' .EQ. 'Huhn'	falsch
LLT(' B', 'A')	wahr

ASCII-Sortierfolge

Die 128 Zeichen der ASCII-Sortierfolge sind von 0 bis 127 durchnumeriert. Sogenannte Steuerzeichen, die geräteabhängig zur Steuerung der Bildschirm- oder Druckerausgabe verwendet werden können, sind hier nicht aufgeführt.

32	Leerzeichen	64	@ bzw. §	96	'
33	!	65	A	97	a
34	"	66	B	98	b
35	#	67	C	99	c
36	$	68	D	100	d
37	%	69	E	101	e
38	&	70	F	102	f
39	'	71	G	103	g
40	(	72	H	104	h
41	)	73	I	105	i
42	*	74	J	106	j
43	+	75	K	107	k
44	,	76	L	108	l
45	-	77	M	109	m
46	.	78	N	110	n
47	/	79	O	111	o
48	0	80	P	112	p
49	1	81	Q	113	q
50	2	82	R	114	r
51	3	83	S	115	s
52	4	84	T	116	t
53	5	85	U	117	u
54	6	86	V	118	v
55	7	87	W	119	w
56	8	88	X	120	x
57	9	89	Y	121	y
58	:	90	Z	122	z
59	;	91	[bzw. Ä	123	{ bzw. ä
60	<	92	\ bzw. Ö	124	| bzw. ö
61	=	93	] bzw. Ü	125	} bzw. ü
62	>	94	^	126	~ bzw. ß
63	?	95	_		

Logische Ausdrücke

In logischen Ausdrücken können logische Werte miteinander verknüpft werden.
Das Ergebnis ist wieder ein logischer Wert. Die folgende Tabelle gibt einen
Überblick über alle logischen Operatoren, die FORTRAN zur Verfügung stellt. A
und B sollen logische Werte sein.

FORTRAN-Ausdruck	mathematischer Ausdruck	Operation
.NOT. B	$\neg a$	nicht (Negation, Komplement)
A .AND. B	$a \wedge b$	und (Konjunktion)
A .OR. B	$a \vee b$	oder (Disjunktion)
A .EQV. B	$a \leftrightarrow b$	log. gleich (Äquivalenz)
A .NEQV. B	$\neg(a \leftrightarrow b)$	log. ungleich (Antivalenz)

Beispiele für logische Ausdrücke:

FORTRAN-Ausdruck	Wert
3 .GT. 4 .OR. 3 .LT. 4	wahr
.FALSE. .AND. LLT('a', 'b')	falsch
.NOT. .TRUE.	falsch

Genau wie die arithmetischen Operatoren haben auch die logischen Operatoren
untereinander eine Rangfolge, die bei logischen Ausdrücken mit mehreren Operationen die Auswertungsreihenfolge bestimmt. Danach hat der .NOT.-Operator
den höchsten Vorrang, dann folgt der .AND.-Operator, dann der .OR.-Operator
und mit dem niedrigsten Vorrang die Operatoren .EQV. und .NEQV.. Bei mehreren gleichrangigen Operationen wird von links nach rechts ausgewertet. Abwei-
chende Abarbeitungsreihenfolgen können durch Klammerung erzwungen werden.

Zusammenfassung der Vorrangregeln

Da wir nun alle Operatoren, die es in FORTRAN gibt, besprochen haben, ist
es an der Zeit, die Vorrangregeln mal im Überblick zu betrachten. Wir werden es nämlich noch oft mit Ausdrücken zu tun haben, die etliche verschiedene
Operationen in sich vereinen. Ein extremes Beispiel:

```
    INTEGER    A, B, X
    CHARACTER  C*2, M, N
    LOGICAL    L
    ...
    IF ( L .OR. M // N .EQ. C .AND. .NOT. A + B .LT. X ) ...
    ...
```

Dieser Ausdruck wird auch ohne Klammerung korrekt ausgewertet, denn es existiert die folgende Rangfolge:

Vorrang	Operator	
1	**	
2	* /	Arithmetische Operatoren
3	+ -	
4	//	Zeichenoperator
5	.EQ. .NE. usw.	Vergleichsoperatoren
6	.NOT.	
7	.AND.	Logische Operatoren
8	.OR.	
9	.EQV. .NEQV.	

Verfeinerung des Beispielprogramms WORTLG

Nun noch einmal zurück zum Beispielprogramm WORTLG aus Lektion 9. Wir hatten dort abschließend bemerkt, daß dieses Programm in zwei bestimmten Fällen unerwünschte Ergebnisse liefert. Mit unserer Auswahlanweisung können wir nun darangehen, das Programm so zu verfeinern, daß es diese Sonderfälle berücksichtigt. Wir schreiben dazu den umgangssprachlichen Programmtext gleich in ein entsprechendes Struktogramm.

Wort einlesen		
Länge des Wortes bestimmen		
Falls eingegebenes Wort länger als max. Anzahl von Zeichen		
—— dann ——	—————————— sonst ——————————	
	Falls Wort nicht linksbündig eingegeben	
	—— dann ——	—— sonst ——
Fehlermeldung: Wort ist zu lang.	Fehlermeldung: Wort ist nicht linksb.	Länge ausgeben.

Eine Schachtelung von Auswahlanweisungen, wie sie aus dem Struktogramm hervorgeht, kann in FORTRAN ohne weiteres realisiert werden. Dazu müssen wir uns zunächst die passenden Auswahlbedingungen überlegen. Zur Erinnerung hier noch einmal die Anweisungen zur Längenberechnung:

```
LAENGE = INDEX ( WORT, ' ') - 1
```

Wenn Sie Kontrollaufgabe K.9.2 bearbeitet haben, kennen Sie bereits die fehler-
haften Ergebnisse in beiden Fällen. Ist das eingegebene Wort zu lang, lautet das
Ergebnis des INDEX-Aufrufs 0 und die Rechnung ergibt die wenig sinnvolle Länge
-1. Wird das Wort nicht linksbündig eingegeben, findet die INDEX-Funktion die
Zeichenkette ' ' gleich an der ersten Position und man erhält für die Länge den
Wert 0, obwohl das eingegebene Wort durchaus etliche Zeichen lang sein kann.

Falls wir keine weiteren Sonderfälle übersehen haben, können wir also den ersten
Fall an der Länge -1 erkennen und den zweiten Fall an der Länge 0, sofern nicht
eine leere Eingabe vorliegt. Mit diesen Überlegungen setzen wir den zweiten Teil
des Struktogramms in die folgenden FORTRAN-Anweisungen um.

```
C---- Ergebnis ausgeben -----------------------------------------
      IF ( LAENGE .EQ. -1 ) THEN
          PRINT *, 'Fehler: Das eingegebene Wort ist zu lang !'
      ELSE
          IF ( LAENGE .EQ. 0 .AND. WORT .NE. ' ' ) THEN
              PRINT *, 'Fehler: Das Wort wurde nicht',
     &                 'linksbündig eingegeben !'
          ELSE
              PRINT *, 'Länge des Wortes:', LAENGE, 'Zeichen.'
          ENDIF
      ENDIF
```

Für solche Schachtelungen von Auswahlanweisungen, bei denen der ELSE-Zweig
wiederum aus einer Auswahlanweisung besteht, bietet FORTRAN eine verkürzte
Schreibweise. Statt der Konstruktion:

```
IF    Bedingung1 THEN
      Anweisung(en)
ELSE
      IF    Bedingung2 THEN
            Anweisung(en)
      ELSE
            Anweisung(en)
      ENDIF
ENDIF
```

kann man bedeutungsgleich auch schreiben:

```
IF    Bedingung1 THEN
      Anweisung(en)
ELSE IF    Bedingung2 THEN
      Anweisung(en)
ELSE
      Anweisung(en)
ENDIF
```

Dazu wollen wir uns noch ein Beispiel ansehen.

Beispielprogramm PREIS

Es soll ein Programm entworfen werden, das bei Eingabe von Einzelpreis (in vollen DM) und Stückzahl den Gesamtpreis (in vollen DM) in Abhängigkeit von einer Rabattstaffel berechnet und ausgibt. Auf Stückzahlen von 100 oder mehr gibt es 10% Rabatt, bei 50 Stück oder mehr beträgt der Rabatt 5% und bei 10 Stück oder mehr noch 2%. Auf Stückzahlen unter 10 wird kein Rabatt gewährt.

Wir schreiben gleich wieder den umgangssprachlichen Programmtext in ein Struktogramm:

PREIS

Einzelpreis und Stückzahl einlesen
Rabattstufe in Abhängigkeit der Stückzahl bestimmen
Gesamtpreis berechnen
Gesamtpreis ausgeben

Welche Daten müssen wir für dieses Programm vereinbaren? Neben den Ein- und Ausgabedaten, die aus der Problemstellung hervorgehen, benötigen wir noch eine Variable, um die im zweiten Schritt ermittelte Rabattstufe in % für die Berechnung im dritten Schritt verfügbar zu machen. Es ergibt sich also die folgende Tabelle:

Daten	symbolischer Name	Datentyp
Einzelpreis	EINZEL	INTEGER
Stückzahl	STZAHL	INTEGER
Gesamtpreis	GESAMT	INTEGER
Rabattstufe	RABATT	INTEGER

Das Einlesen der Werte und die Ausgabe des Ergebnisses bereitet wohl keine Schwierigkeiten mehr. Näher eingehen wollen wir auf Schritt 2 und Schritt 3 des Programms.

Der Bestimmung der Rabattstufe können wir mit einer Auswahl-Programmstruktur zu Leibe rücken. Wir brauchen dazu lediglich den Text der Aufgabenstellung in ein entsprechend aufgebautes Struktogramm einzusetzen. Dieses ist eine Verfeinerung eines Teils des obigen Struktogramms. Wie wir sehen werden, reicht diese Verfeinerungsstufe aus, um das Struktogramm direkt in entsprechende FORTRAN-Anweisungen umsetzen zu können.

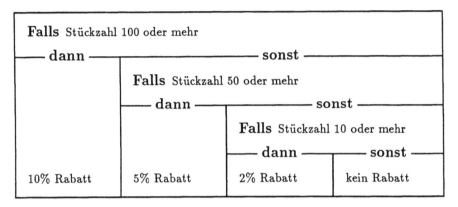

Die notwendigen Vergleiche können wir in FORTRAN mit dem Vergleichsoperator .GE. (engl.: greater equal) formulieren, der dann den Wert wahr ergibt, wenn der erste Vergleichswert größer oder gleich dem zweiten Wert ist. So lautet zum Beispiel die erste Abfrage:

```
IF ( STZAHL .GE. 100 ) THEN
     RABATT = 10
ELSE IF ...
```

Den entsprechenden Wert für die Rabattstufe weisen wir der Variablen RABATT zu. Wir können uns damit nun der Berechnung des Gesamtpreises zuwenden.

Der Gesamtpreis ohne Berücksichtigung des Rabatts ergibt sich zunächst als Produkt aus Stückzahl und Einzelpreis.

```
GESAMT = STZAHL * EINZEL
```

Die Rabattstufe gibt an, wieviele Teile von Hundert des Gesamtpreises davon abgezogen werden sollen. Also kann der endgültige Gesamtpreis bestimmt werden aus:

```
GESAMT = GESAMT - GESAMT * RABATT / 100
```

Diese Anweisung liefert das korrekte Ergebnis, aber eigentlich eher zufällig und nicht, weil wir uns besondere Gedanken darüber gemacht haben. Beim Rechnen mit ganzen Zahlen ist nämlich Vorsicht geboten, wenn in einem Ausdruck auch Divisionen vorkommen. Wir hätten die letzte Anweisung ja zum Beispiel auch folgendermaßen formulieren können:

```
GESAMT = GESAMT * ( 1 - RABATT / 100)
```

Diese Anweisung, obwohl mathematisch gleichbedeutend mit der vorhergehenden,
liefert im Sinne der Aufgabenstellung ein falsches Ergebnis. Der ganzzahlige Anteil des Quotienten RABATT/100 ist im betrachteten Wertebereich nämlich immer
Null.

Wie wir aus Lektion 8 wissen, arbeitet der Rechner Ausdrücke mit mehreren
gleichrangigen Operatoren wie

> GESAMT * RABATT / 100

von links nach rechts ab. Daß das Ergebnis durchaus von der Auswertungsreihenfolge abhängt, sehen wir an einem Zahlenbeispiel, wenn wir mit Klammern die
andere Abarbeitungsrichtung erzwingen. Wenn die Variable RABATT den Wert 5
und die Variable GESAMT den Wert 200 hat, dann ergibt der Ausdruck

> GESAMT * (RABATT / 100)   den Wert 0

> und   GESAMT *   RABATT / 100   den Wert 10

Was muß man also beim Rechnen mit ganzen Zahlen beachten? Wenn in einem
arithmetischen Ausdruck ganzzahlige Divisionen auftreten, muß man sich vergewissern, daß die Vernachlässigung des Divisionsrestes nicht zu unerwünschten Ergebnissen führt. Im Zweifelsfalle empfiehlt es sich, mal „Rechner zu spielen" und
den fraglichen Teil des Ausdrucks mit einem oder mehreren typischen Zahlenbei-
spielen „zu Fuß" auszuwerten. Gegebenenfalls muß ein unbrauchbarer Ausdruck
durch Ausmultiplizieren zu einem anderen Ausdruck umgeformt werden.

Sie werden bei diesen Betrachtungen vielleicht überlegt haben, warum wir nicht
einfach reelle Zahlen für die Berechnung gewählt haben. Dann hätten wir die
eben beschriebenen Probleme doch umgangen! – Falsch. Denn für das Rechnen
mit reellen Zahlen müssen ähnliche Überlegungen angestellt werden wie für das
Rechnen mit ganzen Zahlen. In unserem Beispiel hätten zwar tatsächlich beide
betrachteten Anweisungen mit reellen Zahlen das richtige Ergebnis geliefert, aber
eben wieder genauso zufällig und nur deswegen, weil die Zahlenwerte der Aufgabe
gerade in einem „günstigen" Bereich liegen.

Auf das Rechnen mit reellen Zahlen und die dabei auftretenden Probleme mit
der ungenauen Darstellung dieser Zahlen wollen wir erst in Lektion 12 eingehen.
Da wir in unserer Beispielaufgabe für die Darstellung der vollen DM-Beträge nur
ganze Zahlen benötigen, wollen wir erstmal froh sein, daß wir die beim Rechnen
mit ganzen Zahlen vergleichsweise geringen Probleme in den Griff bekommen
haben.

Wir können nun das Struktogramm in den FORTRAN-Programmtext umsetzen:

PREIS

Einzelpreis und Stückzahl einlesen			
Falls Stückzahl 100 oder mehr			
dann	sonst		
	Falls Stückzahl 50 oder mehr		
	dann	sonst	
		Falls Stückzahl 10 oder mehr	
		dann	sonst
10% Rabatt	5% Rabatt	2% Rabatt	kein Rabatt
Gesamtpreis berechnen			
Gesamtpreis ausgeben			

```
      PROGRAM PREIS

C==== Vereinbarungsteil ====================================

      INTEGER   EINZEL, STZAHL, RABATT, GESAMT

C==== Anweisungsteil ======================================

C---- Einzelpreis und Stückzahl einlesen ----------------------
      PRINT *, 'Bitte Einzelpreis (in vollen DM) und',
     &         'Stückzahl eingeben !'
      READ  *, EINZEL, STZAHL

C---- Rabattstufe bestimmen -----------------------------------
      IF ( STZAHL .GE. 100 ) THEN
           RABATT = 10
      ELSE IF ( STZAHL .GE. 50 ) THEN
           RABATT =  5
      ELSE IF ( STZAHL .GE. 10 ) THEN
           RABATT =  2
      ELSE
           RABATT =  0
      ENDIF

C---- Gesamtpreis berechnen -----------------------------------
      GESAMT = STZAHL * EINZEL
      GESAMT = GESAMT - GESAMT * RABATT / 100
C---- Ergebnis ausgeben ---------------------------------------
      PRINT *, 'Gesamtpreis :', GESAMT, 'DM'

C---- Ende ----------------------------------------------------
      END
```

Kontrollaufgaben

K.10.1   Was passiert, wenn man beim Ablauf des Programms VOKAL den
         Großbuchstaben E eingibt? Wie verhält sich das Programm bei Ein-
         gabe eines Zeichens, das gar kein Buchstabe ist?

         Wie müßte das Programm geändert werden, damit es auch in diesen
         Fällen korrekt arbeitet? Hinweis: Verwenden Sie zum Beispiel die
         folgenden FORTRAN-Anweisungen:

```
      CHARACTER  BALPHA*52, BVOKAL*10
      PARAMETER (BALPHA =
     & 'abcdefghijklmnopqrstuvwxyzABCDEFGHIJKLMNOPQRSTUVWXYZ',
     &           BVOKAL = 'aeiouAEIOU')
      CHARACTER  EINGAB
      LOGICAL    LALPHA, LVOKAL

      LALPHA = INDEX (BALPHA, EINGAB) .NE. 0
      LVOKAL = INDEX (BVOKAL, EINGAB) .NE. 0
```

K.10.2   Finden Sie heraus, was der im folgenden Struktogramm dargestellte
         Algorithmus leistet. Schreiben Sie dazu das entsprechende FORTRAN-
         Programm.

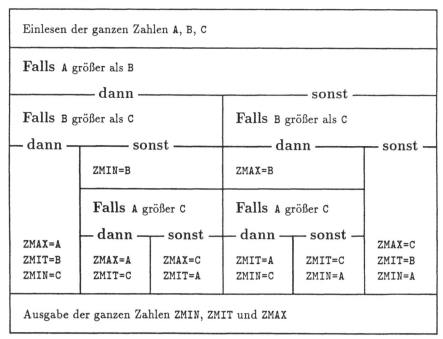

Einlesen der ganzen Zahlen A, B, C					
Falls A größer als B					
——— **dann** ———			——— **sonst** ———		
Falls B größer als C			**Falls** B größer als C		
— **dann** —	— **sonst** —		— **dann** —	— **sonst** —	
	ZMIN=B		ZMAX=B		
	Falls A größer C		**Falls** A größer C		
	— **dann** — — **sonst** —		— **dann** — — **sonst** —		
ZMAX=A ZMIT=B ZMIN=C	ZMAX=A ZMIT=C	ZMAX=C ZMIT=A	ZMIT=A ZMIN=C	ZMIT=C ZMIN=A	ZMAX=C ZMIT=B ZMIN=A
Ausgabe der ganzen Zahlen ZMIN, ZMIT und ZMAX					

10.1.2   Auswahl nach Wert eines Ausdrucks

Bei der Auswahl nach einer logischen Bedingung existieren immer zwei Verzwei-
gungsmöglichkeiten. Je nachdem, ob die Bedingung den Wert wahr oder falsch
hat, wird der eine oder der andere Programmzweig zur weiteren Bearbeitung ausgewählt. Eine mehrfache Auswahl kann man, wie wir gesehen haben, durch Ver-
schachtelung von mehreren einfachen Auswahlen erzielen. Geschachtelte Strukturen sind aber oft sehr unübersichtlich und entsprechen nicht dem inhaltlichen
Zusammenhang, der unter Umständen eine Auswahl zwischen mehreren gleich-
berechtigten Programmzweigen darstellt.

Es ist deshalb sinnvoll, eine verallgemeinerte Programmstruktur zu betrachten,
bei der die Auswahl nicht nur nach den zwei möglichen Werten eines logischen
Ausdrucks getroffen wird, sondern ganz allgemein nach vielen möglichen Werten
eines Ausdrucks beliebigen Typs. Zum Beispiel könnte man den Wert eines ganzzahligen Ausdrucks als *Nummer*, oder den Wert eines Zeichenausdrucks als *Name*
des auszuwählenden Programmzweigs interpretieren.

Wir wollen solch eine Struktur zunächst umgangssprachlich formulieren:

   Falls *Nummer* gleich . . .
      . . . 1, dann: *Anweisung(en)*
      . . . 2, dann: *Anweisung(en)*
      . . . 3, dann: *Anweisung(en)*
         . . .
      sonst: *Anweisungen*

Durch die *Nummer* wird ein Programmzweig identifiziert, der alternativ für die
Bearbeitung ausgewählt wird. Ergibt der zugrundeliegende arithmetische Ausdruck einen Wert, der nicht die *Nummer* eines Programmzweiges ist, so werden die
Anweisungen bearbeitet, die durch „sonst" gekennzeichnet sind. In der Struktogrammdarstellung wird deutlich, daß die Programmzweige wirklich gleichberechtigt zur Auswahl stehen:

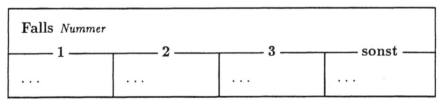

Leider wird diese Struktur in FORTRAN nur sehr schwach durch entsprechende
Sprachelemente unterstützt, und das auch nur für den Fall der Auswahl nach
dem Wert eines ganzzahligen arithmetischen Ausdrucks. Wir werden aber sehen, wie man auch die Auswahl nach dem Wert eines Zeichenausdrucks einfach
programmieren kann.

Beispielprogramm KALKUL

Folgendes einfache Beispiel soll uns mit den benötigten FORTRAN-Anweisungen vertraut machen. Wir wollen unser allererstes Programm, das Additionsprogramm, so erweitern, daß man damit wahlweise zwei ganze Zahlen addieren, subtrahieren oder miteinander multiplizieren kann. Zusätzlich zu den beiden zu bearbeitenden Zahlen soll nun auch die gewünschte Bearbeitungsart über die Tastatur eingegeben werden. Die entsprechende Operation soll durchgeführt werden und das Ergebnis soll unter Angabe der durchgeführten Operation auf dem Bildschirm ausgegeben werden. Falls eine Bearbeitungsart gewählt wird, die nicht vorgesehen ist, soll das Programm mit einer Fehlermeldung beendet werden.

Wie immer, schreiben wir den umgangssprachlichen Programmtext gleich in ein passendes Struktogramm:

KALKUL

Zwei ganze Zahlen einlesen				

Bearbeitungsart einlesen (1 für +, 2 für −, 3 für *)				

Falls Bearbeitungsart

— 1 —	— 2 —	— 3 —	— sonst —
Addieren	Subtrahieren	Multiplizieren	Fehler !

Falls Fehler

—————— dann ——————	—————— sonst ——————
Fehlermeldung ausgeben	Ergebnis ausgeben

Die Aufstellung der zu verarbeitenden Daten beinhaltet neben den Variablen für die beiden ganzen Zahlen und das Ergebnis sicherlich noch eine ganzzahlige Variable für die Bearbeitungsart und eine logische Variable für die Aufnahme der Fehlerbedingung. Wenn man die Aufgabenstellung nochmals genau ansieht, entdeckt man, daß in der Ergebnisausgabe die durchgeführte Operation angegeben werden soll. Wir wollen dazu eine Zeichenvariable vereinbaren, die im jeweiligen Programmzweig mit dem entsprechenden Operator gefüllt wird. Bei der Ausgabe kann dann auf dieses Zeichen zurückgegriffen werden.

Daten	symbolischer Name	Datentyp
Zahl1	A	INTEGER
Zahl2	B	INTEGER
Ergebnis	ERGEB	INTEGER
Bearbeitungsart	WAHL	INTEGER
Fehlerbedingung	FEHLER	LOGICAL
Operator	OP	CHARACTER

Wie realisieren wir nun die Auswahl nach einem arithmetischen Ausdruck mit
FORTRAN-Anweisungen? Leider gibt es für diese Struktur kein feststehendes
Sprachkonstrukt wie IF..THEN..ELSE..ENDIF, sondern wir müssen sie uns aus
geeigneten Anweisungen selbst „zusammenstricken". Das bedeutet, daß wir beim
Programmieren besonders genau aufpassen müssen, denn der Übersetzer „kennt"
unsere Konstruktion ja nicht und kann nicht bemerken, wenn eine wichtige Anweisung zur Steuerung des Programmablaufs fehlt. Am besten hält man sich immer
an ein festes Schema, das man leicht auf Vollständigkeit überprüfen kann. Hier
nun das Gerüst, in das die jeweiligen Anweisungen eingetragen werden können:

```
        GOTO ( anw1, anw2, ..., anwn ), Ausdruck
        GOTO    sonst

anw1    CONTINUE
        Anweisung(en)
        GOTO    ende

anw2    CONTINUE
        Anweisung(en)
        GOTO    ende

           . . .

anwn    CONTINUE
        Anweisung(en)
        GOTO    ende

sonst   CONTINUE
        Anweisung(en)
        GOTO    ende

ende  CONTINUE
```

Für *anw1, anw2, ..., anwn, sonst* und *ende* müssen im Programmtext Anwei-
sungsmarken eingetragen werden, für *Ausdruck* ein ganzzahliger Ausdruck. In
Abhängigkeit vom Wert von *Ausdruck*, normalerweise nur aus einer ganzzahligen
Variablen bestehend, wird bei Abarbeitung der Anweisungsfolge

```
        GOTO ( anw1, anw2, ..., anwn ), Ausdruck
        GOTO    sonst
```

ein Programmzweig zur weiteren Abarbeitung ausgewählt. Hat *Ausdruck* den
Wert 1, wird der Programmzweig bearbeitet, der bei der Anweisungsmarken

anw1 beginnt. Hat *Ausdruck* den Wert 2, wird der bei *anw2* beginnende Programmzweig ausgewählt, usw. Hat *Ausdruck* einen Wert, der kleiner als 1 ist oder größer als die Anzahl n der zur Auswahl stehenden Programmzweige, so wird der Programmzweig ausgeführt, der bei *sonst* beginnt.

Jeder Programmzweig beginnt mit der Anweisung CONTINUE. Dies ist eine Leeranweisung, die keine Aktion des Rechners zur Folge hat. Der Rechner fährt mit der Ausführung der nachfolgenden Anweisung fort. Die Verwendung der CONTINUE-Anweisung in dieser Konstruktion führt zu einer besseren Übersichtlichkeit und vereinfacht das nachträgliche Einfügen von Anweisungen am Beginn eines Programmzweiges.

Nach der Abarbeitung eines Programmzweiges wird der Rechner mit der Anweisung

       GOTO   *ende*

veranlaßt, bei der Anweisungsmarke *ende* die Ausführung des nachfolgenden Programms fortzusetzen.

Wie im nun folgenden Programmtext unseres Beispiels sollte man immer versuchen, die Anweisungsmarken so zu wählen, daß aus ihnen die Kennzeichnung der Programmzweige ersichtlich ist.

```
      PROGRAM KALKUL

C==== Vereinbarungsteil ========================================

      INTEGER   A, B, ERGEB, WAHL
      LOGICAL   FEHLER
      CHARACTER OP

C==== Anweisungsteil ===========================================

C---- Einlesen zweier ganzer Zahlen ---------------------------
      PRINT *, 'Bitte geben Sie zwei ganze Zahlen ein !'
      READ  *, A, B

C---- Einlesen der Bearbeitungsart ----------------------------
      PRINT *, 'Bitte wählen Sie die Bearbeitungsart !'
      PRINT *, '1 -> Addieren'
      PRINT *, '2 -> Subtrahieren'
      PRINT *, '3 -> Multiplizieren'
      READ  *, WAHL

C---- Initialisieren der Fehlerbedingung ----------------------
      FEHLER = .FALSE.
```

```
C---- Auswahl der Bearbeitungsart -------------------------------
      GOTO ( 101, 102, 103 ), WAHL
      GOTO   188

C-------- Bearbeitungsart 1: Addieren ------------------------
  101   CONTINUE
        ERGEB = A + B
        OP    = '+'
        GOTO 199

C-------- Bearbeitungsart 2: Subtrahieren ---------------------
  102   CONTINUE
        ERGEB = A - B
        OP    = '-'
        GOTO 199

C-------- Bearbeitungsart 3: Multiplizieren -------------------
  103   CONTINUE
        ERGEB = A * B
        OP    = '*'
        GOTO 199

C-------- Bearbeitungsart falsch gewählt ----------------------
  188   CONTINUE
        FEHLER = .TRUE.
        GOTO 199

C---- Ende der Bearbeitungsauswahl ----------------------------
  199 CONTINUE

C---- Ergebnis bzw. Fehlermeldung ausgeben --------------------
      IF (FEHLER) THEN
          PRINT *, 'Bearbeitungsart', WAHL, 'existiert nicht !'
      ELSE
          PRINT *, A, OP, B, '=', ERGEB
      ENDIF

C---- Ende ----------------------------------------------------
      END
```

In der logischen Variable FEHLER wollen wir uns innerhalb des Programms merken, ob während der Bearbeitungsauswahl ein Fehler aufgetreten ist oder nicht. Ihr muß daher entweder der Wert falsch, wenn kein Fehler aufgetreten ist, oder wahr, wenn ein Fehler auftritt, zugewiesen werden. Um nicht in jeden Programmzweig, für den die Fehlerbedingung auf falsch (d.h. kein Fehler) gesetzt werden muß, eine entsprechende Zuweisung aufnehmen zu müssen, geht man folgendermaßen vor.

Man initialisiert die Fehlerbedingung, d.h., vor der Bearbeitungsauswahl weist man ihr den Wert falsch zu. Nur in dem Fall, daß bei der Bearbeitungsauswahl ein Fehler auftritt, wird der Variablen FEHLER im entsprechenden Zweig der Wert wahr zugewiesen. In allen anderen Fällen behält die Fehlerbedingung ihren initialisierten Wert. In Zukunft wollen wir solche Initialisierungen auch in das Struktogramm aufnehmen.

Das Einrücken der Programmzweige im Programmtext ist auch bei dieser Struktur sehr zu empfehlen. Es erhöht die Übersichtlichkeit und hilft damit bei der Fehlersuche.

Beispielprogramm KALK2

Die Eingabe einer Ziffer für die Auswahl der Bearbeitungsart ist ziemlich umständlich und verlangt vom Benutzer zusätzliches Umdenken. Schöner wäre es, wenn man direkt den Operator eingeben könnte und in Abhängigkeit von diesem verzweigen würde.

Wir brauchen dazu das Beispielprogramm nur geringfügig zu verändern, wenn wir die vordefinierte Standardfunktion INDEX verwenden.

Die entscheidenden Anweisungen sind die folgenden:

```
      . . .
      CHARACTER*3  OPS
      PARAMETER   (OPS='+-*')
      . . .
      READ '(A)', OP
      . . .
      GOTO (101, 102, 103), INDEX (OPS,OP)
      . . .
```

Wir vereinbaren eine konstante Zeichenkette, die die zur Auswahl stehenden Operatoren enthält. Den Operator lesen wir als Zeichen ein und setzen dies mit der INDEX-Funktion in einen entsprechenden ganzzahligen Wert um. Nach diesem Wert wird wie bisher verzweigt. Die Zuweisung des Operator-Zeichens an die Variable OP in jedem Zweig kann gegenüber der bisherigen Version entfallen.

Hier der unkommentierte, sonst aber vollständige Programmtext:

```
      PROGRAM KALK2

C==== Vereinbarungsteil ======================================

      CHARACTER*3  OPS
      PARAMETER   (OPS='+-*')

      INTEGER      A, B, ERGEB
      LOGICAL      FEHLER
      CHARACTER    OP

C==== Anweisungsteil =========================================

      PRINT  *  , 'Bitte geben Sie zwei ganze Zahlen ein !'
      READ   *  , A, B

      PRINT  *  , 'Bitte waehlen Sie die Bearbeitungsart ',
     &               '(+,-,*) !'
      READ '(A)', OP

      FEHLER   = .FALSE.

      GOTO (101, 102, 103), INDEX (OPS, OP)
      GOTO  188

  101     CONTINUE
          ERGEB  = A + B
          GOTO 199

  102     CONTINUE
          ERGEB  = A - B
          GOTO 199

  103     CONTINUE
          ERGEB  = A * B
          GOTO 199

  188     CONTINUE
          FEHLER = .TRUE.
          GOTO 199

  199 CONTINUE

      IF (FEHLER) THEN
          PRINT *, 'Bearbeitungsart', OP, 'existiert nicht !'
      ELSE
          PRINT *, A, OP, B, '=', ERGEB
      ENDIF

      END
```

Kontrollaufgabe

K.10.3   Ergänzen Sie im folgenden Programmfragment die Auswahlstruktur!

```
        PROGRAM MTAGE

C---- Kurzbeschreibung:
C---- Dieses Programm gibt bei Eingabe einer Jahres- und einer
C---- Monatszahl aus, wieviele Tage der betreffende Monat hat.

C==== Vereinbarungsteil ======================================

        INTEGER JAHR, MONAT, TAGE

C==== Anweisungsteil =========================================

        PRINT *, 'Bitte Jahreszahl eingeben (z.B. 1974) :'
        READ *, JAHR
        PRINT *, 'Bitte Monatszahl eingeben (1 - 12)    :'
        READ *, MONAT

        GOTO ( ... ), MONAT
        GOTO 188

        ...

188     CONTINUE
        TAGE = 0
        GOTO 199

199 CONTINUE

        IF ( TAGE .NE. 0 ) THEN
            PRINT *, 'Der Monat', MONAT, 'des Jahres', JAHR,
     &              'hat', TAGE, 'Tage.'
        ELSE
            PRINT *, 'Ungueltige Monatszahl:', MONAT
        ENDIF

        END
```

Beachten Sie die Regel für den Monat Februar:

Der Februar hat 28 Tage in allen Jahren, deren Jahreszahl nicht durch 4 teilbar ist. Ist die Jahreszahl durch 4 teilbar, so hat der Februar 28 Tage, wenn die Jahreszahl durch 100, aber nicht durch 400 teilbar ist, sonst 29 Tage.

10.2 Wiederholung

Im ersten Abschnitt dieser Lektion haben wir Auswahlstrukturen kennengelernt. Wir haben gesehen, daß bei solchen Strukturen nicht unbedingt jede Anweisung des Programmtextes einmal abgearbeitet wird. Abhängig von einer Bedingung oder dem Wert eines Ausdrucks kann einer von mehreren Programmpfaden alternativ durchlaufen werden. Die Anweisungen in den anderen, nicht durchlaufenen Zweigen bleiben unberücksichtigt und werden nicht ausgeführt.

Wiederholungsstrukturen bilden den Gegenstand des zweiten Teils dieser Lektion. Eine oder mehrere aufeinanderfolgende Anweisungen sollen nicht nur einmal sondern mehrfach ausgeführt werden. Wie oft die Anweisungen abgearbeitet werden, ist entweder schon vorher bekannt oder ist abhängig von einer Bedingung, die während der Ausführung der Anweisungen des Programms gesetzt und geprüft wird. Für den Begriff Wiederholungsstruktur werden auch oft die Bezeichnungen Schleife oder Iteration verwendet.

Wir wollen drei Varianten der Wiederholungsstruktur unterscheiden und in den folgenden Unterabschnitten besprechen:

1. **Nach** jeder Abarbeitung der zu wiederholenden Anweisungen wird eine Bedingung ausgewertet und entschieden, ob ein weiterer Durchlauf erfolgen soll.

2. **Vor** jeder Abarbeitung der zu wiederholenden Anweisungen wird eine Wiederholungsbedingung ausgewertet.

3. Vor Beginn der Abarbeitung der Schleife ist **die Anzahl der Wiederholungen** bereits **bekannt.**

Ebenso wie die Auswahl nach dem Wert eines Ausdrucks werden auch Wiederholungsstrukturen nur unzureichend durch FORTRAN-Sprachkonstrukte unterstützt. Lediglich für den dritten Fall gibt es eine entsprechende FORTRAN-Anweisung.

10.2.1 Wiederholung mit nachfolgender Bedingung

Verfeinerung des Beispielprogramms VOKAL

Nehmen wir einmal an, in unserem „Vokalerkennungsprogramm" aus dem ersten Abschnitt dieser Lektion fordern wir den Benutzer dazu auf, einen Großbuchstaben einzugeben, weil die Überprüfung, ob der Buchstabe ein Vokal ist oder nicht, nur für Großbuchstaben gelte. Wenn der Benutzer nun einen Kleinbuchstaben oder ein Sonderzeichen eingibt, wollen wir uns nicht damit zufriedengeben und unser Programm einfach mit einer Fehlermeldung beenden (z.B.: „Das eingegebene Zeichen ist kein Großbuchstabe!"). Stattdessen wollen wir nicht lockerlassen und den Benutzer solange zur Eingabe eines Großbuchstabens auffordern, bis er der Aufforderung auch wirklich nachkommt.

In der Umgangssprache könnten wir das so formulieren:

Wiederhole
  – Aufforderung zur Eingabe eines
    Großbuchstaben ausgeben
  – Zeichen einlesen
bis das eingelesene Zeichen ein Großbuchstabe ist.

In diesem Fall haben wir also zwei Anweisungen, die solange immer wieder abzuarbeiten sind, bis die nachfolgend zu überprüfende Bedingung wahr ist. Der Wert der Bedingung hängt dabei von dem „Ergebnis" der Anweisungen ab, die wiederholt durchlaufen werden, hier vom eingelesenen Zeichen. Gibt der Benutzer einen Großbuchstaben ein, dann ist die Bedingung erfüllt und es erfolgt keine Wiederholung. Andernfalls werden die beiden Anweisungen nochmals ausgeführt. Es erfolgt also mindestens ein Durchlauf.

Das entsprechende Struktogramm für dieses Beispiel sieht folgendermaßen aus. Sie können daraus entnehmen, wie Wiederholungsstrukturen mit nachfolgender Bedingung in Struktogrammen dargestellt werden.

	Aufforderung zur Eingabe eines Großbuchstabens ausgeben
	Zeichen einlesen
bis das eingelesene Zeichen ein Großbuchstabe ist	

Wiederum müssen wir uns zunächst ein Gerüst aus FORTRAN-Anweisungen ansehen, mit dem wir solche Wiederholungsstrukturen realisieren können:

```
anf    CONTINUE
           Anweisung(en)
       IF (Bis-Bedingung) GOTO end
       GOTO anf
end    CONTINUE
```

Für *anf* und *end* müssen natürlich Anweisungsmarken eingesetzt werden und für *Bis-Bedingung* ein logischer Ausdruck. Falls dieser logische Ausdruck den Wert wahr hat, fährt der Rechner bei der auf die Wiederholungsstruktur folgenden Anweisung fort (GOTO end). Andernfalls werden die zu wiederholenden Anweisungen nochmals ausgeführt (GOTO anf).

Bitte verwechseln Sie die hierbei verwendete IF-Anweisung nicht mit der Auswahlstruktur IF-THEN-ELSE-ENDIF, und verwenden Sie sie auch nur für Wiederholungsstrukturen wie hier beschrieben. Die beschriebene Kombination für Wiederholungsstrukturen ist zwar eine gebräuchliche Konstruktion, aber kein feststehendes FORTRAN-Sprachkonstrukt.

Doch nun zurück zu unserem Beispiel. Wir können jetzt den FORTRAN-
Programmtext aufschreiben, indem wir die entsprechenden Anweisungen und
Anweisungsmarken sowie einen logischen Ausdruck in das Gerüst einsetzen. Die
verwendeten Konstanten und Variablen müssen natürlich entsprechend vereinbart
werden.

```
      ...
C==== Vereinbarungsteil ======================================

C---- Konstanten ---------------------------------------------
      CHARACTER  BGROSS*26
      PARAMETER (BGROSS='ABCDEFGHIJKLMNOPQRSTUVWXYZ')
      ...

C---- Variablen ----------------------------------------------
      CHARACTER  EINGAB
      ...

C==== Anweisungsteil ======================================
      ...
  101 CONTINUE
        PRINT *, 'Bitte geben Sie einen Großbuchstaben ein !'
        READ '(A)', EINGAB
      IF ( INDEX (BGROSS, EINGAB) .NE. 0 ) GOTO 102
      GOTO 101
  102 CONTINUE
      ...
```

Vielleicht haben Sie sich beim Testen unserer bisherigen Programme so manches
Mal darüber geärgert, daß Sie das Programm immer wieder völlig neu starten
mußten, wenn Sie es mit anderen Eingabedaten ausprobieren wollten. Wie man
ein Programm oder Teile davon in eine Wiederholungsstruktur einbettet, um dies
zu umgehen, wollen wir uns anhand eines uns wohl bekannten Beispiels ansehen.

Beispielprogramm ADDNEU

Nehmen wir also das Beispielprogramm zur Addition zweier Zahlen und schreiben
es so um, daß man damit nach einem Start des Programms mehrere Additionen
hintereinander ausführen kann. Da wir nicht vorher wissen, wieviele Berechnungen der Benutzer durchführen will, ist es sinnvoll, nach jedem Durchgang auf dem
Bildschirm anzufragen, ob noch eine weitere Berechnung gewünscht wird.

Nach diesen kurzen Überlegungen können wir nun schon das Struktogramm aufbauen:

	Additionsprogramm
	Abfrage, ob eine weitere Berechnung gewünscht wird
bis keine weitere Berechnung mehr gewünscht wird	

Unter Verwendung des Anweisungsgerüstes für die Wiederholungsstruktur könnte eine mögliche Variante des Programmtextes danach folgendermaßen lauten:

```
      PROGRAM ADDNEU

C==== Vereinbarungsteil =====================================

      INTEGER   ZAHL1, ZAHL2, SUMME
      CHARACTER ANTWRT

C==== Anweisungsteil =======================================

  101 CONTINUE

          PRINT *, 'Bitte geben Sie zwei ganze Zahlen ein !'
          READ  *, ZAHL1, ZAHL2
          SUMME = ZAHL1 + ZAHL2
          PRINT *, ZAHL1, '+', ZAHL2, '=', SUMME

          PRINT  *
          PRINT  * , 'Noch eine Berechnung ? (j/n)'
          READ  '(A)', ANTWRT

      IF ( ANTWRT .EQ. 'n') GOTO 102
          GOTO 101
  102 CONTINUE

          END
```

Der Übersichtlichkeit halber kann mit der Anweisung PRINT * ohne Angabe einer Ausgabeliste eine Leerzeile auf den Bildschirm ausgegeben werden. Die Frage, ob noch eine Berechnung gewünscht wird, enthält einen Hinweis für den Benutzer des Programms: Er soll entweder das Zeichen j für ja eingeben oder das Zeichen n für nein.

Die Bedingung für das Beenden der Wiederholung ist so formuliert, daß sie nur in einem einzigen Fall erfüllt ist, nämlich, wenn ein n eingegeben wurde. In allen anderen Fällen - und nicht nur, wenn j eingegeben wurde - werden die zu wiederholenden Anweisungen nochmals durchlaufen.

Für das Beispiel ist dies sicherlich eine vernünftige Formulierung der Bedingung.

Nur bei Eingabe von n wird das Programm beendet, sonst wird es fortgesetzt, auch wenn der Benutzer ganz einfach und bequem nur die Eingabetaste betätigt.

In anderen Fällen sollte man sich aus dem logischen Zusammenhang heraus vielleicht für eine andere Formulierung entscheiden. Ein Beispiel:

Eingabe einer Meßdatenreihe (100 Werte)
Kontrollausgabe der eingegebenen Werte
Abfrage, ob Korrektur der eingegebenen Werte gewünscht
bis keine Korrektur mehr gewünscht wird
Auswertung der Meßdatenreihe

Die Frage nach der Korrektur der eingegebenen Werte kann in diesem Beispiel durchaus sinnvoll sein. Nach der Sichtung der Kontrollausgabe der eingegebenen Werte auf dem Bildschirm kann man sich entscheiden, ob eine Korrektur, d.h. die nochmalige Eingabe der Werte, erforderlich ist, oder ob die rechnerische Auswertung der Meßdatenreihe beginnen soll.

Würde man Frage und Bedingung dem vorhergehenden Fall entsprechend formulieren, ist der Ärger des Benutzers im wahrsten Sinne des Wortes vorprogrammiert. Denn wird bei einer korrekten Eingabe der Meßwerte vielleicht aus Versehen auf die Frage nach der Korrektur nicht das n sondern irgendein anderes Zeichen eingegeben, so interpretiert das Programm diese Antwort wie oben als Zustimmung. Die Eingabe der Werte muß also wiederholt werden, obwohl es gar nicht notwendig gewesen wäre.

Man sollte daher in diesem Fall zumindest die Bedingung so formulieren, daß wirklich nur bei Eingabe des j eine Wiederholung erfolgt:

```
      ...
101 CONTINUE
         ...
      PRINT   *  , 'Korrektur gewünscht ? (j/n)'
      READ  '(A)', ANTWRT

      IF ( ANTWRT .NE. 'j' ) GOTO 102
      GOTO 101
102 CONTINUE
      ...
```

Noch besser wäre wohl eine Lösung zu beurteilen, die gar keine andere Antwort annimmt als j oder n und solange erneut die Frage stellt, bis einer der beiden Buchstaben eingegeben wurde. Wie dies zu realisieren ist, damit haben wir ja diesen Abschnitt begonnen. Daher zum Abschluß nur noch das Struktogramm zu einer verbesserten Lösung mit ineinander geschachtelten Wiederholungsstrukturen:

Eingabe einer Meßdatenreihe (100 Werte)
Kontrollausgabe der eingegebenen Werte

Kontrollaufgabe

K.10.4 Entwickeln Sie ein Programm zur Bestimmung des Mittelwertes einer unbestimmten Anzahl von positiven, ganzen Zahlen.

Die Zahlen sollen nacheinander vom Bildschirm eingelesen werden, bis eine negative Zahl eingegeben wird, die das Ende kennzeichnet und nicht mehr in die Rechnung einbezogen werden darf. Das Ergebnis ist auf dem Bildschirm auszugeben.

Mit dem Mittelwert ist hier die ganze Zahl gemeint, die sich ergibt, wenn man die Summe aller eingelesenen Zahlen durch ihre Anzahl ganzzahlig dividiert.

10.2.2   Wiederholung mit vorausgehender Bedingung

Bei der Wiederholung mit nachfolgender Bedingung wurden die zu wiederholenden Anweisungen immer mindestens einmal ausgeführt. Erst am Ende des ersten Durchlaufs wird zum ersten Mal die Bedingung überprüft und entschieden, ob die Anweisungen ein weiteres Mal abgearbeitet werden sollen.

Für viele Algorithmen benötigt man aber eine Wiederholungsstruktur mit vorausgehender Bedingung, bei der die Bedingung auch schon vor dem ersten Durchlauf überprüft wird und die zu wiederholenden Anweisungen unter Umständen überhaupt nicht ausgeführt werden.

Beispielprogramm GGT

Als erstes Beispiel zu dieser Wiederholungsstruktur wollen wir Euklids Algorithmus zur Bestimmung des größten gemeinsamen Teilers (GGT) zweier positiver ganzer Zahlen heranziehen. Euklid fand heraus, daß für den GGT zweier positiver ganzer Zahlen x und y die Aussage gilt:

> Der GGT von x und y ist gleich dem GGT von y und dem Rest der ganzzahligen Division von x durch y, falls y größer als Null ist.

Außerdem gilt:

> Der GGT von x und y ist gleich x, falls y gleich Null ist.

Nehmen wir zum Beispiel die Zahlen $x = 42$ und $y = 12$. Da y größer als Null ist und wir bei der ganzzahligen Division von 42 durch 12 den Rest 6 erhalten, gilt nach der obigen Aussage die Beziehung:

> GGT von 42 und 12 = GGT von 12 und 6

Nochmalige Anwendung der Regel auf den GGT von $x = 12$ und $y = 6$ ergibt:

> GGT von 12 und 6 = GGT von 6 und 0

Nun kommt die zweite Aussage zur Anwendung. Für den GGT von $x = 6$ und $y = 0$ gilt, da y gleich Null ist:

> GGT von 6 und 0 = 6

Der größte gemeinsame Teiler von 42 und 12 ist also 6, denn nach den verwendeten Regeln sind ja alle berechneten GGT-Ausdrücke identisch.

In der Umgangssprache können wir diesen Algorithmus, der den GGT von x und y als Ergebnis in x liefert, so formulieren:

> **Solange** y ungleich Null **wiederhole**
> - Bestimme den Rest von x durch y
> - Ersetze x durch y
> - Ersetze y durch den Rest

Man sieht deutlich, daß eine Wiederholungsstruktur mit nachfolgender Bedingung für diesen Algorithmus nicht in Frage kommt. Denn falls dabei y im unbedingten ersten Durchlauf schon gleich Null wäre, so käme es bei der ganzzahligen Division von x durch y zu einer unerlaubten Rechenoperation.

Auch für die Wiederholungsstruktur mit vorausgehender Bedingung gibt es in Struktogrammen eine besondere Darstellungsweise. Im Hinblick auf die Realisierung des Algorithmus als Rechnerprogramm wollen wir gleich die Ein- und Ausgabe der entsprechenden Werte berücksichtigen.

GGT

Zwei positive ganze Zahlen x und y einlesen	
Solange y ungleich 0	
	Rest von x/y bestimmen
	x durch y ersetzen
	y durch Rest ersetzen
x als GGT von x und y ausgeben	

Das entsprechende Gerüst von FORTRAN-Anweisungen ist bis auf die Position und Formulierung der Bedingung identisch mit demjenigen zur Realisierung von Wiederholungsstrukturen mit nachfolgender Bedingung. Hier sehen Sie beide in Gegenüberstellung: FORTRAN-Realisierung für Wiederholung mit **nachfolgender** Bedingung:

```
anf    CONTINUE
           Anweisung(en)
       IF (Bis-Bedingung) GOTO end
       GOTO anf
end    CONTINUE
```

FORTRAN-Realisierung für Wiederholung mit **vorausgehender** Bedingung:

```
anf    CONTINUE
       IF (.NOT. Solange-Bedingung) GOTO end
           Anweisung(en)
       GOTO anf
end    CONTINUE
```

Wiederum stehen *anf* und *end* für Anweisungsmarken und *Solange-Bedingung* für einen logischen Ausdruck. Solange dieser logische Ausdruck den Wert „wahr" hat, werden die Anweisungen wiederholt. Andernfalls wird die Abarbeitung nach mit der auf die Struktur folgenden Anweisung fortgesetzt (GOTO *end*).

Bei der Codierung des FORTRAN-Programmtextes wollen wir gegenüber dem Struktogramm noch eine Verfeinerung vornehmen. Der erste Schritt, das Einlesen zweier positiver ganzer Zahlen, soll wie gehabt so realisiert werden, daß auch wirklich zwei entsprechende Zahlen eingelesen werden, nötigenfalls mit mehrmaliger Aufforderung. Dies ist notwendig, da der Algorithmus sich ja nur auf positive ganze Zahlen bezieht und wir nicht wissen, wie er auf die Eingabe von nicht solchen Zahlen reagiert. Das Programm könnte zum Beispiel in eine Endlosschleife hineingeraten, da y unter Umständen nie den Wert Null erreicht. Genausogut könnte es aber auch zu der Ausgabe eines trügerischen Ergebnisses kommen.

Im Vereinbarungsteil müssen wir für die Eingabewerte x und y sowie den Rest als Zwischenergebnis ganzzahlige Variablen deklarieren.

```
      PROGRAM GGT

C==== Vereinbarungsteil ======================================

C---- Variablen ---------------------------------------------
      INTEGER X, Y, REST

C==== Anweisungsteil =========================================

C---- Einlesen zweier positiver ganzer Zahlen ----------------
  101 CONTINUE
          PRINT *, 'Bitte geben Sie zwei positive ganze '//
     &             'Zahlen ein !'
          READ  *, X, Y
      IF ( X .GE. 0 .AND. Y .GE. 0 ) GOTO 102
          GOTO 101
  102 CONTINUE

C---- Bestimmung des größten gemeinsamen Teilers nach Euklid --
  201 CONTINUE
      IF ( .NOT. Y .NE. 0 ) GOTO 202
          REST = MOD ( X, Y )
          X    = Y
          Y    = REST
          GOTO 201
  202 CONTINUE

C---- Ausgabe des Ergebnisses --------------------------------
      PRINT *, 'Der GGT der eingegebenen Zahlen ist ', X, ' .'

C---- Ende ---------------------------------------------------
      END
```

Geben Sie dieses Programm in den Rechner ein und verfolgen Sie den Ablauf des Algorithmus. Fügen Sie dazu in die Wiederholungsstruktur nach der Anweisung Y = REST eine Zwischenausgabe der Werte von X und Y ein.

Wenden wir uns nun einem anderen Beispiel zu. Da wir hierbei mit Zeichenteilfolgen arbeiten wollen, folgt zunächst ein kurzer Einschub.

Zeichenteilfolgen

Wir haben bereits gesehen, daß es Variablen vom Typ Zeichenreihe gibt, denen
konstante Werte dieses Typs zugewiesen werden können. Mit dem Namen der
Variablen wird auf die gesamte Zeichenreihe, die die Variable gerade als Wert
enthält, zugegriffen. Zum Beispiel:

```
CHARACTER*8  SPIEL
...
SPIEL = 'HANDBALL'
PRINT *, SPIEL
```

Bei der Ausführung würde die gesamte Zeichenreihe ausgegeben:

```
HANDBALL
```

Es besteht aber auch die Möglichkeit, auf nur einen Teil der Variablen, eine sogenannte Zeichenteilfolge, zuzugreifen. Dazu muß man direkt hinter dem Namen
noch angeben, beim wievielten Zeichen der Zeichenreihe man beginnen will und
beim wievielten Zeichen die Zeichenteilfolge enden soll. Natürlich darf man sich
nur auf solche Positionen beziehen, die in der Zeichenreihe auch tatsächlich vorhanden sind. Ein paar Beispiele:

```
CHARACTER*8  SPIEL, FAHRZG
...
FAHRZG = 'TRETBOOT'
SPIEL  = 'FUSSBALL'
PRINT *, SPIEL(5:8)
SPIEL(2:4) = FAHRZG(6:8)
PRINT *, SPIEL
FAHRZG(1:4) = ' '
PRINT *, FAHRZG
```

Dieses Programmstück ergäbe bei der Ausführung die Ausgabe:

```
BALL
FOOTBALL
    BOOT
```

Die Bearbeitung des folgenden Programmstücks hingegen würde mit einer Fehlermeldung abgebrochen, da versucht wird, auf nicht vorhandene Zeichenpositionen
zuzugreifen.

```
      CHARACTER*10 ZKETTE
      ...
      PRINT *, ZKETTE(5:14)
```

In Hinblick auf unser Beispielprogramm ist es wichtig, zu wissen, daß wir auf das I-te Zeichen einer Zeichenvariablen ZEILE mit dem Ausdruck ZEILE(I:I) zugreifen können.

Beispielprogramm WRTLG2

Wir wollen noch einmal das Thema „Längenbestimmung eines Wortes" aufgreifen, das wir noch nicht erschöpfend diskutiert haben. Selbst die verbesserte Version unseres Programms WORTLG in Lektion 10 konnte nicht die Länge eines linksunbündigen Wortes ermitteln sondern nur eine entsprechende Fehlermeldung sprich Untauglichkeitserklärung auf dem Bildschirm ausgeben. Wir wollen nun Abhilfe schaffen, indem wir nicht mehr die für diesen Zweck zu starre INDEX-Funktion verwenden. Stattdessen werden wir uns selbst um jedes einzelne Zeichen der eingegebenen Zeichenfolge kümmern.

Im ersten Schritt bei der Entwicklung dieses Programms wollen wir versuchen, unsere Vorgehensweise umgangssprachlich zu formulieren.

Um die Länge des eingegebenen Wortes zu bestimmen, wollen wir den Anfang des Wortes innerhalb der eingelesenen Zeichenfolge und das Ende bestimmen und aus beiden anschließend die Länge berechnen. Den Anfang des Wortes, der nicht notwendigerweise mit dem Anfang der eingelesenen Zeichenfolge übereinstimmt, finden wir, indem wir die Zeichenfolge von links nach rechts nach dem ersten Zeichen absuchen, das nicht das Leerzeichen ist. Das Ende finden wir, indem wir in der gleichen Richtung weitersuchen nach dem ersten Leerzeichen, das auf das Wort folgt.

Für die Suche nach dem Anfang müssen wir die Wiederholung mit vorausgehender Bedingungsüberprüfung wählen, denn falls das Wort linksbündig in der Zeichenfolge steht, brauchen wir überhaupt nicht nach dessen Anfang zu suchen. Für die Suche nach dem Ende des Wortes eignet sich die Wiederholung mit nachfolgender Bedingung, denn Anfang und Ende des Wortes können nicht zusammentreffen, d.h., man muß auf jeden Fall mindestens ein Zeichen weitersuchen. Dies entspricht dem unbedingten ersten Schleifendurchlauf bei dieser Wiederholungsstruktur.

Wir sind nun soweit, daß wir ein Struktogramm für unseren Algorithmus entwerfen können:

WRTLG2

Wort einlesen
Beginne in der Zeichenfolge mit dem ersten Zeichen
Solange das Zeichen das Leerzeichen ist
Nimm das nächste Zeichen weiter rechts
Merke Dir die Anfangsposition des Wortes
Nimm das nächste Zeichen weiter rechts
bis das Zeichen das Leerzeichen ist
Merke Dir die Endposition des Wortes
Berechne aus Anfangs- und Endposition die Wortlänge
Wortlänge ausgeben

So weit, so gut. Was passiert aber nun, wenn wir eine leere Eingabe machen, oder
ein zu langes Wort eingeben, das nicht in die dafür vorgesehene Zeichenvariable
paßt ?

Im ersten Fall würde die Suchschleife für den Anfang des Wortes über das Ende
der Zeichenfolge hinauslaufen, denn die Zeichenfolge enthält ja nur Leerzeichen.
Im zweiten Fall würde die Suche nach dem Ende des Wortes innerhalb der Zeichenfolge erfolglos bleiben und ebenfalls über das Ende hinauslaufen.

In beiden Fällen sind also die Schleifenendebedingungen unzulänglich formuliert
und bedürfen einer Korrektur. Außerdem müssen die beiden Sonderfälle vom
Programm erkannt und dem Benutzer angezeigt werden.

Wir müssen dafür in unserem Entwurf der Programmstruktur umfangreiche
Änderungen vornehmen.

WRTLG2

Wort einlesen

Beginne in der Zeichenfolge mit dem ersten Zeichen links

Solange das Ende der Zeichenfolge nicht erreicht ist und
das Zeichen das Leerzeichen ist

> Nimm das nächste Zeichen weiter rechts

Falls das Ende der Zeichenfolge erreicht ist

— **dann** — — sonst —

> Merke Dir die Anfangsposition des Wortes
>
> > Nimm das nächste Zeichen weiter rechts
>
> **bis** das Ende der Zeichenfolge erreicht ist
> oder das Zeichen das Leerzeichen ist
>
> **Falls** das Ende der Zeichenfolge erreicht ist
>
> — **dann** — — sonst —
>
> | | | Merke Dir die Endposition des Wortes |
> | Ausgabe: Es wurde kein Wort eingegeben. | Ausgabe: Das eingegebene Wort ist zu lang | Berechne aus Anfangs- und Endposition die Wortlänge |
> | | | Wortlänge ausgeben |

Für die Umsetzung in das FORTRAN-Programm müssen wir noch ein paar
Überlegungen anstellen. Wir wollen von den folgenden Vereinbarungen für die
Zeichenvariable ausgehen, die das einzulesende Wort aufnehmen soll:

```
      INTEGER      ANZAHL
      PARAMETER ( ANZAHL = 30 )

      CHARACTER*(ANZAHL) WORT
```

Die Variable WORT hat also eine Länge von ANZAHL Zeichen, in diesem Falle 30.

Um uns gegebenenfalls Anfangs- und Endposition des Wortes merken zu können und um überprüfen zu können, ob wir das Ende der Zeichenfolge erreicht haben, müssen wir in jedem Schritt wissen, an welcher Zeichenposition wir uns innerhalb der Zeichenfolge befinden. Wir wollen ja laut unserem Struktogramm bei der Position 1 beginnen und dann nach rechts die Positionen 2, 3, usw. durchlaufen. Für diesen Zweck werden wir eine ganzzahlige Variable vereinbaren, der wir zu Beginn den Wert 1 zuweisen und die wir um 1 erhöhen, wenn es heißt: „Nimm das nächste Zeichen weiter rechts". Mit dieser Variablen können wir dann auch auf jedes einzelne Zeichen als Zeichenteilfolge zugreifen:

```
WORT (POS:POS)
```

Wir können nun darangehen, für die Bedingungen, die wir im Programm benötigen, die entsprechenden FORTRAN-Formulierungen aufzuschreiben. Zweckmäßigerweise nehmen wir jede einzelne Bedingung für sich und fügen sie erst später zu logischen Ausdrücken zusammen und in unsere Anweisungsgerüste ein.

Ende der Zeichenfolge erreicht	POS .GT. ANZAHL
Ende der Zeichenfolge nicht erreicht	POS .LE. ANZAHL
Zeichen ist das Leerzeichen	WORT(POS:POS) .EQ. ' '

Wenn wir uns den Algorithmus nochmals genau ansehen, stellen wir fest, daß wir uns als Anfangsposition das erste Zeichen des Wortes merken, und als Endposition das erste Leerzeichen nach dem Wort, zum Beispiel:

```
Position        123456789...
                HALLO
```

Wir erhalten nach unserem Algorithmus in diesem Fall als Anfangsposition 3 und als Endposition 8. Die Länge des Wortes können wir also durch Subtraktion der Anfangsposition von der Endposition ermitteln, wie wir uns an diesem einfachen Beispiel anschaulich klar machen können.

Die Formulierung des Programmtextes braucht nun nicht länger auf sich warten zu lassen.

```
      PROGRAM WRTLG2

C==== Vereinbarungsteil =====================================

C---- Konstanten --------------------------------------------
      INTEGER     ANZAHL
      PARAMETER ( ANZAHL = 30 )
C---- Variablen ---------------------------------------------
      INTEGER     POS, ANFANG, ENDE, LAENGE
      CHARACTER*(ANZAHL) WORT
```

```
C==== Anweisungsteil ==========================================

C---- Wort einlesen ------------------------------------------
      PRINT  *  , 'Bitte geben Sie ein Wort ein ! ',
      &            '( max.', ANZAHL-1, 'Zeichen lang)'
      READ '(A)', WORT

C---- Beginne mit dem ersten Zeichen links --------------------
      POS = 1

C---- Solange ... ---------------------------------------------
  101 CONTINUE
      IF (.NOT. (POS.LE.ANZAHL .AND.
      &          WORT(POS:POS).EQ.' ') ) GOTO 102
C-------- Nimm das nächste Zeichen weiter rechts --------------
      POS = POS + 1
      GOTO 101
  102 CONTINUE

C---- Falls das Ende der Zeichenfolge erreicht ----------------
      IF ( POS .GT. ANZAHL ) THEN
C-------- dann Ausgabe: ---------------------------------------
      PRINT *, 'Es wurde kein Wort eingegeben.'

      ELSE
C-------- sonst Anfangsposition merken ------------------------
      ANFANG = POS
C-------- Wiederhole ... --------------------------------------
  201    CONTINUE
C------------ Nimm das nächste Zeichen weiter rechts ----------
         POS = POS + 1
C-------- bis ... ---------------------------------------------
         IF (POS.GT.ANZAHL .OR. WORT(POS:POS).EQ.' ') GOTO 202
         GOTO 201
  202    CONTINUE
C-------- Falls das Ende der Zeichenfolge erreicht -----------
         IF ( POS .GT. ANZAHL ) THEN
C------------ dann Ausgabe: -----------------------------------
            PRINT *, 'Das eingegebene Wort ist zu lang.'
            ELSE
C------------ sonst Endposition merken ------------------------
            ENDE   = POS
C------------ Wortlänge berechnen -----------------------------
            LAENGE = ENDE - ANFANG
C------------ Wortlänge ausgeben ------------------------------
            PRINT *, 'Das Wort ist ',LAENGE,' Zeichen lang.'
         ENDIF
      ENDIF

C---- Ende ----------------------------------------------------
      END
```

Lassen Sie uns zum Abschluß dieses Beispiels noch etwas sagen über die Abarbeitung der Bedingung:

```
POS .GT. ANZAHL .OR. WORT(POS:POS) .EQ. ' '
```

Nehmen wir einmal den Fall an, daß das Wort bis zum letzten Zeichen der Zeichenfolge WORT reicht und wir bei der Suche bis zu einem Wert für die Position kommen, der um 1 größer ist als die Anzahl der Zeichen von WORT. Streng genommen dürfen wir dann den Ausdruck WORT(POS:POS) nicht mehr zur Ausführung kommen lassen, denn in der Zeichenvariable WORT gibt es diese Position ja gar nicht.

In solch einem Falle ist es gut zu wissen, daß in FORTRAN logische Ausdrücke von links nach rechts abgearbeitet werden. Sollte der Wert des Gesamtausdrucks schon nach einem Teil der Auswertung feststehen, so wird die Abarbeitung des Ausdrucks beendet. Bei dem vorliegenden Ausdruck mit der oder-Verknüpfung wird zum Beispiel der Wert des Vergleichsausdrucks WORT(POS:POS).EQ.' ' gar nicht mehr bestimmt, wenn der Ausdruck POS.GT.ANZAHL sich als wahr erweist, denn dann ist der Gesamtausdruck ja auf jeden Fall als wahr zu bewerten.

Da in unserem Fall der Ausdruck WORT(POS:POS).EQ.' ' gerade verboten bzw. unsinnig ist, wenn die Bedingung POS.GT.ANZAHL erfüllt ist, gibt es also keine Probleme. In anderen Fällen kann dieser Mechanismus der nicht notwendigerweise vollständigen Abarbeitung eines logischen Ausdruck auch sehr unangenehme Effekte haben.

Bitte nehmen Sie diese Überlegungen als Denkanstoß, daß man beim Programmieren gar nicht genug aufpassen kann. Besonders bei der Formulierung solcher Endebedingungen, also an den Grenzen der Programmstrukturen, sollte man alle Fälle, die auftreten können, genau bedenken.

Kontrollaufgabe

K.10.5   Entwickeln Sie ein Programm zur ganzzahligen Division mit Rest unter ausschließlicher Verwendung der arithmetischen Operatoren + und -. Entwerfen Sie das Struktogramm!

K.10.6   Entwickeln Sie ein Programm zur Bestimmung der Quersumme einer ganzen Zahl. Die Zahl soll über die Tastatur eingegeben werden und das Ergebnis auf den Bildschirm ausgegeben werden.

10.2.3   Wiederholung mit vorgegebener Anzahl

Bei den bisher betrachteten Wiederholungen war die Anzahl der Durchläufe un-
bestimmt. Ob die Endebedingung der Schleifen überhaupt je erfüllt sein würde,
war ungewiß und abhängig von den Ergebnissen der in der Schleife durchlaufenen
Anweisungen.

In diesem Unterabschnitt wollen wir einen Iterationstyp behandeln, der dadurch
charakterisiert werden kann, daß die Anzahl der Wiederholungen als bekannt anzusehen ist, bevor die Abarbeitung der Schleife beginnt. Man kann ihn auch als
einen Sonderfall der Wiederholungsstruktur mit vorausgehender Bedingung betrachten. Die Anzahl der Durchläufe kann dementsprechend auch Null betragen.

Beispielprogramm NSUMME

Sehen wir uns zum Beispiel die umgangssprachliche Formulierung eines Algorithmus zur Bestimmung der Summe der ersten n ganzen Zahlen mit einem Rechner
an.

> Lies n ein
> Setze Summe auf 0
> **Wiederhole** für jede ganze Zahl von 1 bis n
>   Addiere die ganze Zahl zu Summe
> Gib Summe aus

Das zugehörige Struktogramm gleicht dem einer Wiederholung mit vorausgehender Bedingung.

Lies n ein
Setze Summe auf 0
Wiederhole für jede ganze Zahl von 1 bis n
Addiere die ganze Zahl zu Summe
Gib Summe aus

Außer ganzen Zahlen sind auch andere Objekte denkbar, für die die Anweisungen
einer Schleife jeweils durchlaufen werden sollen, zum Beispiel:

> **Wiederhole** für jeden Buchstaben von 'A' bis 'Z'
>   ...

In FORTRAN existiert die Wiederholungsstruktur mit vorgegebener Anzahl als Sprachkonstrukt, genannt DO-Schleife. Wir wollen die DO-Schleife stets gemäß dem folgenden Anweisungsgerüst einsetzen:

```
      DO marke zahl=anf,end,ink
            Anweisung(en)
marke CONTINUE
```

Für *marke* müssen wir dabei eine Anweisungsmarke einsetzen, für *zahl* eine Variable und für *anf*, *end* und *ink* arithmetische Ausdrücke. Für die Variable und die arithmetischen Ausdrücke sollte man grundsätzlich den ganzzahligen Datentyp wählen, obwohl auch andere Zahlendatentypen hierfür erlaubt sind (warum, werden Sie in Lektion 12 erfahren). Der Datentyp Zeichen ist leider nicht direkt verwendbar, weswegen solche Wiederholungen über Buchstaben wie im obigen Beispiel nur mit zusätzlichem Aufwand realisierbar sind.

Anhand des Summationsbeispiel wollen wir uns die Bedeutung der einzelnen Teile der DO-Anweisung klarmachen. Ausnahmsweise wurde bei diesem kurzen Programm auf jeglichen Kommentar verzichtet.

```
      PROGRAM NSUMME

      INTEGER N, SUMME, ZAHL

      PRINT *, 'Bitte N eingeben !'
      READ  *, N

      SUMME = 0

      DO 100 ZAHL = 1, N, 1
            SUMME = SUMME + ZAHL
  100 CONTINUE

      PRINT *, 'Summe der ganzen Zahlen von 1 bis N = ', SUMME

      END
```

Der sogenannte Anfangsparameter *anf* (im Beispiel: die Konstante 1) liefert die erste ganze Zahl, für die die Schleife durchlaufen wird. Der Wert des Endparameters *end* (im Beispiel: N) gibt die letzte ganze Zahl an, für die die Schleife höchstens noch durchlaufen wird. Der Inkrementparameter *ink* ist die Schrittweite zwischen den ganzen Zahlen, für die die Schleife durchlaufen wird. Dies ist in unserem Falle auch die 1, denn wir wollen die Schleife ja für jede ganze Zahl vom Anfangs- bis zum Endwert einmal abarbeiten. Die Angabe des Inkrementparameters mit dem Wert 1 kann auch entfallen, denn dieser Wert ist Voreinstellung. Mit der Angabe der Variablen *zahl* in der DO-Anweisung (im Beispiel: ZAHL) bewirkt man, daß diese Variable jeweils die ganze Zahl als Inhalt hat, für die man die Schleife gerade durchläuft. Der Wert der jeweiligen ganzen Zahl steht damit zur Verfügung, keinesfalls jedoch darf man den Wert der Variablen *zahl* innerhalb der Schleife verändern. Die Variable *zahl* wird auch **Laufvariable** der DO-Schleife genannt.

Noch zwei Beispiele, die die Verwendungsmöglichkeiten der DO-Anweisung für die Wiederholungsstruktur mit vorgegebener Anzahl demonstrieren:

```
C---- Variablen ------------------------------------------------
      INTEGER ODD, N
      ...
C---- Wiederhole für alle ungeraden Zahlen von 1 bis N --------
      DO 100 ODD = 1, N, 2
         ...
  100 CONTINUE
      ...
```

```
C---- Konstanten -----------------------------------------------
      INTEGER   ANZAHL
      PARAMETER (ANZAHL=80)
C---- Variablen ------------------------------------------------
      INTEGER POS
      CHARACTER*(ANZAHL) ZEILE
      CHARACTER ZEICHN
      ...
C---- Wiederhole für jedes Zeichen ZEICHN in der --------------
C---- Zeichenfolge ZEILE von rechts nach links  --------------
      DO 700 POS = ANZAHL, 1, -1
         ZEICHN = ZEILE(POS:POS)
         ...
  700 CONTINUE
      ...
```

In den nächsten Lektionen werden wir es noch häufig mit DO-Schleifen zu tun haben und auf spezifische Problemstellungen bei der Rechnerarithmetik (Lektion 12) und beim Zugriff auf Felder (Lektion 14, Datenstrukturen) eingehen.

Kontrollaufgaben

K.10.7   Schreiben Sie ein Programm zur Berechnung des Wertes von n! für eine beliebige einzugebende positive ganze Zahl n. Der Wert n! (sprich: n Fakultät) ist das Produkt aller ganzen Zahlen von 1 bis n.

K.10.8   Wie oft werden folgende Schleifen durchlaufen?

```
      INTEGER K
      ...
      DO 200 K = 1, 10, -2
  200 CONTINUE
```

```
      INTEGER K, N
      ...
      N = 23
      DO 1300 K = N+100, N, -N+3
 1300 CONTINUE
```

```
      INTEGER I, N
      ...
      N = 0
      DO 100 I = 1, N
  100 CONTINUE
```

```
      INTEGER K
      ...
      DO 300 K = 1, 11, 4
  300 CONTINUE
```

```
      INTEGER K
      ...
      DO 400 K = -100, 100, 10
  400 CONTINUE
```

Lektion 11

Kommentierung und Gestaltung
des Programmtextes

Vielleicht werden Sie sich wundern, daß es für eine scheinbar so unwichtige Sache wie die Kommentierung und Gestaltung des Programmtextes eine eigene Lektion gibt. „Es kommt doch nicht darauf an, wie mein Programm aussieht, sondern darauf, daß es funktioniert und die richtigen Ergebnisse liefert", werden Sie sagen.

Nach der Lektüre dieser Lektion werden Sie (hoffentlich!) etwas besser verstehen, warum das optische Erscheinungsbild eines Programms nicht nur für Ästheten eine Rolle spielt.

Sehen Sie sich zunächst die beiden folgenden Programmbeispiele an und versuchen Sie, herauszufinden, was die Programme tun. Nehmen Sie sich das einfachere der beiden Programme zuerst vor, vielleicht das kürzere?

Beispiel 1:

```
      PROGRAM P

      INTEGER I,J

  101 READ*,I
      IF (I.GT.0) THEN
      J=2
  201 IF (.NOT.J.LE.I) GOTO 202
  301 IF (.NOT.MOD(I,J).EQ.0) GOTO 302
      PRINT*,J
      I=I/J
      GOTO 301
  302 CONTINUE
      J=J+1
      GOTO 201
  202 CONTINUE
      ENDIF
      IF (I.EQ.0) GOTO 102
      GOTO 101
  102 CONTINUE
      END
```

Beispiel 2:

```
      PROGRAM PRIMF

C*****************************************************************
C*
C*        Primfaktorenzerlegung einer natürlichen Zahl
C*        ============================================
C*
C* Dieses Programm zerlegt eine einzugebende, natürliche Zahl
C* in ihre Primfaktoren. Es wird versucht, die Zahl so oft wie
C* möglich ohne Rest durch 2 zu teilen, dann durch 3, 4, usw.
C* Die Abarbeitung des Programms wird solange wiederholt, bis
C* eine Null eingegeben wird.
C*
C* Eingabedaten: die zu zerlegende Zahl
C* Ausgabedaten: die Primfaktoren der eingegebenen Zahl
C*
C* Verfasser: Egon Einfach
C* Letzte Änderung: 10.4.86
C*
C*****************************************************************

C==== Vereinbarungsteil ========================================

C---- Variablen ------------------------------------------------
      INTEGER ZAHL, FAKTOR

C==== Anweisungsteil ===========================================

C---- Wiederhole ... -------------------------------------------
  101 CONTINUE

C-------- Einlesen der zu zerlegenden Zahl ---------------------
        PRINT *, 'Bitte eine zu zerlegende positive, '//
     &           'ganze Zahl eingeben !'
        PRINT *, '(Beenden mit 0)'
        READ *, ZAHL

C-------- Falls Zahl größer als Null: Zerlegung ----------------
        IF (ZAHL .GT. 0) THEN
            PRINT *, 'Primfaktoren :'

C------------ Mit Faktor 2 beginnen ----------------------------
            FAKTOR = 2
```

```
C------------ Solange Faktor kleiner oder gleich der ----------
C------------ der verbleibenden Zahl                  ----------
    201         CONTINUE
                IF (.NOT. (FAKTOR .LE. ZAHL)) GOTO 202

C---------------- Solange Faktor als Primfaktor erkannt -------
    301         CONTINUE
                IF (.NOT. (MOD(ZAHL,FAKTOR) .EQ. 0)) GOTO 302

C------------------- Primfaktor ausgeben ---------------------
                PRINT *, FAKTOR

C------------------- Verbleibende Zahl bestimmen -------------
                ZAHL = ZAHL / FAKTOR
                GOTO 301
    302         CONTINUE

C---------------- Faktor erhöhen -----------------------------
                FAKTOR = FAKTOR + 1
                GOTO 201
    202         CONTINUE
            ENDIF

C---- bis eingegebene Zahl gleich Null ----------------------
            IF (ZAHL .EQ. 0) GOTO 102
            GOTO 101
    102 CONTINUE

C---- Ende --------------------------------------------------
            END
```

Na, haben Sie herausgefunden, was die Programme tun? Bei welchem Programm
ging es schneller? — Die Antwort erübrigt sich wohl.

Falls Sie es noch nicht gemerkt haben sollten: Beide Programme tun dasselbe.
Das Programm P liefert genauso die richtigen Ergebnisse wie das Programm
PRIMF, aber das Programm PRIMF ist deutlich das bessere.

So, wie es Ihnen eben ging, geht es täglich vielen Progammierern, die sehr viel
kostbare Zeit damit vergeuden, die Programme ihrer Vorgänger zu verstehen.
Insbesondere, um ein Programm für andere Personen durchsichtig zu machen, ist
eine gute Gestaltung und eine ausführliche Kommentierung äußerst wichtig.

Ich habe gar nicht die Absicht, mein Programm an andere weiterzugeben. Haupt-
sache ich selbst weiß, was mein Programm macht., werden Sie sagen. Nun, das
wissen Sie im Moment und vielleicht noch nächste Woche. Aber kramen Sie doch
in einem halben Jahr mal Ihr Programm xyz hervor und erklären Sie jemandem,
wozu Sie das Programm geschrieben haben und wie es funktioniert. Es wird Ihnen vorkommen, als hätten Sie das Programm noch nie gesehen, es sei denn, Sie
haben das Programm gut strukturiert und mit viel Kommentar versehen.

Kommentar wird um so wichtiger, je umfangreicher die Programme werden. Einen Fünfzeiler kann man vielleicht auch ohne Kommentar noch leicht durchschauen. Bei hundert, zweihundert oder gar tausend Programmzeilen wird's da schon schwieriger.

Übrigens stellen auch ausführliche PRINT-Anweisungen, durch die der Benutzer zum Beispiel zur Eingabe von Daten aufgefordert wird, oder die die ausgegebenen Werte näher erläutern, eine Art Kommentar dar.

Alle Ihre Programme sollten daher **folgende Kriterien** erfüllen:

- Jedes Programm sollte im Programmkopf folgende Informationen enthalten:
  - Kurztitel
  - Kurzbeschreibung des Programms
  - Eingabedaten
  - Ausgabedaten
  - Name des Verfassers
  - Datum der letzten Änderung

- Vereinbarungsteil und Anweisungsteil sollten deutlich voneinander abgegrenzt werden.

- Durch die Wahl geeigneter symbolischer Namen soll der Verwendungszweck von Variablen, Konstanten, usw. verdeutlicht werden (im Beispiel ZAHL und FAKTOR statt I und J).

- Programmstrukturen sollen durch Einrücken und entsprechende Kommentierung hervorgehoben werden.

- Durch Kommentare sollten vor allem die nicht unmittelbar verständlichen Anweisungen erläutert werden.

Bei den Beispielprogrammen in den folgenden Lektionen wurden die Kommentare, insbesondere im Programmkopf, aus Platzgründen zum Teil etwas knapp gehalten. Auf die Angabe des Verfassers und des Datums der letzten Änderung wurde ganz verzichtet, denn die Verfasser der Fibel sind auch die Verfasser der Programme. Die Beschreibung der Ein- und Ausgabedaten wurde meist in die (recht kurze) Kurzbeschreibung des Programms integriert, weil die Programme ja meist noch ausführlich im Text außerhalb des Programmtextes erläutert werden. Die Kommentare in einem Programm ohne die Fibel drumherum müssen aber unbedingt ausführlich sein.

Lektion 12

Rechnerarithmetik

In Lektion 10 haben wir uns bei der Entwicklung des Programms PREIS einige Gedanken zur ganzzahligen Division gemacht. Wir haben gesehen, daß zwei arithmetische Ausdrücke nicht unbedingt denselben Wert liefern, auch wenn sie mathematisch äquivalent sind. Der Divisionsrest wird nämlich vernachlässigt, und man erhält abhängig von der Größenordnung der vorkommenden Zahlen ein verfälschtes Ergebnis.

In dieser Lektion wollen wir auf weitere Probleme eingehen, die bei der Durchführung arithmetischer Operationen mit dem Rechner auftreten. Alle diese Probleme hängen mit den beschränkten Möglichkeiten zusammen, die dem Rechner für die Darstellung von Zahlen zur Verfügung stehen.

In der Vorstellungswelt der Mathematik existieren bespielsweise unendlich viele ganze Zahlen. Bei den reellen Zahlen ist nicht nur der Wertebereich unbeschränkt, sondern es existieren zwischen je zwei solcher Zahlen wiederum unendlich viele reelle Zahlen.

Im Rechner als einer elektronischen Maschine müssen die Zahlen letztendlich als unterschiedliche elektrische Zustände dieser Maschine dargestellt und erkannt werden können. Da eine solche real existierende Maschine aber nicht unendlich viele verschiedene Zustände annehmen kann, können somit auch nicht alle theoretisch denkbaren Zahlen verwirklicht werden. Der Zahlenvorrat im Rechner ist also begrenzt.

Um zu sehen, mit welchen ganzen und mit welchen reellen Zahlen wir denn nun wirklich rechnen können, müssen wir uns jeweils mit der internen Darstellung der Zahlen durch Bitmuster beschäftigen.

Bemerkung: Die interne Darstellung der Zahlen ist rechner- und übersetzerabhängig. Die hier beschriebene Darstellung gilt nur für den auf dem SIEMENS PC-X/PC-MX unter dem Betriebssystem SINIX installierten FORTRAN-77-Übersetzer, ist aber als ein typisches Beispiel zu betrachten.

Bei beiden Zahlentypen wollen wir anhand von Beispielen untersuchen, welche Schlußfolgerungen für das Rechnen mit einem begrenzten Zahlenvorrat zu ziehen sind.

12.1 Ganze Zahlen

12.1.1 Interne Darstellung

Eine ganze Zahl wird intern als ein Bitmuster der Länge 32 Bit (= 4 Bytes) dargestellt. Durch die Anzahl verschiedener möglicher Bitmuster dieser Länge ist somit die Anzahl der darstellbaren ganzen Zahlen bestimmt. Sehen wir uns die Zuordnung einmal an:

Bitmuster	zugeordnete ganze Zahl
10000000 00000000 00000000 00000000	$-2147483648 = -2^{31}$
10000000 00000000 00000000 00000001	-2147483647
....	...
11111111 11111111 11111111 11111110	-2
11111111 11111111 11111111 11111111	-1
00000000 00000000 00000000 00000000	0
00000000 00000000 00000000 00000001	1
....	...
01111111 11111111 11111111 11111110	2147483646
01111111 11111111 11111111 11111111	$2147483647 = 2^{31} - 1$

Jeder ganzen Zahl zwischen -2^{31} und $2^{31} - 1$ ist also ein bestimmtes Bitmuster zugeordnet, die sogenannte **Zweierkomplementdarstellung** der Zahl. Immer, wenn im FORTRAN-Programmtext oder bei der Eingabe zu einem FORTRAN-Programm eine ganzzahlige Konstante auftritt, muß intern eine Umwandlung in das dazugehörige Bitmuster erfolgen. Bitmuster können vom Rechner im Sinne geforderter arithmetischer Operationen verarbeitet werden. Zur Ausgabe einer ganzen Zahl muß das interne Bitmuster wieder in eine ganzzahlige Konstante zurückgewandelt werden.

Diese insgesamt 2^{32} darstellbaren ganzen Zahlen bilden den Datentyp INTEGER. Kommt als ganzzahlige Konstante oder als Ergebnis einer Rechnung eine ganze Zahl vor, die nicht zum Wertebereich des Datentyps INTEGER gehört, so führt dies zu einem Fehler. Im ersten Fall bemerkt der Übersetzer den Fehler und gibt eine entsprechende Fehlermeldung aus. Bei Rechenergebnissen hingegen wird eine Überschreitung des zulässigen Bereichs vom FORTRAN-Programm nicht erkannt, sondern es ergibt sich einfach nur ein fehlerhafter Wert.

12.1.2 Fehler durch Bereichsüberschreitung

Beispiel 1:

Haben Sie das Programm ADDNEU zur Addition zweier ganzer Zahlen aus Lektion 10 noch aufgehoben? Falls nicht, geben Sie es bitte schnell nochmal ein:

```
     PROGRAM ADDNEU

     INTEGER   ZAHL1, ZAHL2, SUMME
     CHARACTER ANTWRT
 101 CONTINUE

         PRINT *, 'Bitte geben Sie zwei ganze Zahlen ein !'
         READ *, ZAHL1, ZAHL2
         SUMME = ZAHL1 + ZAHL2
         PRINT *, ZAHL1, '+', ZAHL2, '=', SUMME

         PRINT *
         PRINT *   , 'Noch eine Berechnung ? (j/n)'
         READ '(A)', ANTWRT

     IF (ANTWRT .EQ. 'n') GOTO 102
     GOTO 101
 102 CONTINUE

     END
```

Lassen Sie das Programm übersetzen und ablaufen, und geben Sie in mehreren Durchläufen folgende Zahlenpaare ein:

```
2147483647 1073741823
2147483647 0
2147483647 1
2147483647 2
-2147483648 0
-2147483648 -1
-2147483648 -2
```

In den Fällen, wo der Bereich überschritten wird, liefert das Programm falsche Ergebnisse. Eine Fehlermeldung wird nicht ausgegeben.

Bei diesem sehr einfachen Programm sind die Fehler durch Bereichsüberschreitung sehr deutlich zu erkennen, denn die Summe zweier positiver (negativer) Zahlen kann sicherlich nie einen negativen (positiven) Wert besitzen. Problematisch wird die Fehlerdiagnose bei komplizierteren arithmetischen Ausdrücken oder Rechenverfahren, bei denen das Ergebnis nicht so ohne weiteres abzuschätzen ist. Dazu ein kurioses Beispiel:

Beispiel 2:

Zu berechnen sei der Wert des Ausdrucks $9x^4 - y^4 + 2y^2$ für die Werte $x = 10864$ und $y = 18817$. Das korrekte Ergebnis lautet 1. Wir wollen ausprobieren, welchen Wert das entsprechende FORTRAN-Programm liefert.

Wir können dazu das Programm aus Beispiel 1 nehmen und so modifizieren, daß
statt der Summe der obige Ausdruck berechnet wird. Mit veränderten symbolischen Namen lautet die entsprechende Anweisung:

```
ERGEBN = 9 * X**4  -  Y**4  +  2 * Y**2
```

Lassen Sie das Programm übersetzen und ablaufen, und überzeugen Sie sich
selbst davon, daß das Programm bei den genannten Eingabewerten für X und Y
den korrekten Wert 1 als Ergebnis liefert. Auf den ersten Blick ist also alles in
Ordnung.

Bei näherem Hinsehen sollte man allerdings stutzig werden. Die beiden ersten
Teilausdrücke überschreiten jeweils schon den Bereich des Datentyps INTEGER,
wie durch eine Überschlagsrechnung leicht festzustellen ist. Wie kann dann das
Endergebnis richtig sein?

Mit Zwischenausgaben kommen wir der Sache vielleicht auf die Spur. Ergänzen
bzw. verändern Sie Ihr Programm folgendermaßen:

```
      ...
      INTEGER X, Y, ERGEBN, ZWERG1, ZWERG2, ZWERG3
      ...
      ZWERG1 = 9 * X**4
      ZWERG2 = Y**4
      ZWERG3 = 2 * Y**2
      ERGEBN = ZWERG1 - ZWERG2 + ZWERG3
      PRINT *, ZWERG1, ZWERG2, ZWERG3, ERGEBN
      ...
```

Sie erhalten damit als Ausgabe die erstaunlichen Zahlen:

```
-1981218816  -1273059839  708158978  1
```

Bei diesen Zwischenergebnissen bleibt eigentlich nur eine mögliche Schlußfolge-
rung übrig. Daß der Ausdruck für diese speziellen Eingabewerte das korrekte
Ergebnis liefert, ist purer Zufall! Mit viel größerer Wahrscheinlichkeit ergibt sich
bei Eingabewerten der gleichen Größenordnung ein falscher Wert.

Natürlich kann man sich als Programmierer nicht auf den Zufall verlassen, zumindest dann nicht, wenn die Chancen für einen richtigen Wert so schlecht stehen.
Man sollte daher beim Entwurf eines Algorithmus mit ganzzahliger Arithmetik
stets überlegen, für welche Eingabewerte er gültig ist.

Manchmal kann man in einen Algorithmus einen Test einbauen, um Bereichsüberschreitungen zu erkennen bzw. zu vermeiden, wie das dritte Beispiel
zeigt.

Beispiel 3 :

In Kontrollaufgabe K.10.5 sollte ein Programm entwickelt werden, mit dessen
Hilfe man den Mittelwert einer unbestimmten Anzahl von positiven, ganzen Zahlen bestimmen kann.

Hierzu müssen durch das Programm alle eingelesenen Zahlen aufsummiert werden. Wenn man berücksichtigt, daß die Eingabe einer negativen Zahl als Endekennung gelten sollte, ergab sich dafür das folgende Programmstück (siehe
Anhang D):

```
      ...
      IF (ZAHL .GE. 0) THEN
          SUMME  = SUMME + ZAHL
          ANZAHL = ANZAHL + 1
      ELSE
          ENDE   = .TRUE.
      ENDIF
      ...
```

Da Anzahl und Größe der Zahlen vorher nicht bekannt sind, kann es bei jeder
Summenbildung zu einer Bereichsüberschreitung kommen. Wir sollten also vorher jeweils überprüfen, ob die neu entstehende Summe nicht vielleicht zu groß
wird. Bei der Formulierung einer entsprechenden Bedingung muß man allerdings
aufpassen, daß man dabei nicht schon eine Bereichsüberschreitung erzeugt. So
zum Beispiel geht es **nicht** :

```
C---- Ganzzahlige Konstante: größter INTEGER-Wert
      INTEGER    MAXINT
      PARAMETER (MAXINT = 2147483647)
      ...
C---- Logische Variable für Bereichsüberschreitung (overflow)
      LOGICAL OVERFL
      ...
      IF (SUMME + ZAHL .GT. MAXINT) THEN
          OVERFL = .TRUE.
      ELSE
          ...
```

Da es keine Zahl des Datentyps INTEGER gibt, die größer als die Konstante
MAXINT ist, wird die Bedingung immer den Wert falsch haben. Die Bereichsüberschreitung tritt nämlich schon im logischen Ausdruck selbst auf und
ist so nicht zu erkennen. Eine mögliche, korrekte Lösung lautet so (Vereinbarungen siehe oben):

```
      ...
      IF (ZAHL .GE. 0) THEN
            IF (SUMME .GT. MAXINT - ZAHL) THEN
                  OVERFL = .TRUE.
                  ENDE   = .TRUE.
            ELSE
                  SUMME  = SUMME + ZAHL
                  ANZAHL = ANZAHL + 1
            ENDIF
      ELSE
            ENDE   = .TRUE.
      ENDIF
      ...
```

Im vollständigen Programm müßte natürlich die Bedingung OVERFL wie die Endebedingung mit dem Wert .FALSE. initialisiert werden. Der Mittelwert könnte im Falle der Bereichsüberschreitung nicht berechnet werden. Stattdessen müßte eine entsprechende Meldung ausgegeben werden.

Vielleicht haben Sie bemerkt, daß sich bei der Inkrementierung der Variablen ANZAHL zumindest theoretisch auch eine Bereichsüberschreitung ereignen könnte. Auf eine Überprüfung können wir hierbei aber getrost verzichten, denn es ist kaum anzunehmen, daß jemand über die Tastatur jemals mehr als 2 Milliarden Werte eingibt.

12.2 Reelle Zahlen

12.2.1 Interne Darstellung

Wie bei den ganzen Zahlen wollen wir zunächst die Darstellung von reellen Zahlen im Rechner betrachten und untersuchen, wieviele und welche reellen Zahlen den zur Verfügung stehenden Vorrat bilden. Bei diesem Zahlentyp haben wir ja nicht nur den Sachverhalt zu berücksichtigen, daß es aufgrund der beschränkten Darstellungsvielfalt einen kleinsten und einen größten Wert geben muß, sondern wir können im Rechner auch nicht lückenlos alle reellen Zahlen zwischen den beiden Extremwerten realisieren.

Eine reelle Zahl wird im Rechner als ein Bitmuster der Länge 32 Bit (= 4 Bytes) dargestellt. Es gilt die in der folgenden Tabelle anhand von Beispielen gezeigte Zuordnung von Bitmustern dieser Länge zu reellen Zahlen.

Bitmuster		zugeordnete reelle Zahl
Charak.Vorz.	Mantisse	
11111111 1	1111111 11111111 11111111	$-(\ 1 - 2^{-24}\ ) * 2^{127}$
11111111 1	1111111 11111111 11111110	$-(\ 1 - 2^{-23}\ ) * 2^{127}$
....	....	$...$
00000001 1	0000000 00000000 00000001	$-(\ 2^{-1} + 2^{-24}\ ) * 2^{-127}$
00000001 1	0000000 00000000 00000000	$-2^{-1} * 2^{-127}$
00000000 x	xxxxxxx xxxxxxxx xxxxxxxx	0
00000001 0	0000000 00000000 00000000	$2^{-1} * 2^{-127}$
00000001 0	0000000 00000000 00000001	$(\ 2^{-1} + 2^{-24}\ ) * 2^{-127}$
....	....	$...$
10000000 0	0000000 00000000 00000000	$2^{-1} * 2^{0}$
....	....	$...$
10000000 0	1111111 11111111 11111111	$(\ 1 - 2^{-24}\ ) * 2^{0}$
10000001 0	0000000 00000000 00000000	$2^{-1} * 2^{1}$
....	....	$...$
11111111 0	1111111 11111111 11111110	$(\ 1 - 2^{-23}\ ) * 2^{127}$
11111111 0	1111111 11111111 11111111	$(\ 1 - 2^{-24}\ ) * 2^{127}$

Jedes Bitmuster repräsentiert eine reelle Zahl in einer sogenannten **Gleitpunkt-darstellung**, bestehend aus **Charakteristik (8 Bit)**, **Vorzeichen (1 Bit)** und **normalisierter Mantisse (23 Bit)**. Die Zuordnung ergibt sich, wenn man die Mantisse mit einer sich aus der Charakteristik ergebenden Zweierpotenz multipliziert und mit dem Vorzeichen versieht. Im Einzelnen gilt:

Aus der Charakteristik ergibt sich der Exponent der Zweierpotenz nach folgender Tabelle (Diese Zuordnung wird mit „excess 127" bezeichnet).

Charakteristik	zugeordnete Zahl
00000001	-127
....	$...$
01111111	-1
10000000	0
10000001	1
....	$...$
11111111	127

Für ein positives Vorzeichen der reellen Zahl hat das entsprechende Bit den Wert 0, für ein negatives Vorzeichen steht der Wert 1.

Die Mantisse ist ein Dualbruch, d.h., eine Summe aus Zweierpotenzen mit negativem Exponenten, also 2^{-1}, 2^{-2}, usw. Dabei wird angenommen, daß 2^{-1} implizit immer enthalten ist. Die Bits der Mantisse geben von links nach rechts an, ob die Potenzen 2^{-2}, 2^{-3}, usw. enthalten sind (bei 1) oder nicht (bei 0). Die Mantisse hat demnach mindestens den Wert 0.5 und wird normalisiert genannt.

Beispiel:

00000101 1 0100001 00000000 00000000

Exponent aus Charakteristik: -123

Vorzeichen: negativ

Mantisse: $2^{-1} + 2^{-3} + 2^{-8} = \frac{1}{2} + \frac{1}{8} + \frac{1}{256}$
$= 0.5 + 0.125 + 0.00390625$
$= 0.62890625$

Zugeordnete reelle Zahl: $-(2^{-1} + 2^{-3} + 2^{-8}) * 2^{-123}$
$= -0.62890625 * 2^{-123}$

Für die reelle Zahl 0 gilt eine Sonderregelung. Alle Bitmuster mit der Charakteristik 00000000 sind Darstellungen der reellen Zahl 0, unabhängig vom Rest des Bitmusters.

Alle wie beschrieben darstellbaren reellen Zahlen bilden zusammen den FORTRAN-Datentyp REAL. Da die reelle Zahl 0 keine eindeutige Darstellung besitzt, gibt es weniger als 2^{32} verschiedene reelle Zahlen (siehe Kontrollaufgabe K.12.1).

Aus der obigen Tabelle der Zuordnung von Bitmustern zu reellen Zahlen können wir die kleinste und die größte darstellbare Zahl ablesen. Die kleinste Zahl des Datentyps REAL hat danach den Wert $-(1 - 2^{-24}) * 2^{127}$ und die größte den Wert $(1 - 2^{-24}) * 2^{127}$. In der etwas vertrauteren wissenschaftlichen Darstellungsweise mit Zehnerpotenzen lauten diese beiden Zahlenwerte ungefähr $-1.70141 * 10^{38}$ und $1.70141 * 10^{38}$ („Ungefähr" deshalb, weil diese Zahlen so geschrieben sehr viele Nachkommastellen haben, die wir hier nicht alle aufschreiben wollen).

Wie bei den ganzen Zahlen des Datentyps INTEGER müssen wir uns mit den als Konstanten und Rechenergebnissen verwendeten reellen Zahlen innerhalb der genannten Grenzen bewegen. Kommt es zu **Bereichsüberschreitungen**, ergeben sich ähnliche Fehler wie bei den ganzen Zahlen. Auf diese prinzipiell bereits behandelte Problematik wollen wir hier nicht näher eingehen.

Während Bereichsüberschreitungen nur in Grenzfällen auftreten, kommen die aus der Darstellung reeller Zahlen sich ergebenden **Ungenauigkeiten** grundsätzlich und bei den meisten Operationen zum Tragen. Im Sinne einer exakten Arithmetik sind im allgemeinen alle Rechnungen mit reellen Zahlen fehlerbehaftet.

Wie kommen diese Ungenauigkeiten zustande? Jede reelle Zahlenkonstante muß vor der weiteren Verarbeitung in ein Bitmuster des Datentyps REAL umgewandelt werden. Falls diese vom Programmierer oder vom Benutzer eines Programms eingegebene Konstante nicht exakt einer im Rechner darstellbaren reellen Zahl entspricht, also gerade in eine „Lücke" zwischen zwei REAL-Zahlen fällt, wird der umzuwandelnden Zahl das Bitmuster einer der benachbarten Zahlen zugeordnet. Mit anderen Worten: Eine Zahlenkonstante wird bei der Umwandlung in die interne Darstellung zum nächsten darstellbaren Wert auf- bzw. abgerundet.

Bei Rechenoperationen mit reellen Zahlen liegt das theoretisch zu erwartende Ergebnis ebenfalls oft zwischen zwei darstellbaren Werten. Bei der Verknüpfung von Bitmustern im Sinne von Rechenoperationen können aber immer nur wieder ebensolche Bitmuster darstellbarer Zahlen entstehen. Rechenergebnisse sind daher im allgemeinen als gerundet anzusehen und entsprechen nicht den wahren Werten.

Um die Ungenauigkeiten abzuschätzen, wollen wir die „Lücken", d.h. die Abstände zwischen je zwei darstellbaren reellen Zahlen mal etwas näher betrachten. Wir entnehmen aus der obigen Tabelle jeweils zwei benachbarte Werte und bilden die Differenzen:

$$(1 - 2^{-24}) * 2^{127} - (1 - 2^{-23}) * 2^{127} = 2^{-24} * 2^{127}$$
$$2^{-1} * 2^1 - (1 - 2^{-24}) * 2^0 = 2^{-24} * 2^0$$
$$(2^{-1} + 2^{-24}) * 2^{-127} - 2^{-1} * 2^{-127} = 2^{-24} * 2^{-127}$$

Auch wenn die Schreibweise mit Zweierpotenzen ungewohnt ist, so sehen wir doch, daß die Abstände sehr unterschiedlich groß sind. Zwischen großen Werten existieren große Lücken, zwischen kleinen Werten kleine Lücken. Besser ist es, die Abstände im Verhältnis zur Größenordnung zu betrachten. Dazu dividieren wir jeden Abstand durch die größere der beiden Zahlen, zwischen denen der Abstand bestimmt wurde.

Wir erhalten die **relativen Abstände**, deren Werte nicht nur für diese Beispiele sondern für alle Zahlen mindestens 2^{-24} und höchstens fast 2^{-23} betragen. Der relative Abstand zwischen je zwei darstellbaren reellen Zahlen ist also im Rahmen dieser Grenzen als nahezu konstant über den gesamten Bereich anzusehen. Eine Ausnahme bildet die Zahl 0 mit den ihr benachbarten Zahlen.

Anschaulicher werden die Werte als Zehnerpotenzen. Der relative Abstand ist immer kleiner als 10^{-6}, in vielen Fällen auch kleiner als 10^{-7}.

Der relative Abstand zweier reeller Zahlen wird auch als **relative Genauigkeit** der Zahlendarstellung bezeichnet. Man spricht dann von einer relativen Genauigkeit von 23–24 Binärstellen bzw. 6–7 Dezimalstellen.

Für den Rechner sind diese Ungenauigkeiten durch interne Rundung keine Fehler. Wir können daher auch keine Fehlermeldung vom Rechner erwarten, in der er uns darauf aufmerksam macht, daß ein Ergebnis im arithmetischen Sinne falsch ist.

So paradox es klingen mag: Wir müssen selbst darauf achten, daß unsere Programme die Ergebnisse liefern, die sie liefern sollen. Dies gilt insbesondere, aber nicht ausschließlich für das Rechnen mit reellen Zahlen.

Die Beispiele des folgenden Unterabschnitts sollen zeigen, wie sich Rundungsfehler bereits nach einem Rechenschritt oder auch erst im Laufe eines iterativen Algorithmus bemerkbar machen können.

12.2.2 Rundungsfehler

Beispiel 1:

Geben Sie bitte das folgende, kurze Programm in den Rechner ein.

```
      PROGRAM RECHO
C******************************************************************
C*    Das Programm RECHO liest eine reelle Zahl ein und gibt
C*    sie wieder aus. Der Vorgang wird wiederholt, bis der
C*    Benutzer keinen weiteren Durchlauf mehr wünscht.
C******************************************************************
C==== Vereinbarungsteil ==========================================
      REAL      ZAHL
      CHARACTER ANTWRT
C==== Anweisungsteil =============================================
  101 CONTINUE
        PRINT *, 'Bitte geben Sie eine reelle Zahl ein !'
        READ  *, ZAHL
        PRINT *, 'Echo: ', ZAHL
        PRINT *, 'Noch eine Zahl ? (j/n)'
        READ '(A)', ANTWRT
      IF (ANTWRT .EQ. 'n') GOTO 102
      GOTO 101
  102 CONTINUE

      END
```

Lassen Sie das Programm übersetzen und ablaufen, und geben Sie nacheinander diese Werte ein:

         0.5   0.6   3.0   0.25   2147483647.0   1.0E-39   1.8E38

Das Programm soll zeigen, wie reelle Zahlen, die im Rechner nicht exakt darstellbar sind, durch die interne Umwandlung und Rundung verfälscht werden können. An den Ausgaben des Programms läßt sich folgendes ablesen:

- Die Zahlen 0.5, 3.0 und 0.25 sind exakt darstellbar.

- Die Zahlen 0.6, 2147483647.0 und 1.0E-39 sind nicht exakt darstellbar. Der Rundungsfehler ist bei den beiden ersteren Zahlen in der 7. Stelle der dezimalen Mantisse zu erkennen.

- Die Zahl 1.8E38 bedeutet eine Bereichsüberschreitung. Ihre Eingabe führt zu einer Fehlermeldung und dem Abbruch des Programms.

Beispiel 2:

Das zweite Programmbeispiel soll verdeutlichen, welche drastischen Auswirkungen die Nichtbeachtung der Darstellungsbeschränkungen haben kann. In diesem kurzen Programm ist der „Fehler" leicht zu orten. Bei einem aufwendigeren numerischen Algorithmus würde es schon schwieriger werden!

```
        PROGRAM BUG

C==== Vereinbarungsteil ====================================

        REAL A, B, C, ERG1, ERG2

C==== Anweisungsteil ======================================

        A    = 1.0 E+8
        B    = 1.0
        C    = 1.0 E+8

        ERG1 = A + B
        ERG1 = ERG1 - C

        ERG2 = A - C
        ERG2 = ERG2 + B

        PRINT *, ERG1, ERG2

        END
```

Als Ausgabe des Programms erhält man:

```
    0.000000000E+00        1.000000000
```

Das Ergebnis ERG2 ist exakt. Bei der Berechnung von ERG1 wird die Zwischensumme A+B intern so gerundet, daß der Anteil von B unberücksichtigt bleibt.

Vorsicht ist also geboten bei allen arithmetischen Ausdrücken, in denen wie in diesem Beispiel reelle Zahlen stark unterschiedlicher Größenordnung miteinander verknüpft werden! Bei der Differenzbildung von Zahlen fast gleicher Größe und bei der Berechnung von Quotienten mit sehr kleinem Nenner kann es ähnliche Probleme geben.

Beispiel 3:

Wir wollen in diesem Beispiel ein Programm erstellen, das auf dem Bildschirm eine Wertetabelle der Funktion $f(x) = x^4$ für ein bestimmtes Intervall ausgibt. Dabei wollen wir darauf achten, den Einfluß der Rechnerungenauigkeit auf die Ergebnisse möglichst gering zu halten.

Das Programm soll Anfangs- und Endwert des Intervalls sowie die gewünschte
Schrittweite zwischen den zu tabellierenden Werten über die Tastatur einlesen.
In einer Wiederholungsstruktur werden die Funktionswerte berechnet und ausge-
geben.

Naheliegend ist wohl die folgende Lösungsmöglichkeit:

Anfangswert, Endwert und Schrittweite einlesen
x auf den Anfangswert setzen
Solange x kleiner oder gleich Endwert
Berechnung und Ausgabe von x^4
x um Schrittweite erhoehen

Bei diesem Entwurf werden die Werte von x durch wiederholtes Aufsummieren der Schrittweite ausgehend vom Anfangswert bestimmt. Das Ergebnis jeder
Summenbildung kann mit einem Rundungsfehler behaftet sein. Da zur Berechnung des Wertes von x jeweils der vorhergehende (ungenaue) Wert herangezogen
wird, akkumulieren sich die Rundungsfehler. Von Durchlauf zu Durchlauf werden
die x-Werte also immer ungenauer und die Funktionswerte werden nicht an den
gewünschten Stellen bestimmt.

Der Algorithmus kann verbessert werden, indem man in jedem Durchlauf erneut
den x-Wert aus dem Anfangswert berechnet. Dazu addiert man ein entsprechendes Vielfaches der Schrittweite zum Anfangswert. Auch dabei können Rundungsfehler auftreten, aber eben nur aus **einer** Multiplikation und **einer** Addition und
nicht aus so vielen Additionen.

Eine geeignete Programmstruktur für diesen Algorithmus ist sicherlich die Wiederholung mit vorgegebener Anzahl, denn die Anzahl der Durchläufe ist ja bekannt bzw. kann aus den eingegebenen Werten berechnet werden. Außerdem
wird für die Berechnung des x-Wertes in der Schleife die Information benötigt, der
wievielte Durchlauf der aktuelle ist. Diese Information steht bei entsprechender
Formulierung der Wiederholung mit vorgegebener Anzahl direkt zur Verfügung.

Das Struktogramm zu der verbesserten Version muß also so aussehen:

<table>
<tr><td>Anfangswert, Endwert und Schrittweite einlesen</td></tr>
</table>

Anfangswert, Endwert und Schrittweite einlesen
Anzahl der Durchläufe berechnen

Wiederhole für alle ganzen Zahlen von 1 bis Anzahl

	x aus Anfangswert, Schrittweite und Durchlaufzahl berechnen
	Berechnung und Ausgabe von x^4

Wie gewohnt zunächst eine Aufstellung der zu vereinbarenden Daten:

Daten	symbolischer Name	Datentyp
Anfangswert für x	XANF	REAL
Endwert für x	XEND	REAL
Schrittweite	DELTAX	REAL
x-Wert	X	REAL
Anzahl der Durchläufe	ANZAHL	INTEGER
Durchlaufzahl	I	INTEGER

Wie werden nun die Anzahl der Durchläufe und die x-Werte berechnet?

Die Anzahl der Durchläufe ergibt sich aus den eingegebenen Werten mit folgendem Ausdruck:

```
ANZAHL = ( XEND - XANF ) / DELTAX + 1
```

Bemerkenswert an diesem Ausdruck ist, daß Zahlen verschiedenen Typs (REAL und INTEGER) miteinander verknüpft werden. Intern erfolgen bei solchen Operationen Umwandlungen des beteiligten Wertes vom Typ INTEGER in einen Wert des Typs REAL, denn die eigentliche Rechenoperation kann nur mit Bitmustern desselben Typs durchgeführt werden. Die einzige Ausnahme bildet die Exponentiation einer reellen Zahl mit einer ganzen Zahl, bei der keine Umwandlung erforderlich ist.

Hier wird zum Beispiel die ganze Zahl 1 in einen reellen Wert umgewandelt, ehe die Addition zum reellwertigen Teil des Ausdrucks erfolgen kann. Das Ergebnis des Ausdrucks ist ebenfalls vom Typ REAL.

Bei der Zuweisung zur INTEGER-Variablen ANZAHL findet nochmals eine interne Typumwandlung von REAL nach INTEGER statt. Dies entspricht einem Abschneiden der Nachkommastellen. Umgekehrt wird bei der Zuweisung eines ganzzahligen Wertes an eine Variable des Typs REAL intern eine Umwandlung des Bitmusters vorgenommen.

Der jeweilige Wert für X wird aus dem Anfangswert, der Schrittweite und der aktuellen Durchlaufzahl wie folgt bestimmt:

```
X = XANF + (I-1) * DELTAX
```

Auch bei diesem Ausdruck wird wieder automatisch eine Typumwandlung für (I-1) vorgenommen. In den Programmtext nehmen wir gegenüber dem Struktogramm zusätzlich noch die Ausgabe einer Tabellenüberschrift auf. Neben den Funktionswerten sollten natürlich die entsprechenden x-Werte in der Tabelle stehen.

```
      PROGRAM WTAB
C****************************************************************
C*    Ausgabe einer Wertetabelle für die Funktion x**4 in
C*    einem bestimmten Intervall
C*
C*    Eingabedaten: Anfangs- und Endwert des Intervalls
C*                  Schrittweite
C*    Ausgabedaten: Wertetabelle
C****************************************************************

C==== Vereinbarungsteil ========================================

C---- Variablen ------------------------------------------------
      INTEGER ANZAHL, I
      REAL    XANF , XEND    , DELTAX, X

C==== Anweisungsteil ===========================================

C---- Werte einlesen -------------------------------------------
      PRINT *, 'Bitte Anfangs- und Endwert eingeben !'
      READ  *, XANF, XEND
      PRINT *, 'Bitte Schrittweite eingeben !'
      READ  *, DELTAX
C---- Anzahl Durchläufe berechnen ------------------------------
      ANZAHL = ( XEND - XANF ) / DELTAX  + 1
C---- Überschrift ----------------------------------------------
      PRINT *, '    X             X**4'
C---- Wiederhole für alle ganzen Zahlen von 1 bis ANZAHL ... --
      DO 100 I = 1, ANZAHL
C-------- ... eine Zeile der Wertetabelle ausgeben -----------
         X = XANF + (I-1) * DELTAX
         PRINT *, X, X**4
  100 CONTINUE
C---- Ende -----------------------------------------------------
      END
```

Eine DO-Anweisung mit einer Laufvariablen vom Typ REAL wollen wir nie verwenden, denn dabei tritt gerade das oben beschriebene Phänomen der Fehlerakkumulation durch Aufsummieren der Schrittweite auf.

Falls Sie die Berechnungen der Anzahl der Durchläufe und der x-Werte nicht verstanden haben, geben Sie das Programm WTAB in den Rechner ein und bringen Sie es zur Ausführung. Experimentieren Sie mit verschiedenen reellen Anfangs- und Endwerten und Schrittweiten, zum Beispiel -1, 1 und 0.1 .

Bei der listengesteuerten Ausgabe reeller Zahlen wird die Mantisse in einer voreingestellten Länge angezeigt. Die Anzahl der ausgegebenen Dezimalstellen ist dabei oft höher als die zu erwartende Genauigkeit der Rechenergebnisse. Diese Vortäuschung „besserer" Ergebnisse sollte durch die Angabe eines **Ausgabeformates** vermieden werden.

Nicht ganz einfach ist allerdings die Wahl eines solchen Ausgabeformates. Um die durch Rundungsfehler verminderte Genauigkeit der Ergebnisse abzuschätzen, müßte man bereits in diesem einfachen Beispiel einigen mathmatischen Aufwand treiben. Das Ausgabeformat sollte so gewählt werden, daß gerade die maximale Anzahl von Stellen ausgegeben wird, für die man Exaktheit garantieren kann.

Beispiel 4 :

Dieses letzte Beispiel zur Ungenauigkeit der reellen Zahlendarstellung soll zeigen, wie wenig sinnvoll eine Überprüfung reeller Zahlen auf Gleichheit (Operator .EQ.) in vielen Fällen ist.

```
      PROGRAM DREICK

C*****************************************************************
C*    Bestimmung des Typs eines Dreiecks
C*
C*    Eingabedaten: Dreiecksseiten als reelle Zahlen
C*    Ausgabedaten: Ergebnistext
C*****************************************************************

C==== Vereinbarungsteil ========================================

C---- Variablen -----------------------------------------------
      REAL A, B, C

C==== Anweisungsteil ===========================================

C---- Dreiecksseiten einlesen ---------------------------------
      PRINT *, 'Geben Sie die Laengen der Dreiecksseiten ein !'
      PRINT *, '(laengste Seite als letzte !)'
      READ  *, A, B, C
```

```
C----  Typ des Dreiecks bestimmen und ausgeben -----------------
      IF (A .EQ. B) THEN
          IF (B. EQ. C) THEN
              PRINT *, 'gleichseitig'
          ELSE
              PRINT *, 'gleichschenklig'
          ENDIF
      ELSE IF (B .EQ. C) THEN
          PRINT *, 'gleichschenklig'
      ENDIF

      IF (A*A+B*B .EQ. C*C) THEN
          PRINT *, 'rechtwinklig'
      ELSE
          PRINT *, 'nicht rechtwinklig'
      ENDIF

C----  Ende --------------------------------------------------
      END
```

Lautet die Eingabe zu diesem Programm 9.0, 12.0 und 15.0, so erkennt das Programm diese als die Seiten eines rechtwinkligen Dreiecks. Gibt man als Seitenlängen hingegen 0.9, 1.2 und 1.5 an, so wird fälschlicherweise „nicht rechtwinklig" diagnostiziert.

Der Grund für diese Tücke ist natürlich wieder bei der Zahlendarstellung zu suchen. Sowohl 9.0, 12.0 und 15.0 als auch die Ausdrücke A*A+B*B und C*C mit diesen Zahlen sind exakt darstellbare REAL-Zahlen. Es ergeben sich daher für die Ausdrücke dieselben Bitmuster und der Vergleichsausdruck erhält den Wert wahr.

Bei den lediglich um eine Zehnerpotenz kleineren Zahlen 0.9, 1.2 und 1.5 ist eine exakte Darstellung der Zahlen und der mit ihnen gebildeten Ausdrücke rechnerintern nicht möglich. Durch Rundungsfehler ergeben sich zwei verschiedene Werte für die Ausdrücke A*A+B*B und C*C. Der Vergleich liefert den Wert falsch.

Abhilfe kann man schaffen, wenn man in der Bedingung für die Rechtwinkligkeit eines Dreiecks nur eine annähernde Gleichheit unter Berücksichtigung möglicher Rundungsfehler fordert. Zum Beispiel könnte man formulieren: Die **relative Abweichung** des Ausdrucks A*A+B*B vom Ausdruck C*C soll kleiner sein als 10^{-4}. Da nicht bekannt ist, ob eine Abweichung nach oben oder unten vorliegt, müssen die Beträge gebildet werden. Der entsprechende FORTRAN-Ausdruck lautet:

```
      ...
      IF ( ABS (A*A+B*B - C*C) .LT. 1.0E-4 * ABS (C*C) ) THEN
      ...
```

Die anderen Vergleichsausdrücke im Beispielprogramm brauchen nicht modifiziert zu werden. Zwar wird schon beim Einlesen gerundet, aber gleiche Zahlen werden auch gleich gerundet. Der Sinn der Vergleichsausdrücke ändert sich dadurch nicht.

12.2.3   Iterationsverfahren und Abbruchkriterien

Als **Iteration** haben wir im zweiten Abschnitt von Lektion 10 die wiederholte Ausführung eines oder mehrerer Schritte eines Algorithmus kennengelernt. Die Anzahl der Wiederholungen war letztendlich dadurch bestimmt, wann das gewünschte Ergebnis erreicht wurde.

Zum Beispiel konnte im Falle des Euklid'schen Algorithmus zur Bestimmung des $GGT(x,y)$ die Iteration abgebrochen werden, sobald die Variable y den Wert Null erreicht hatte. Das (exakte) Ergebnis lag dann in der Variablen x vor. Für diesen Algorithmus kann bewiesen werden, daß die Abbruchbedingung immer nach endlich vielen Iterationsschritten errreicht wird.

In der Theorie der Numerischen Mathematik gibt es viele Lösungsverfahren, die darauf beruhen, daß man bei wiederholter Anwendung einer Rechenvorschrift eine Folge von Näherungslösungen erhält, die gegen die exakte Lösung konvergieren. D.h., man erhält eine beliebig genaue Lösung, wenn man nur eine ausreichend hohe Anzahl von Iterationsschritten wählt.

In der Praxis, bei der Verwirklichung eines solchen Verfahrens als Rechnerprogramm, ist die erreichbare Genauigkeit also grundsätzlich durch die Zeit beschränkt, die für die Ausführung des Programms zur Verfügung steht. Besteht der Algorithmus aus Rechnungen mit reellen Zahlen, so ist die Genauigkeit des Verfahrens beschränkt durch die ausführlich diskutierte (Un-)Genauigkeit der Zahlendarstellung.

Da sich bei Iterationen im allgemeinen viele Rechenoperationen aneinanderreihen, können sich in ungünstigen Fällen Rechenungenauigkeiten stark akkumulieren. Dies führt zu falschen Ergebnissen oder schlimmstenfalls sogar dazu, daß theoretisch gültige Eigenschaften des Verfahrens wie zum Beispiel die Konvergenz außer Kraft gesetzt werden.

Sehr entscheidend für die erfolgreiche Verwirklichung eines Iterationsverfahrens ist die Wahl eines geeigneten **Abbruchkriteriums**. Im Idealfall will man die genauest mögliche Näherungslösung mit möglichst wenig Iterationsschritten erzielen. Aber: Wann ist unter Berücksichtigung der Rechenungenauigkeiten die genauest mögliche Lösung erreicht? Wie kann erkannt werden, daß unter Umständen keine Konvergenz mehr vorliegt?

Diese Fragen können nicht allgemeingültig beantwortet werden. In diesem Abschnitt soll daher nur ein Beispiel vorgestellt werden, um die grundsätzliche Vor-

gehensweise zu zeigen. Jedem, der tatsächlich ein solches Lösungsverfahren in
ein Programm umsetzen will, sei dringend empfohlen, sich vorher anhand ein-
schlägiger Literatur intensiv mit dem jeweiligen Verfahren und seinen Realisie-
rungsmöglichkeiten auf dem Rechner zu befassen.

Beispielprogramm WURZEL

Die Quadratwurzel aus einer positiven reellen Zahl x läßt sich nach Newton mit
der folgenden Formel näherungsweise bestimmen:

$$y_i = \frac{y_{i-1} + \frac{x}{y_{i-1}}}{2}, \qquad i = 1, 2, 3, \ldots$$

Als **Startwert** der Iteration muß ein geeigneter Wert für y_0 gewählt werden. y_i ist
der Näherungswert für die Quadratwurzel aus x nach dem i-ten Iterationsschritt.
Im ersten Iterationsschritt $(i = 1)$ erhält man den ersten Näherungswert $y_i = y_1$
aus dem Startwert $y_{i-1} = y_0$. Im nächsten Iterationsschritt $(i = 2)$ wird der
so errechnete Wert für $y_{i-1} = y_1$ in die Formel eingesetzt, und es ergibt sich ein
neuer Näherungswert $y_i = y_2$, usf.

Schon für die Wahl eines Startwertes ist normalerweise eine genauere Kenntnis
des Verfahrens notwendig. Bei diesem Verfahren hat sich der Wert $y_0 = x$ als
geeigneter Startwert erwiesen.

Noch schwieriger ist die Wahl des **Abbruchkriteriums** zu treffen. Die Iteration
soll enden, sobald der genauest mögliche Näherungswert erreicht ist. Aber was ist
der genauest mögliche Wert? Um das beurteilen zu können, muß man wiederum
einiges über das betrachtete Verfahren und sein Konvergenzverhalten wissen.

Das Konvergenzverhalten des Newton-Verfahrens ist tatsächlich sehr gut — und
das auch unter dem Einfluß von Rechenungenauigkeiten. In den meisten Fällen
wird mit dem soundsovielten Iterationsschritt der genauestmögliche Wert im Rahmen der Darstellungsmöglichkeiten erreicht, und weitere Iterationen verändern
den gefundenen Wert nicht mehr. Als Abbruchkriterium könnte die Bedingung
gelten, daß zwei aufeinanderfolgende Näherungswerte identisch sind.

Wenn der wahre Wert gerade zwischen zwei im Rechner darstellbaren Werten
liegt, ist aber auch der folgende Fall denkbar. Irgendwann stößt die Iteration
auf das eine der beiden Bitmuster, die den wahren Wert „einrahmen". Von
da ab werden, bedingt durch die Rundung bei der Auswertung der Formel, als
weitere Näherungswerte beide Bitmuster abwechselnd ermittelt. Aufeinanderfolgende Näherungswerte können dann nie identisch sein und das zuerst gewählte
Abbruchkriterium würde versagen.

Man kann diesen Fall im Abbruchkriterium dadurch berücksichtigen, daß man
nicht nur bei Identität aufeinanderfolgender Näherungswerte anhält, sondern
auch, wenn zwei aufeinanderfolgende Näherungswerte benachbarte darstellbare

Zahlen sind. Aus den Überlegungen zur internen Darstellung von reellen Zahlen wissen wir, daß der relative Abstand zwischen zwei benachbarten darstellbaren Zahlen immer kleiner als 10^{-6} ist. Daraus folgt als Kriterium für den Abbruch der Iteration, daß die relative Abweichung zweier aufeinanderfolgender Näherungswerte dem Betrag nach kleiner als 10^{-6} ist.

Bei den meisten solcher Iterationsverfahren kann man trotz aller Überlegungen nie ganz ausschließen, daß das gewählte Abbruchkriterium aufgrund von Ungereimtheiten des Verfahrens oder der Rechnerarithmetik versagt. Angebracht ist daher eine Ergänzung des Abbruchkriteriums um eine „Notbremse". Man kann zum Beispiel eine Höchstzahl von Iterationen vorsehen, nach der das Verfahren auf jedem Fall abgebrochen wird. Natürlich darf dann nicht einfach der zuletzt berechnete Näherungswert als Ergebnis ausgegeben werden, sondern es muß ersichtlich sein, daß der genauest mögliche Wert mit der vorgegebenen Anzahl von Iterationen nicht ermittelt werden konnte.

Doch nun genug der Vorüberlegungen. Kommen wir endlich zum Programmentwurf:

Positive Zahl x einlesen

y_i, Anzahl der Iterationsschritte, Abbruchbedingung und Notbremse initialisieren

	Anzahl der Iterationsschritte zählen
	y_{i-1} ergibt sich aus y_i
	y_i ergibt sich aus y_{i-1} nach Iterationsformel
	Falls relative Abweichung von y_i und y_{i-1} kleiner als 10^{-6}
	———— dann ———— ———— sonst ————
	Abbruchbedingung setzen. Notbremse setzen, wenn Höchstanzahl erreicht

bis Abbruchbedingung oder Notbremse

Falls Abbruchbedingung
———————— dann ————————   ———————— sonst ————————
Näherungswert und Anzahl ausgeben.   Meldung ausgeben: Genauigkeit nicht erreicht.

Wie im Struktogramm bereits angedeutet, wollen wir das Einlesen der Zahl x so gestalten, daß wirklich nur positive Werte akzeptiert werden.

Bleibt noch zu überlegen, welche Höchstanzahl an Iterationen wir zulassen wollen. Da das Verfahren, wie bereits erwähnt, sehr gut konvergiert, ist es sinnvoll, einen nicht sehr großen Wert zu wählen. Zum Beispiel liegt schon nach einer Zahl von 100 ergebnislosen Iterationsschritten die Vermutung nahe, daß etwas nicht stimmt.

Da die Genauigkeit des Ergebnisses auf 6 Dezimalziffern der Mantisse beschränkt ist, wäre es mehr als unsinnig, eine größere Zahl von Ziffern auszugeben. Überdies würde damit ein genaueres Ergebnis vorgetäuscht werden. Wir wollen daher den ermittelten Näherungswert entsprechend formatiert ausgeben. Dazu verwenden wir das G-Format, mit dem man die Ausgabe einer reellen Zahl in Gleitpunkt-darstellung beeinflussen kann. G13.6 bedeutet zum Beispiel, daß eine Zahl mit 6 Stellen hinter dem Dezimalpunkt angegeben werden soll und die Gesamtbreite der Ausgabe 13 Zeichen beanspruchen soll. Die Differenz zwischen beiden Angaben muß immer mindestens 7 betragen, denn soviele Stellen werden für Vorzeichen, Dezimalpunkt usw. benötigt.

```
      PROGRAM WURZEL

C*****************************************************************
C*     Bestimmung der Quadratwurzel aus einer positiven reellen
C*     Zahl nach dem Näherungsverfahren von Newton
C*
C*     Eingabe: positive reelle Zahl
C*     Ausgabe: Quadratwurzel der Zahl
C*****************************************************************

C==== Vereinbarungsteil ========================================

C---- Konstanten ----------------------------------------------
C---- IMAX     : Höchstanzahl Iterationsschritte
      INTEGER   IMAX
      PARAMETER (IMAX=100)
C---- Variablen -----------------------------------------------
C---- I        : aktuelle Anzahl Iterationsschritte
C---- X        : einzulesende reelle Zahl
C---- YI       : i-ter Näherungswert
C---- YI1      : (i-1)-ster Näherungswert
C---- ENDE     : Abbruchbedingung
C---- BREAK    : "Notbremse"
      INTEGER   I
      REAL      X, YI, YI1
      LOGICAL   ENDE, BREAK
```

```
C==== Anweisungsteil =========================================

C---- X einlesen ---------------------------------------------
  101 CONTINUE
          PRINT *, 'Bitte eine positive reelle Zahl eingeben !'
          READ *, X
      IF (X .GT. 0) GOTO 102
      GOTO 101
  102 CONTINUE
C---- Initialisierungen --------------------------------------
      YI    = X
      I     = 0
      ENDE  = .FALSE.
      BREAK = .FALSE.
C---- Iteration ... ------------------------------------------
  201 CONTINUE
C-------- Anzahl Iterationsschritte zählen
          I     = I + 1
C-------- Iterationsschritt
          YI1   = YI
          YI    = ( YI1 + X/YI1 ) / 2.0
C-------- Falls relative Abweichung aufeinanderfolgender Werte
C-------- kleiner als Abstand benachbarter darstellb. Werte...
          IF ( ABS(YI-YI1) .LT. 1.0E-06 * ABS(YI) ) THEN
              ENDE = .TRUE.
          ELSE
              BREAK = I .EQ. IMAX
          ENDIF
C---- ... bis Abbruchbedingung oder Notbremse ----------------
      IF (ENDE .OR. BREAK) GOTO 202
      GOTO 201
  202 CONTINUE
C---- Falls Abbruchbedingung ... -----------------------------
      IF (ENDE) THEN
C-------- Näherungswert und Anzahl Iterationsschritte ausgeben
          PRINT 1001, 'Quadratwurzel von ', X, ' = ', YI
 1001     FORMAT (A, G13.6, A, G13.6)
          PRINT *   , 'Anzahl Iterationsschritte :', I
      ELSE
C-------- Meldung ausgeben: Genauigkeit nicht erreicht.
          PRINT *, 'Genauigkeit in ', IMAX, ' Schritten nicht',
     &                ' erreicht.'
      ENDIF
C---- Ende ---------------------------------------------------
      END
```

12.2.4   Doppelt genaue reelle Zahlen

Zur genaueren Darstellung reeller Zahlen gibt es in FORTRAN zusätzlich den Datentyp DOUBLE PRECISION. Die Zahlen dieses Datentyps werden als doppelt genaue reelle Zahlen bezeichnet, obwohl die interne Darstellung von Rechner zu Rechner verschieden ist und in kaum einem Fall wirklich gerade doppelt so genau wie die der Zahlen vom Datentyp REAL ist.

Doppelt genaue reelle Zahlen werden intern ebenfalls in Gleitpunktdarstellung durch Bitmuster repräsentiert. Die Länge der Bitmuster beträgt 8 Bytes, also tatsächlich doppelt soviel wie bei den einfach genauen reellen Zahlen. Bei dem betrachteten Rechner entfallen auf die Charakteristik 8 Bits, auf das Vorzeichen 1 Bit und auf die Mantisse 55 Bits.

Aus der internen Darstellung geht hervor, daß der Zahlenbereich der doppelt genauen reellen Zahlen durch dieselben Werte wie der REAL-Zahlenbereich beschränkt wird. Die relative Genauigkeit der Zahlen vom Datentyp DOUBLE PRECISION ist allerdings mehr als doppelt so hoch wie beim Datentyp REAL.

Natürlich kann man mit der doppelt genauen Darstellung nicht die grundsätzliche Problematik der Rundungsfehler und Rechenungenauigkeiten umgehen. Sie wird einfach nur in einen anderen Genauigkeitsbereich verlagert.

Bei vielen Näherungsverfahren kann die Verwendung von doppelt genauen Konstanten und Variablen sehr sinnvoll sein, sie erfordert aber intern oft einen wesentlich höheren Rechenaufwand.

Kontrollaufgaben

K.12.1   Wieviele verschiedene Zahlen des Datentyps REAL gibt es bei der beschriebenen internen Darstellung?

K.12.2   Entwerfen Sie ein Programm zur Ausgabe einer Wertetabelle der Funktion sin(x) in einem bestimmten Intervall. Anfangs- und Endwert des Intervalls sowie die Anzahl der zu tabellierenden Wertepaare sollen eingelesen werden. Die Schrittweite soll aus der Anzahl ermittelt werden.

Lektion 13

Modularität

Durch den Vorgang der schrittweisen Verfeinerung zerfällt ein Algorithmus in Komponenten, die ihrerseits jeweils eine der Grundstrukturen Folge, Auswahl oder Wiederholung besitzen. Oft erhält man Komponenten, die in einem Algorithmus mehrfach oder in mehreren Algorithmen vorkommen, zum Beispiel zur Berechnung des Quadrates einer Zahl oder zum Einlesen einer positiven ganzen Zahl. Die Komponenten sind häufig allgemeingültig und unabhängig von dem speziellen Algorithmus, für den sie ursprünglich entworfen wurden. Wenn man genau festlegt, was sie leisten sollen, können sie daher getrennt entwickelt werden und in jeden beliebigen Algorithmus, der sie brauchen kann, eingefügt werden.

Ein Algorithmus, der als solche Komponente zur Verfügung steht und in andere Algorithmen eingefügt werden kann, wird als **Modul** bezeichnet. Im Sprachgebrauch der Programmiersprachen heißen Moduln auch **Prozeduren** oder **Unterprogramme**. Wird ein Modul in einem Algorithmus verwendet, so nennt man dies den **Aufruf** des Moduls. Werden Programme zumindest teilweise durch Zusammensetzen von Moduln wie bei einem Baukastensystem erzeugt, so spricht man von einem **modularen Programmierstil**.

Wie ein Programm funktioniert, braucht den Benutzer des fertigen Produkts nicht zu interessieren. Er muß lediglich wissen, welche Daten einzugeben sind, damit das Programm die gewünschten Ergebnisse liefert. Genauso ergeht es dem Programmierer, wenn er Moduln in einem Programm verwendet. Es ist nicht entscheidend, wie ein Modul arbeitet, sondern nur, welche Wirkungen mit ihm erzielt werden.

Die Daten, von denen die Wirkungen eines Moduls abhängen und die er beeinflußt, werden die **Parameter** eines Moduls genannt. Für jeden Modul muß eindeutig festgelegt werden, auf welche Parameter er sich bezieht und welche Wirkungen er hervorruft. Man nennt diese Festlegung auch die **Schnittstelle** (engl.: interface) zwischen Modul und aufrufendem Programm. Da diese Schnittstelle für den Programmierer als „Benutzer" des Moduls von großer Bedeutung ist, gehört zu jedem Modul eine ausführliche Dokumentation der Schnittstelle, beispielsweise im Kopf des Unterprogramms.

Eine bestimmte Art von Moduln, die in der Programmiersprache FORTRAN enthalten sind, haben Sie bereits kennengelernt, nämlich die **vordefinierten**

Standardfunktionen. Bei Aufruf einer solchen Funktion erhielt man einen Zahlenwert oder einen logischen Wert in Abhängigkeit der angegebenen Parameter. Zweifellos muß bei jedem Aufruf einer dieser Funktionen ein Programmstück durchlaufen werden, das das Resultat errechnet. Für dieses Programmstück brauchten wir uns nie zu interessieren, denn wir konnten die Schnittstellendefinition einer Tabelle entnehmen. Daraus ergaben sich Anzahl, Typ und Bedeutung der Parameter sowie Typ und Bedeutung des Ergebnisses.

Um Moduln dieser und ähnlicher Art in FORTRAN selbst entwickeln zu können, wollen wir uns im ersten Abschnitt dieser Lektion mit **externen Funktionen** befassen.

Im zweiten Abschnitt geht es um sogenannte **Subroutinenunterprogramme**. Diese liefern nicht einen einzelnen Wert, der in einen Ausdruck eingeht, sondern ihr Aufruf ist eine selbständige FORTRAN-Anweisung.

Formelfunktionen sind von geringerer Bedeutung und werden in der Fibel nicht behandelt. Sie sind nicht als eigenständige Moduln anzusehen und können nur innerhalb des Programms bzw. Unterprogramms verwendet werden, in dem sie vereinbart wurden.

13.1   Externe Funktionen

Anhand eines einfachen Beispiels wollen wir die wesentlichen Merkmale von externen Funktionen kennenlernen. In Kontrollaufgabe K.10.7 sollte ein Programm zur Berechnung der Fakultät einer Zahl entwickelt werden. Aus dem Kernstück dieses Programms wollen wir einen Modul machen, den wir in verschiedenen Programmen verwenden können.

Beispielprogramme FAKTST und FAK

Der Modul soll nun FAK heißen und als externe Funktion realisiert werden. Einziger **Eingangsparameter** ist eine ganze Zahl. Als **Funktionswert** soll beim Aufruf des Moduls der (ganzzahlige) Wert der Fakultät dieser Zahl geliefert werden.

Das aufrufende **Hauptprogramm** wollen wir FAKTST nennen. Es sieht dem in Kontrollaufgabe K.10.7 entwickelten Programm sehr ähnlich, enthält aber statt der expliziten Berechnung der Fakultät nur einen Aufruf der externen Funktion FAK.

Das Struktogramm zeigt die niedrigste Verfeinerungsstufe des Programms FAKTST unter Verwendung des Moduls FAK. Wir haben den Modul zwar noch nicht realisiert, setzen aber einfach mal voraus, daß es ihn gibt.

PROGRAM FAKTST

Lies N ein
Berechne die Fakultät durch Aufruf von FAK(N)
Gib den berechneten Wert aus

Der Aufruf einer externen Funktion gleicht dem einer vordefinierten Standardfunktion. Da der Typ des Funktionswertes einer externen Funktion dem Übersetzer hingegen nicht bekannt ist, muß in den Vereinbarungsteil des aufrufenden Programms eine Typvereinbarung der externen Funktion aufgenommen werden.

```
      PROGRAM FAKTST

C**************************************************************
C*    Ausgabe der Fakultät einer einzulesenden ganzen Zahl
C*
C*    Eingabedaten: eine ganze Zahl
C*    Ausgabedaten: der Wert der Fakultät der Zahl
C**************************************************************

C==== Vereinbarungsteil =======================================

C---- Variablen ----------------------------------------------
C---- N          einzulesende Zahl
C---- WERT       Zwischenergebnis
      INTEGER N, WERT

C---- Externe Funktionen -------------------------------------
C---- FAK        Berechnung der Fakultät einer Zahl
      INTEGER FAK

C==== Anweisungsteil ==========================================

C---- N einlesen ---------------------------------------------
      PRINT *, 'Bitte n eingeben !'
      READ  *, N

C---- Fakultät berechnen durch Aufruf von Modul FAK ----------
      WERT = FAK (N)

C---- Berechneten Wert ausgeben ------------------------------
      PRINT *, 'n! = ', WERT

C---- Ende ---------------------------------------------------
      END
```

Der Modul FAK kann nun, getrennt vom aufrufenden Programm, entwickelt werden. Auch ein Unterprogramm ist wie ein Hauptprogramm aus Programmkopf
und Programmrumpf aufgebaut. Wir wollen uns zunächst den Programmkopf
einer externen Funktion ansehen. Für unser Beispiel FAK muß er lauten:

```
     INTEGER FUNCTION FAK (ZAHL)
```

Das Wort FUNCTION gibt an, daß es sich bei dem dazugehörigen Unterprogramm
um eine externe Funktion handelt. Im Programmkopf werden außerdem der
Name der externen Funktion und der Typ des sich ergebenden Funktionswertes
vereinbart.

Unter dem Namen kann der Modul von anderen Programmen aufgerufen werden.
Für die Bildung des Namens für ein Unterprogramm, hier FAK, gelten die gleichen
Regeln wie bei symbolischen Namen für Konstanten und Variablen (d.h. max.
6 Zeichen lang, bestehend aus Buchstaben und Ziffern, erstes Zeichen ein Buchstabe). Der Typ des Funktionswertes, hier INTEGER, wird auch Typ der Funktion
genannt.

Zu guter Letzt enthält der Programmkopf eine Liste der Parameter der Funktion,
in diesem Falle nur die ZAHL, von der die Fakultät bestimmt werden soll. ZAHL
ist der im Unterprogramm geltende Name für die Konstante oder Variable, die
beim Aufruf des Unterprogramms als Parameter genannt wird. ZAHL heißt **Formalparameter**, für den beim Aufruf der **Aktualparameter** angegeben wird.
Im Beispiel FAKTST ist N der Aktualparameter.

Doch zunächst wollen wir das Struktogramm für den Modul FAK erstellen. Den
Algorithmus zur Berechnung der Fakultät einer ganzen Zahl übernehmen wir aus
dem Programm der Kontrollaufgabe K.10.7:

INTEGER FUNCTION FAK (ZAHL)

Setze Produkt auf 1
Wiederhole für jede ganze Zahl von 1 bis ZAHL
Multipliziere Produkt mit der ganzen Zahl
Weise dem Funktionswert den Wert des Produktes zu

Im Vereinbarungsteil einer externen Funktion müssen genauso wie im Hauptprogramm die in diesem Unterprogramm verwendeten Konstanten und Variablen
vereinbart werden. Ihre Namen gelten nur in dem Programmsegment, in dem sie

vereinbart wurden, und man nennt sie **lokale** Größen. Man kann daher ohne Konflikte in einem Unterprogramm dieselben Namen wie im Hauptprogramm oder in anderen Unterprogrammen verwenden. Dasselbe gilt für Anweisungsmarken.

Zusätzlich müssen in der externen Funktion die Formalparameter vereinbart werden. Es ist äußerst wichtig, daß beim Aufruf einer externen Funktion die Aktualparameter dem Typ nach mit den Formalparametern übereinstimmen. Andernfalls kommt es zu Fehlern, die vom Rechner weder beim Übersetzen noch beim Ablauf des Programms erkannt werden können und dementsprechend auch keine Fehlermeldung hervorrufen. Wie oben bereits erwähnt, sollte daher die Schnittstelle zum aufrufenden Programm – und dazu gehören Name, Typ und Bedeutung der Parameter – im Kopf des Unterprogramms ausführlich und übersichtlich dokumentiert werden.

Im Sinne der Grundregeln der Strukturierten Programmierung sollte das Ergebnis des Funktionsaufrufes, also der Wert der Funktion, nur ein einziges Mal zugewiesen werden, und dies sollte am Ende des Unterprogramms geschehen.

Der Programmtext für den Modul FAK lautet damit folgendermaßen:

```
      INTEGER FUNCTION FAK (ZAHL)
C********************************************************************
C*    Berechnung der Fakultät einer ganzen Zahl
C*
C*    Parameter: ZAHL   INTEGER   ganze Zahl, deren Fakultät
C*                                berechnet werden soll
C********************************************************************

C==== Vereinbarungsteil =================================

C---- Formalparameter --------------------------------------
      INTEGER ZAHL
C---- Variablen --------------------------------------------
C---- I         Laufvariable
C---- PROFAK    Produkt als Zwischenergebnis
      INTEGER   I, PROFAK

C==== Anweisungsteil ====================================

C---- Produkt initialisieren -------------------------------
      PROFAK = 1
C---- Produkt bilden ---------------------------------------
      DO 100 I = 1, ZAHL
          PROFAK = PROFAK * I
  100 CONTINUE
C---- Funktionswert zuweisen -------------------------------
      FAK = PROFAK
C---- Ende von FAK -----------------------------------------
      END
```

Geben Sie nun die beiden Programmsegmente FAKTST und FAK in den Rechner
ein. Sie können sie hintereinander in eine Datei schreiben:

```
PROGRAM FAKTST
...
END

INTEGER FUNCTION FAK (ZAHL)
...
END
```

Zum Übersetzen der Programme rufen Sie wie gewohnt den FORTRAN-Übersetzer auf und geben den Dateinamen an, unter dem die Programme abgelegt
sind.

Größere Programme, die aus vielen Moduln bestehen, werden zweckmäßigerweise
in verschiedenen Dateien abgelegt, um getrenntes Übersetzen zu ermöglichen. Bei
Änderungen an nur einem Programmsegment brauchen dann nicht alle anderen
mit übersetzt zu werden. Näheres hierzu entnehmen Sie bitte den Unterlagen zu
dem von Ihnen verwendeten Übersetzer (vgl. auch Anhang C).

Was passiert nun bei der Ausführung des Programms, wenn der Rechner an die
Stelle des Aufrufs der Funktion FAK kommt? Um den Funktionswert von FAK
zu bestimmen, werden die Anweisungen dieser externen Funktion ausgeführt.
Anschließend wird mit der Abarbeitung des Hauptprogramms fortgefahren.

In diesem Beispiel ist der Aktualparameter immer die Variable N. Aber es sind
durchaus andere Aufrufe mit einer Konstanten oder einem Ausdruck als Aktualparameter möglich, zum Beispiel:

```
X = FAK (3)

BINOM = FAK (N) / (FAK (K) * FAK (N-K))
```

Ist ein Aktualparameter ein Ausdruck, so wird beim Aufruf der Funktion zunächst
dieser Ausdruck ausgewertet. Der Formalparameter im Unterprogramm ist als
Name für den berechneten Wert anzusehen.

Bei Konstanten und Ausdrücken als Aktualparameter kann und darf im Unterprogramm keine Wertzuweisung an den zugehörigen Formalparameter erfolgen. Bei
Variablen ist dies hingegen möglich. Ob man von dieser Möglichkeit bei externen
Funktionen Gebrauch machen sollte, ist weitgehend Geschmacksache. Wir wollen
in der Fibel einem weit verbreiteten Programmierstil entsprechen und nur solche
externen Funktionen schreiben, die als Resultat einen Funktionswert liefern, im
übrigen aber die Parameter unverändert lassen.

Bei unseren externen Funktionen sind also alle Parameter **Eingangsparameter**. Im nächsten Abschnitt über Subroutinenunterprogramme werden wir auch
Ausgangsparameter verwenden.

In diesem Abschnitt wollen wir uns beispielhaft noch ein paar Funktionen ansehen, die wir zudem als Moduln für zukünftig zu schreibende Programme gut
gebrauchen können. Und zwar sind dies Prozeduren zum Einlesen von Zahlen
und Zeichen über die Tastatur.

Beispielprogramm RDINT

Als erstes wollen wir das Unterprogramm RDINT betrachten. Beachten Sie bitte
die ausführliche Beschreibung des Unterprogramms im Programmkopf:

```
        INTEGER FUNCTION RDINT (TEXT, ART, MINMUM, MAXMUM)

C******************************************************************
C*      Einlesen einer ganzen Zahl (ReaD INTeger)
C*
C*      Als Eingabeaufforderung wird die Zeichenreihe TEXT
C*      ausgegeben. Abhängig vom Wert des Parameters ART wird
C*      als Eingabe eine ganze Zahl aus einem Bereich akzeptiert,
C*      der durch die Parameter MINMUM und/oder MAXMUM beschränkt
C*      ist. Der Eingabevorgang wird wiederholt, bis die
C*      eingegebene Zahl im zulässigen Bereich liegt.
C*      Für die eingelesene Zahl muß gelten ...
C*      ... bei ART=1 : größer als MINMUM
C*      ... bei ART=2 : kleiner als MAXMUM
C*      ... sonst     : zwischen MINMUM und MAXMUM (inklusive)
C*      Als Funktionswert wird die eingelesene ganze Zahl
C*      geliefert.
C*
C*
C*      Parameter: TEXT   CHARACTER Eingabeaufforderung
C*                 ART    INTEGER   Bereichsbeschränkung für
C*                                  eingelesene Zahl
C*                 MINMUM INTEGER   Bereichsminimum
C*                 MAXMUM INTEGER   Bereichsmaximum
C******************************************************************

C==== Vereinbarungsteil =========================================

C---- Formalparameter -------------------------------------------
        CHARACTER*(*) TEXT
        INTEGER  ART, MINMUM, MAXMUM

C---- Variablen -------------------------------------------------
C---- ZAHL     Eingelesene Zahl
C---- OKAY     Eingelesene Zahl im zulässigen Bereich
        INTEGER  ZAHL
        LOGICAL  OKAY
```

```
C==== Anweisungsteil ======================================

C---- Wiederhole ... ------------------------------------
  101 CONTINUE

C-------- Eingabeaufforderung ausgeben ------------------
        PRINT *, TEXT

C-------- Verzweigung abhängig von ART ------------------
        GOTO (201, 202), ART
        GOTO  288

C------------ ART ist 1 ---------------------------------
  201       CONTINUE
C------------ Zulässigen Bereich ausgeben ---------------
            PRINT *, '( größer als', MINMUM, ')'
C------------ Ganze Zahl einlesen -----------------------
            READ *, ZAHL
C------------ ZAHL im zulässigen Bereich ? --------------
            OKAY = ZAHL .GT. MINMUM
            GOTO 299

C------------ ART ist 2 ---------------------------------
  202       CONTINUE
            PRINT *, '( kleiner als', MAXMUM, ')'
            READ *, ZAHL
            OKAY = ZAHL .LT. MAXMUM
            GOTO 299

C------------ sonst -------------------------------------
  288       CONTINUE
            PRINT *, '( zwischen', MINMUM, 'und', MAXMUM, ')'
            READ *, ZAHL
            OKAY = ZAHL .GE. MINMUM .AND. ZAHL .LE. MAXMUM
            GOTO 299

C-------- Ende der Verzweigung nach Parameter ART -------
  299       CONTINUE

C---- ... bis eingegebene Zahl im zulässigen Bereich ----
        IF (OKAY) GOTO 102
        GOTO 101
  102 CONTINUE

C---- Eingelesene Zahl als Funktionswert zuweisen -------
        RDINT = ZAHL

C---- Ende von RDINT ------------------------------------
        END
```

In dieser externen Funktion wird ein Formalparameter als Zeichenfolge mit variabler Länge vereinbart:

```
    CHARACTER*(*) TEXT
```

Diese Vereinbarung für Zeichenvariablen ist nur in Unterprogrammen und nicht in einem Hauptprogramm möglich. Sie bedeutet, daß der Formalparameter TEXT seine Länge vom jeweiligen Aktualparameter übernimmt. Die Länge kann im Unterprogramm mit der vordefinierten Standardfunktion LEN ermittelt werden.

Hier nun zwei Beispielaufrufe der Funktion RDINT zum Einlesen einer ganzen Zahl:

```
    INTEGER  ANZAHL, MONAT
    ...
    ANZAHL = RDINT ('Bitte Anzahl eingeben !', 1, 0, 0)
    ...
    MONAT  = RDINT ('Bitte Monatszahl eingeben !', 0, 1, 12)
```

Im ersten Fall wird eine Zahl eingelesen, die größer als Null ist und im zweiten Fall eine Zahl zwischen 1 und 12. Die Länge der Eingabeaufforderung ist variabel.

Beispielprogramm NEIN

Mit dem Unterprogramm NEIN wollen wir uns ein Beispiel für eine externe Funktion vom Typ LOGICAL ansehen:

```
      LOGICAL FUNCTION NEIN (TEXT)
C***********************************************************
C*     Einlesen eines Zeichens. Falls eingelesenes Zeichen
C*     gleich 'n' ist, liefert die Funktion den Wert .TRUE.
C*     und sonst den Wert .FALSE. .
C*
C*     Als Eingabeaufforderung wird die Zeichenreihe TEXT
C*     ausgegeben.
C*
C*     Parameter: TEXT   CHARACTER Eingabeaufforderung
C***********************************************************

C==== Vereinbarungsteil ====================================

C---- Formalparameter --------------------------------------
      CHARACTER*(*) TEXT

C---- Variablen --------------------------------------------
C     ZEICHN   Eingelesenes Zeichen
      CHARACTER ZEICHN
```

```
C==== Anweisungsteil ==========================================

C---- Eingabeaufforderung ausgeben --------------------------
      PRINT *, TEXT, '(j/n)'
C---- Zeichen einlesen ---------------------------------------
      READ '(A)', ZEICHN
C---- Funktionswert ermitteln --------------------------------
      NEIN = ZEICHN .EQ. 'n'
C---- Ende von NEIN ------------------------------------------
      END
```

Ein Beispiel für die Verwendungsmöglichkeiten der Funktion NEIN ist diese Wiederholungsstruktur mit nachfolgender Bedingungsüberprüfung:

```
      LOGICAL NEIN
      ...
  101 CONTINUE
      ...
      IF ( NEIN ('Noch ein Durchlauf ?') ) GOTO 102
      GOTO 101
  102 CONTINUE
```

Kontrollaufgaben

K.13.1   Schreiben Sie eine externe Funktion JA mit folgendem Programmkopf:

```
      LOGICAL FUNCTION JA (TEXT)
```

Analog zum Unterprogramm NEIN soll diese Funktion ein Zeichen von der Tastatur einlesen und genau dann den Wert .TRUE. liefern, wenn das eingelesene Zeichen j ist.

K.13.2   Entwerfen Sie eine externe Funktion RDCHAR zum Einlesen eines Zeichens über die Tastatur. Der Programmkopf und die Anweisung zur Vereinbarung der formalen Parameter sind vorgegeben:

```
      CHARACTER FUNCTION RDCHAR (TEXT, WAHL)
      CHARACTER*(*) TEXT, WAHL
```

In TEXT soll die Eingabeaufforderung übergeben werden und in WAHL eine Zeichenkette mit den für die Eingabe erlaubten Zeichen. Der Einlesevorgang soll wiederholt werden, bis ein Zeichen eingegeben wurde, das in WAHL enthalten ist. Dieses Zeichen wird als Funktionswert zugewiesen.

13.2   Subroutinenunterprogramme

Im Gegensatz zu externen Funktionen liefern Subroutinenunterprogramme keinen Funktionswert an das aufrufende Programm. Im Unterprogramm ermittelte
Ergebnisse können dem aufrufenden Programm stattdessen über **Ausgangsparameter** zugänglich gemacht werden.

Beispielprogramm KREIS

Der Aufruf eines Subroutinenunterprogramms erfolgt in Form der speziellen
FORTRAN-Anweisung CALL. Zum Beispiel:

```
     REAL      UMFANG, INHALT
     ...
     CALL KREIS (5.0, UMFANG, INHALT)
```

Das Unterprogramm soll aus dem Radius (erster Parameter) den Umfang und den
Flächeninhalt eines Kreises bestimmen. Bei dem obigen Aufruf werden die Werte
für den Umfang und den Flächeninhalt des Kreises mit dem Radius 5 berechnet
und den entsprechenden als zweiter und dritter Parameter genannten Variablen
UMFANG und INHALT zugewiesen.

Wie sieht das Unterprogramm KREIS nun aus? Es unterscheidet sich von einer
externen Funktion lediglich durch einen anderen Programmkopf und durch das
Fehlen der Wertzuweisung an einen Funktionswert. Der Programmkopf hat die
folgende Form:

```
     SUBROUTINE KREIS (RADIUS, UMFANG, INHALT)
```

Das Wort SUBROUTINE kennzeichnet das Modul als Subroutinenunterprogramm.
Es folgt der symbolische Name, unter dem das Unterprogramm in anderen Pro-
grammsegmenten mit der Anweisung CALL aufgerufen werden kann. Wie bei
externen Funktionen enthält der Programmkopf außerdem eine Liste der Parameter.

Für die Berechnungen im Unterprogramm benötigen wir den Wert der Kreis-
konstanten π, der im Rechner aber nicht direkt zur Verfügung steht. Die genauestmögliche Art der Berechnung ist die folgende und sollte daher bei Bedarf
immer verwendet werden (siehe Tabelle der vordefinierten Standardfunktionen,
Anhang B):

```
      REAL PI
      ...
      PI = 4.0 * ATAN (1.0)
```

Die Formeln für Umfang und Flächeninhalt eines Kreises können wir, falls nicht bekannt, einer mathematischen Formelsammlung entnehmen.

Der Programmtext des Unterprogramms KREIS kann nun von uns formuliert werden.

```
      SUBROUTINE KREIS (RADIUS, UMFANG, INHALT)

C*****************************************************************
C*     Berechnung von Umfang und Flächeninhalt eines Kreises
C*     mit vorgegebenem Radius
C*
C*     Parameter:
C*     RADIUS REAL     Ein     Radius eines Kreises
C*     UMFANG REAL     Aus     Umfang des Kreises
C*     INHALT REAL     Aus     Flächeninhalt des Kreises
C*****************************************************************

C==== Vereinbarungsteil ==================================

C---- Formalparameter ------------------------------------
      REAL      RADIUS, UMFANG, INHALT
C---- Variablen ------------------------------------------
C---- PI         zu berechnender Wert der Kreiskonstante
      REAL      PI

C==== Anweisungsteil =====================================

C---- PI berechnen ---------------------------------------
      PI      = 4.0 * ATAN (1.0)
C---- Umfang berechnen -----------------------------------
      UMFANG  = 2.0 * PI * RADIUS
C---- Flächeninhalt berechnen ----------------------------
      INHALT = PI * RADIUS**2
C---- Ende -----------------------------------------------
      END
```

Die Angaben Ein und Aus in der Parameterbeschreibung sollen darauf hinweisen, ob die jeweiligen Parameter die Bedeutung von Eingangs- oder Ausgangsparametern haben. Dies ist für die Schnittstelle zum aufrufenden Programm wichtig, denn für Ausgangsparameter dürfen nur Variablen als Aktualparameter eingesetzt werden. Der folgende Aufruf ergäbe zum Beispiel **keinen Sinn**:

```
CALL KREIS (1.0, 3.14, INHALT)
```

Mit diesem Aufruf ist der Formalparameter UMFANG im Unterprogramm als Name für die Konstante 3.14 anzusehen. Einer Konstanten kann aber kein Wert zugewiesen werden, wie es in diesem Fall mit der Zuweisung UMFANG = ... im Unterprogramm KREIS geschehen würde.

Der Rechner reagiert gegebenenfalls auf solche sinnlosen Zuweisungen an Konstanten in Unterprogrammen unterschiedlich. Am unwahrscheinlichsten ist es, daß eine entsprechende Fehlermeldung ausgegeben wird. Oft ist zwar im Unterprogramm mit dem Formalparameter der zugewiesene Wert ansprechbar, aber der konstante Aktualparameter behält im aufrufenden Modul seinen Wert. Bei manchen Übersetzern wird sogar der Wert der Konstanten im aufrufenden Programm verändert, was im allgemeinen zu sehr seltsamen Symptomen führt.

Wie bereits im Abschnitt über externe Funktionen erwähnt, müssen Aktual- und Formalparameter dem Typ nach unbedingt übereinstimmen! Der folgende Aufruf des Unterprogramms KREIS ist daher **fehlerhaft**:

```
CALL KREIS (2, UMFANG, INHALT)
```

Die INTEGER-Konstante 2 paßt nicht zum Formalparameter RADIUS, der vom Typ REAL ist. Auch hierbei liefert der Rechner in den seltensten Fällen eine entsprechende Fehlermeldung, sondern er rechnet stillschweigend mit falschen Werten oder bricht die Ausführung des Programms ab.

Beispielprogramm RDSTR

Wir wollen in diesem Abschnitt unsere Sammlung von Einleseprozeduren noch um ein Unterprogramm erweitern. Wir wollen es RDSTR nennen, und es soll das Einlesen einer Zeichenkette (engl.: string) vereinfachen.

Wie bei den anderen Moduln wird ein Text als Parameter übergeben, der als Eingabeaufforderung auszugeben ist. Ein Ausgangsparameter ist eine Zeichenvariable, die den eingelesenen Text aufnehmen kann. Ein weiterer Ausgangsparameter soll nach dem Aufruf die „wahre" Länge der eingelesenen Zeichenkette enthalten.

Die vordefinierte Standardfunktion LEN liefert in einem Unterprogramm für eine mit variabler Länge vereinbarte Zeichenkette die Länge des Aktualparameters im aufrufenden Programm, zum Beispiel:

```
      PROGRAM DEMO
      CHARACTER      KETTE1*20, KETTE2*30
      CALL DEMOSB (KETTE1, KETTE2, 'Diese Kette ist 24 lang.')
      END

      SUBROUTINE DEMOSB (A, B, C)
      CHARACTER*(*) A, B, C
      PRINT *, LEN (A), LEN (B), LEN (C)
      END
```

Ausgabe:

```
   20   30   24
```

Unter der „wahren" Länge wollen wir die Länge ohne die Leerzeichen am Ende der Zeichenkette verstehen. Zur Bestimmung dieses Wertes müssen wir im Unterprogramm RDSTR die eingelesene Zeichenkette von hinten anfangend nach dem ersten Zeichen durchsuchen, das nicht das Leerzeichen ist. In der Endebedingung dieser Iteration müssen wir auch berücksichtigen, daß unter Umständen eine leere Zeichenkette eingelesen wird.

SUBROUTINE RDSTR

Eingabeaufforderung ausgeben
Zeichenkette einlesen
Nimm als „wahre" Länge die Länge des Aktualparameters und beginne am Ende der Zeichenkette
Solange das Zeichen das Leerzeichen ist und der Anfang der Zeichenkette nicht erreicht ist
Vermindere die „wahre" Länge um 1 und nimm das nächste Zeichen weiter links

Wird beim Einlesen ein Text eingegeben, der nicht in die vorgesehene Zeichenvariable hineinpaßt, so wird der Rest abgeschnitten. Diese Situation kann vom Unterprogramm RDSTR nicht als Fehler erkannt werden.

Beachten Sie bitte beim nun folgenden Programmtext wieder die ausführliche Kommentierung der Schnittstelle des Unterprogramms zum aufrufenden Programm.

```
      SUBROUTINE RDSTR (TEXT, ZKETTE, LAENGE)

C**************************************************************
C*    Einlesen einer Zeichenkette über die Tastatur
C*
C*    Als Eingabeaufforderung wird die Zeichenreihe TEXT aus-
C*    gegeben. Als Aktualparameter für ZKETTE muß eine genügend
C*    lange Zeichenvariable gewählt werden, um die eingelesene
C*    Zeichenkette aufzunehmen. Überzählige Zeichen der Eingabe
C*    werden ignoriert. In LAENGE wird die "wahre" Länge - das
C*    ist die Länge ohne Leerzeichen am Ende - der eingelesenen
C*    Zeichenkette zurückübergeben.
C*
C*    Parameter:
C*    TEXT   CHARACTER   Ein   Eingabeaufforderung
C*    ZKETTE CHARACTER   Aus   eingelesene Zeichenkette
C*    LAENGE INTEGER     Aus   "wahre" Länge der eingelesenen
C*                             Zeichenkette
C**************************************************************

C==== Vereinbarungsteil =======================================

C---- Formalparameter -----------------------------------------
      CHARACTER*(*) TEXT, ZKETTE
      INTEGER       LAENGE

C==== Anweisungsteil ==========================================

C---- Zeichenkette einlesen -----------------------------------
      PRINT  * , TEXT
      READ '(A)', ZKETTE
C---- Länge des zu ZKETTE gehörenden Aktualparameters --------
C---- bestimmen und als "wahre" Länge annehmen ---------------
      LAENGE   = LEN (ZKETTE)
C---- Solange nicht am Anfang angekommen und Leerzeichen ------
  101 CONTINUE
      IF (.NOT. ( LAENGE .NE. 0 .AND.                      .
     &            ZKETTE (LAENGE:LAENGE) .EQ. ' ' )) GOTO 102
C-------- Zeichenkette von rechts nach links durchsuchen ------
C-------- und "wahre" Länge vermindern -----------------------
          LAENGE    = LAENGE - 1
      GOTO 101
  102 CONTINUE
C---- Ende ----------------------------------------------------
      END
```

Als Beispiel für einen Aufruf des Unterprogramms RDSTR sehen Sie im nachstehenden Programmfragment, wie man zu lange Eingaben mit großer Wahrscheinlichkeit erkennen kann. Dabei wird zum Einlesen zunächst eine längere Zeichenvariable zur Verfügung gestellt. Die eingelesene Zeichenkette wird nur dann der (kürzeren) Zielzeichenkette zugewiesen, wenn deren Länge ausreicht.

```
      ...
      CHARACTER      ZEILE*80, WORT*10
      INTEGER        WRTLGE
      LOGICAL        OKAY
      ...
      OKAY     = .FALSE.
 101  CONTINUE
          CALL RDSTR ('Wort eingeben! (max. 10 Zeichen)',
     &                 ZEILE, WRTLGE)
          IF (WRTLGE .LE. 10) THEN
              WORT = ZEILE
              OKAY = .TRUE.
          ELSE
              PRINT *, 'Das eingegebene Wort ist zu lang.'
              PRINT *, 'Bitte die Eingabe wiederholen !'
          ENDIF
      IF (OKAY) GOTO 102
      GOTO 101
 102  CONTINUE
      ...
```

Kontrollaufgaben

K.13.3 Im Modul RDSTR wird eine Zeichenkette Zeichen für Zeichen durchsucht. Als Endebedingung für diese Iteration wurde ein zweiteiliger logischer Ausdruck formuliert. Warum ist im Programmtext die Reihenfolge der Vergleichsausdrücke in diesem Ausdruck anders gewählt worden als im ursprünglichen Programmentwurf (Struktogramm)?

K.13.4 Erläutern Sie die Fehler in den nachstehenden Aufrufen der in dieser Lektion definierten Unterprogramme:

```
      INTEGER   X, FAK, RDINT
      REAL      Y, Z
      CHARACTER C
      LOGICAL   L, NEIN
      X = FAK (5.0)
      X = RDINT ('Ganze Zahl eingeben !', 1, 0)
      L = NEIN (Noch eine Berechnung ?)
      CALL KREIS (X, Z, Y*Y)
      CALL RDSTR ('Bitte Buchstaben eingeben !', C, 1)
```

Lektion 14

Datenstrukturen I
Felder

In unseren bisherigen Betrachtungen haben wir die Daten weitgehend als einzelne, zueinander beziehungslose Elemente dargestellt. Durch den Algorithmus, durch den sie verknüpft wurden, ergab sich ein impliziter Zusammenhang zwischen ihnen.

Bei den meisten etwas komplexeren Problemstellungen weisen die Daten logisch-inhaltliche Beziehungen zueinander auf. Wenn man die Daten so darstellt, daß diese Beziehungen explizit erkennbar sind, spricht man von einer **Datenstruktur**.

Beispielsweise sind in den beiden folgenden bildlichen Darstellungen zwei unterschiedliche Datenstrukturen erkennbar. Die erste ist eine **Liste** oder **Tabelle** der Vor- und Nachnamen aller Schüler einer Klasse, in der zweiten ist die **hierarchische Struktur** der Namen von Staat, Bundesländern und Landkreisen angedeutet.

Brause	Fritz
Feuerstein	Fred
...	
Neumann	Alfred E.
Piepenbrink	Erna

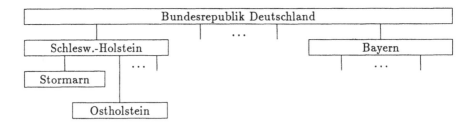

Eine sehr einfache Datenstruktur sind zum Beispiel die **Komplexen Zahlen,** die Ihnen vielleicht aus der Mathematik als Paare zweier reeller Zahlen bekannt sind. In FORTRAN ist eine Teilmenge dieser Zahlen als Datentyp COMPLEX definiert.

Neben den Komplexen Zahlen ist das **Feld** die einzige Datenstruktur, die in FORTRAN als Sprachelement zur Verfügung steht. Der Begriff Feld (engl.: array) kann als Verallgemeinerung der Begriffe Liste oder Tabelle im Sinne des obigen Beispiels aufgefaßt werden. Ein Feld besteht ausschließlich aus Komponenten desselben Datentyps und wird deswegen als **homogene Datenstruktur** bezeichnet. Auf jede Komponente kann **direkt** über den sogenannten **Index** zugegriffen werden.

Das Feld als wohl am weitesten verbreitete Datenstruktur wollen wir in dieser Lektion ausführlich behandeln. Weitere Datenstrukturen werden wir in Lektion 16 unter Zuhilfenahme von Feldern konstruieren.

14.1 Vereinbarung und Zugriff

Felder können in FORTRAN nur als variable Daten vereinbart werden. Die Anweisung zur Vereinbarung eines Feldes sieht fast genauso aus wie die Vereinbarung einer einzelnen Variablen. Ein Beispiel:

```
INTEGER ANZAHL (1:6)
```

Durch diese Anweisung wird ein Feld mit sechs Komponenten des **Datentyps** INTEGER vereinbart. Man kann sich dieses Feld bildlich etwa so vorstellen:

ANZAHL

1
2
3
4
5
6

In der Vereinbarung wurde festgelegt, daß der Index des Feldes ANZAHL einen der Werte 1 bis 6 haben kann. Die Werte 1 und 6 heißen **untere** und **obere Indexgrenze**. Jeder Wert des Index bezeichnet genau eine Komponente des Feldes. Der Index ist immer ganzzahlig und kann somit auch als „Nummer" der jeweiligen Komponente aufgefaßt werden.

Im Anweisungsteil eines Programms kann über den Index auf die einzelnen Komponenten des Feldes zugegriffen werden. Mit der folgenden Anweisung wird zum Beispiel einer Komponente des oben vereinbarten Feldes ein Wert zugewiesen.

```
ANZAHL (4) = 0
```

Nach dieser Anweisung könnte man das Feld so darstellen:

```
            ANZAHL
        ┌──────────┐
    1   │          │
        ├──────────┤
    2   │          │
        ├──────────┤
    3   │          │
        ├──────────┤
    4   │    0     │
        ├──────────┤
    5   │          │
        ├──────────┤
    6   │          │
        └──────────┘
```

Wie für einfache Variablen gilt auch für die Komponenten eines Feldes, daß sie bei Beginn der Abarbeitung des Programms keinen definierten Wert haben und initialisiert werden müssen. Im Bild ist dies durch eine „leere" Darstellung der jeweiligen Komponenten angedeutet.

Komponenten von Feldern können in Ausdrücken wie einfache Variablen verwendet werden. Der Index kann selbst auch ein ganzzahliger Ausdruck sein. Beispiel:

```
INTEGER I
...
I = 2
ANZAHL (I*2) = ANZAHL (I*2) + 1
```

Mit diesen Anweisungen wird der Wert der Komponenten mit dem Index 4 um 1 erhöht.

Beispielprogramm NOTEN

Wir wollen das Feld ANZAHL in einem Beispielprogramm verwenden, daß zur Erstellung eines Notenspiegels dienen soll. Das Programm soll vom Benutzer alle Einzelnoten (zwischen 1 und 6) einer Klausur abfragen. Der auszugebende Notenspiegel soll Angaben darüber enthalten, wie viele Noten eingegeben wurden, wie häufig jede Note auftritt und welchem prozentualen Anteil an der Gesamtanzahl dies entspricht. Außerdem soll die Durchschnittsnote ermittelt und ausgegeben werden.

In den einzelnen Komponenten des Feldes ANZAHL kann während des Einlesens der Noten sozusagen eine Strichliste geführt werden, wie oft jede Note vorkommt. Dazu muß das Feld vor dem Einlesen initialisiert werden, d.h., jede Komponente muß den Wert 0 erhalten. Beim Einlesen wird dann der Wert derjenigen Feldkomponente um 1 erhöht, deren Index der Note entspricht. Ist die eingelesene Note zum Beispiel die „3", dann wird der Wert der Feldkomponente mit dem Index 3 um 1 erhöht. Am Ende des Einlesevorgangs geben die Werte der Feldkomponenten die Häufigkeiten der entsprechenden Noten an.

Zum Beispiel könnte sich nach dem Einlesen folgender Inhalt des Feldes ANZAHL ergeben:

	ANZAHL
1	5
2	12
3	7
4	9
5	3
6	1

Die Gesamtanzahl aller eingelesenen Noten können wir bestimmen, indem wir entweder während des Einlesens mitzählen oder nachträglich die Werte der Feldkomponenten aufsummieren. Wir wollen hier den letzteren Weg wählen.

Die Durchschnittsnote ergibt sich als Mittelwert aller eingelesenen Noten aus der Summe aller Noten dividiert durch die Gesamtanzahl. Wir können diese Summe aber auch mit den Werten der Feldkomponenten ermitteln, indem wir jeden Wert, d.h. die Anzahl einer Note, mit der dazugehörigen Note multiplizieren und aufsummieren. Mit der Division durch die Gesamtanzahl erhält man die Durchschnittsnote als sogenannten **gewichteten Mittelwert**.

Für das obige Zahlenbeispiel ergäbe sich für die Durchschnittsnote:

$$
\begin{array}{rl}
1 * 5 = & 5 \\
+\ 2 * 12 = & 24 \\
+\ 3 * 7 = & 21 \\
+\ 4 * 9 = & 36 \\
+\ 5 * 3 = & 15 \\
+\ 6 * 1 = & 6 \\
\hline
= & 107
\end{array}
$$

Gesamtanzahl $= 37$

Durchschnittsnote $= 107/37 = 2.89...$

Die Grobstruktur des Programms liegt damit also fest:

PROGRAM NOTEN

Feld initialisieren
Noten einlesen und „Strichliste" führen
Gesamtzahl berechnen
Notenspiegel ausgeben
Durchschnittsnote berechnen und ausgeben

Um die Programmstruktur weiter zu verfeinern, müssen wir ein paar Überlegungen anstellen.

Für das Einlesen der Noten wählen wir eine Wiederholung mit nachfolgender Bedingungsüberprüfung. Der Einlesevorgang soll beendet werden, wenn der Wert 0 eingegeben wird.

Für die anderen Teile des Programms bietet sich als Struktur je eine Wiederholung mit vorgegebener Anzahl an. Das zu bearbeitende Feld hat ja eine vorgegebene Anzahl von Komponenten, die jeweils nacheinander in gleicher Weise zu bearbeiten sind.

Zu beachten ist der Ausnahmefall, daß gar keine Noten eingegeben wurden. Die Gesamtanzahl der eingelesenen Noten ist dann natürlich Null, und weitere Berechnungen sind sinnlos. Das Programm sollte in diesem Fall mit einer entsprechenden Meldung beendet werden.

PROGRAM NOTEN

Wiederhole für jede Note von 1 bis 6
Setze entsprechende Komponente von ANZAHL auf Null

Endebedingung initialisieren
Lies eine ganze Zahl zwischen 0 und 6 ein
Falls eingelesene Zahl gleich Null ist

——— **dann** ———	——— **sonst** ———
Endebedingung setzen	entsprechende Komponente von ANZAHL um 1 erhöhen

bis Endebedingung

Gesamtzahl initialisieren

Wiederhole für jede Note von 1 bis 6
Summiere entspr. Komponente von ANZAHL auf Gesamtzahl

Falls Gesamtzahl gleich Null

——— **dann** ———	——— **sonst** ———
	Gesamtzahl ausgeben
	Überschrift für Notenspiegel ausgeben
	Wiederhole für jede Note von 1 bis 6
	Gib für diese Note die Anzahl und den prozentualen Anteil an der Gesamtzahl aus
	Summe initialisieren
	Wiederhole für jede Note von 1 bis 6
	Multipliziere die Note mit ihrer Anzahl und addiere das Ergebnis zur Summe
Meldung ausgeben: Es wurden keine Noten eingegeben!	Durchschnittsnote aus Summe und Gesamtanzahl berechnen und ausgeben

Zum Einlesen der Noten können wir einen Modul verwenden, den wir in Lektion 13 realisiert haben, und zwar die Funktion RDINT zum Einlesen einer ganzen Zahl.

Den prozentualen Anteil einer Note an der Gesamtanzahl und die Durchschnittsnote wollen wir als reelle Zahlen mit einer Nachkommastelle ausgeben.

Die Ausgabe des Notenspiegels wollen wir so formatieren, daß die Zahlen bündig untereinander stehen, zum Beispiel:

```
     Note        Anzahl       Anteil in %

      1            5             13.5
      2           12             32.4
      3            7             18.9
      4            9             24.3
      5            3              8.1
      6            1              2.7
```

Der Programmtext kann nun wie folgt formuliert werden:

```
        PROGRAM NOTEN

C****************************************************************
C*      Erstellung und Ausgabe eines Notenspiegels
C*
C*      Die Noten werden über die Tastatur eingelesen. Gültige
C*      Noten sind die Zahlen 1 bis 6. Die Zahl 0 beendet die
C*      Eingabe.
C*      Es wird ein Notenspiegel erstellt, der für jede Note die
C*      Anzahl und den prozentualen Anteil an der Gesamtanzahl
C*      enthält. Zusätzlich wird die Durchschnittsnote berechnet.
C*      Die Ausgabe der ermittelten Angaben erfolgt auf den
C*      Bildschirm.
C*
C*      Verwendete Moduln:
C*      RDINT  Einlesen einer ganzen Zahl
C****************************************************************

C==== Vereinbarungsteil =================================

C---- Variablen -----------------------------------------
C---- GESANZ    Gesamtanzahl der eingelesenen Noten
C---- NOTE      Note
C---- SUMME     Summe für gewichteten Mittelwert
C---- ANZAHL    Feld mit Notenanzahlen
C---- DURCHS    Durchschnittsnote
C---- ENDE      Endebedingung
        INTEGER      GESANZ, NOTE, SUMME, ANZAHL (1:6)
        REAL         DURCHS
        LOGICAL      ENDE
```

```
C---- Externe Funktionen --------------------------------------------
C---- RDINT     Einlesen einer ganzen Zahl
      INTEGER      RDINT

C==== Anweisungsteil ============================================

C---- Feld ANZAHL initialisieren -----------------------------------
      DO 100 NOTE = 1, 6
            ANZAHL (NOTE)  = 0
  100 CONTINUE

C---- Endebedingung für das Einlesen initialisieren -----------
      ENDE     = .FALSE.

C---- Wiederhole Einlesen einer Note ... ----------------------
  201 CONTINUE

C-------- Ganze Zahl zwischen 0 und 6 einlesen ----------------
      NOTE = RDINT ('Bitte Note eingeben (0 = Ende) !',
     &                    0, 0, 6)

C-------- Falls eingelesene Zahl gleich Null -------------------
      IF (NOTE .EQ. 0) THEN
C------------ dann Endebedingung setzen -----------------------
            ENDE  = .TRUE.
      ELSE
C------------ sonst entsprechende Anzahl erhöhen --------------
            ANZAHL (NOTE)  = ANZAHL (NOTE) + 1
      ENDIF

C---- ... bis Endebedingung -----------------------------------
      IF (ENDE) GOTO 202
      GOTO 201
  202 CONTINUE

C---- Gesamtanzahl initialisieren -----------------------------
      GESANZ   = 0

C---- Gesamtanzahl berechnen ----------------------------------
      DO 300 NOTE = 1, 6
            GESANZ   = GESANZ + ANZAHL (NOTE)
  300 CONTINUE

C---- Falls Gesamtanzahl gleich Null --------------------------
      IF (GESANZ .EQ. 0) THEN
C-------- dann keine weiteren Berechnungen --------------------
            PRINT *, 'Es wurden keine Noten eingegeben !'
```

```
      ELSE
C-------- sonst -----------------------------------------------------
C-------- Gesamtanzahl ausgeben ------------------------------------
          PRINT '(T10, A, T30, I8 //)',
     &              'Gesamtanzahl: ', GESANZ
C-------- Überschrift für Notenspiegel --------------------------
          PRINT '(T10, A, T20, A, T30, A /)',
     &              'Note', 'Anzahl', 'Anteil in %'
C-------- Ausgabe einer Zeile für jede Note --------------------
          DO 400 NOTE = 1, 6
              PRINT '(T10, I2, T20, I4, T30, F7.1)',
     &                 NOTE,
     &                 ANZAHL(NOTE),
     &                 ANZAHL(NOTE) * 100.0 / GESANZ
  400     CONTINUE
C-------- Summe für gewichteten Mittelwert initialisieren -----
          SUMME    = 0
C-------- Gewichteten Mittelwert bilden ----------------------
          DO 500 NOTE = 1, 6
              SUMME = SUMME + NOTE * ANZAHL (NOTE)
  500     CONTINUE
          DURCHS    = REAL (SUMME) / GESANZ
C-------- Durchschnittsnote ausgeben ------------------------
          PRINT '(// T10, A, T30, F7.1)',
     &              'Durchschnittsnote: ', DURCHS
      ENDIF

C---- Ende von NOTEN ----------------------------------------------
      END
```

Um die prozentualen Anteile als reelle Zahlen zu erhalten, wurde im Programmtext der folgende Ausdruck gebildet:

```
    ... ANZAHL (NOTE) * 100.0 / GESANZ
```

Bei der Verknüpfung der ganzzahligen Komponente von ANZAHL mit der reellwertigen Konstante 100.0 entsteht ein reelles Ergebnis. Mit der Division dieses
Wertes durch die ganzzahlige Gesamtanzahl ist auch der Wert des gesamten Ausdrucks vom Typ REAL.

Für die Berechnung der reellwertigen Durchschnittsnote aus den ganzzahligen
Größen Summe und Gesamtanzahl wurde dieser Ausdruck formuliert:

```
    DURCHS = REAL (SUMME) / GESANZ
```

Die vordefinierte Standardfunktion REAL liefert als Funktionswert eine reelle Zahl
mit dem Wert des ganzzahligen Arguments. Das Ergebnis des obigen Ausdrucks
ist dann auch reellwertig. Ohne den Aufruf von REAL würden die Werte ganzzahlig

dividiert und der Divisionsrest ginge verloren, obwohl das ganzzahlige Ergebnis der Division der reellen Variablen DURCHS zugewiesen würde.

Die umgekehrte Umwandlung eines reellen Wertes in einen ganzzahligen leistet die vordefinierte Standardfunktion INT. Sie entspricht dem Abschneiden der Nachkommastellen. Bereichsüberschreitungen führen zu einem Fehler (siehe Tabelle der vordefinierten Standardfunktionen, Anhang B).

Abschließend zu diesem Beispiel ein paar Erläuterungen zu den im Programmtext verwendeten **Ausgabeformaten**.

Um zu erreichen, daß die Zahlen des Notenspiegels bündig untereinander stehen, wurde das T-Format verwendet, das bereits in Lektion 9 erwähnt wurde.

```
PRINT '(T10, I2, T20, I4, T30, F7.1)', ...
```

Das T-Format bewirkt eine Tabulierung. Die jeweils folgende Ausgabe beginnt in der Spalte, die beim T angegeben ist. Die Note wird also im Format I2 beginnend ab der 10. Spalte ausgegeben, die Anzahl der Note im Format I4 beginnend ab Spalte 20.

Während das I-Format für ganze Zahlen gilt, können mit dem F-Format reelle Zahlen formatiert werden. Zum Beispiel bedeutet F7.1, daß die Zahl mit insgesamt 7 Stellen, davon 1 Stelle nach dem Dezimalpunkt, ausgegeben wird. In den 7 Stellen sind zwei Stellen für Vorzeichen und Dezimalpunkt enthalten. Die Zahlenangabe beim I-Format gibt die maximale Stellenzahl einschließlich Vorzeichen an. Bisher haben wir Leerzeilen in der Ausgabe durch die Anweisung

```
PRINT *
```

erzeugt. Wenn wir ohnehin ein Format angeben müssen, ist es einfacher, das Zeichen / als Zeilenvorschubzeichen in das Format aufzunehmen, zum Beispiel:

```
PRINT '(// T10, A, T30, F7.1)', ...
```

Zu Beginn der Ausgabe werden zwei Zeilenvorschübe erzeugt. Das entspricht zwei Leerzeilen.

Anhand des Beispielprogramms NOTEN haben wir gesehen, wie ein Feld vereinbart wird und wie auf seine Komponenten zugegriffen wird. Außerdem haben wir festgestellt, daß als Programmstruktur für die Bearbeitung eines Feldes die Wiederholung mit vorgegebener Anzahl am besten geeignet ist.

Wir wollen uns weitere Beispiele für Vereinbarungsanweisungen von Feldern ansehen.

Die untere Indexgrenze braucht in der Vereinbarung nicht angegeben zu werden, falls sie 1 ist. Das Feld ANZAHL kann also auch so vereinbart werden:

```
INTEGER ANZAHL (6)
```

Als Indexgrenzen für Felder sind beliebige INTEGER-Zahlenwerte erlaubt. Beispiel:

```
INTEGER MAXTMP (-40:50)
```

In dem Feld MAXTMP, das 91 Komponenten enthält, könnte man analog zum Notenspiegel eine Statistik anlegen, wie häufig Tage mit den jeweiligen Tageshöchsttemperaturen in Grad Celsius sind. Bei dieser Vereinbarung setzt man allerdings voraus, daß Tageshöchsttemperaturen unter −40 oder über +50 Grad Celsius nicht vorkommen. Anders als bei den Noten, von denen es nur solche zwischen 1 und 6 gibt, ist dies hier eine Annahme, die in unseren Breiten wohl zulässig, aber jedenfalls nicht ganz sicher ist. Andererseits bleiben Komponenten des Feldes ungenutzt, wenn beispielsweise im betrachteten Zeitraum nur Tageshöchsttemperaturen zwischen −20 und +35 Grad Celsius wirklich vorkommen.

Man kann in FORTRAN immer nur feste (konstante) Indexgrenzen angeben. Bei Problemstellungen wie dieser muß man sich daher für sie vernünftige Werte überlegen, die wahrscheinlich keine wirkliche Einschränkung für das Programm bedeuten, aber auch nicht eine übermäßig hohe Zahl ungenutzter Feldkomponenten hervorrufen. Der einem Programm zur Verfügung stehende Platz ist nämlich begrenzt, und gerade mit großen Feldern stößt man schnell an diese Grenzen.

Mehrdimensionale Felder

Die bisher betrachteten Felder nennt man **eindimensional**. Wir wollen nun kurz auf die Vereinbarung von **zwei-** und **mehrdimensionalen** Feldern eingehen. In den Beispielprogrammen der folgenden Abschnitte werden wir solche Felder verwenden. Ein Beispiel:

```
CHARACTER*10 PLAN (8:13,1:5)
```

Die Komponenten dieses zweidimensionalen Feldes sind vom Typ CHARACTER*10. Die bildliche Darstellung sieht so aus:

	1	2	3	4	5
8					
9					
10					
11					
12					
13					

Das Feld PLAN besitzt 30 Komponenten. Für jede **Dimension** existiert jeweils
eine untere und eine obere Indexgrenze. Wie bei eindimensionalen Feldern kann
über den **Index** auf einzelne Feldkomponenten zugegriffen werden. Bei mehrdimensionalen Feldern besteht der Index allerdings aus mehreren Zahlen, nämlich
je einer für jede Dimension.

Zuweisungen an Komponenten des Feldes PLAN sehen also folgendermaßen aus:

```
PLAN (10, 2) = 'Deutsch'
PLAN (12, 5) = 'Sport'
```

Wenn wir das Feld PLAN als einen Schulstundenplan ansehen, können wir diese
Zuweisungen so interpretieren: Am 2. Tag der Woche um 10 Uhr gibt es eine
„Deutsch"-Stunde und am 5. Tag um 12 Uhr eine „Sport"-Stunde. Die bildliche
Darstellung des Feldes PLAN würde damit so aussehen:

	1	2	3	4	5
8					
9					
10		Deutsch			
11					
12					Sport
13					

Ein Beispiel für ein mehrdimensionales Feld erhalten wir, wenn wir die Datenstruktur PLAN so erweitern, daß sie nicht nur einen Stundenplan aufnehmen kann,
sondern alle Pläne der Klassen einer Schule.

Stellen wir uns eine Schule vor, in der es je eine 5. bis 10. Klasse gibt. Wir brauchen dann das Feld PLAN lediglich um eine Dimension zu einem dreidimensionalen
Feld zu erweitern, das wir PLAN3 nennen wollen. Wenn wir die Indexgrenzen entsprechend wählen, erhalten wir pro Schulklasse einen Stundenplan.

```
CHARACTER*10 PLAN3 (8:13, 1:5, 5:10)
```

Den Komponenten des so vereinbarten Feldes können wir analog zum zweidimensionalen Fall einzelne Werte zuweisen:

```
PLAN3 (11, 5,  5) = 'Deutsch'
PLAN3 ( 9, 1,  6) = 'Kunst'
PLAN3 ( 8, 3,  7) = 'Latein'
PLAN3 ( 9, 5,  8) = 'Werken'
PLAN3 ( 9, 4,  9) = 'Chemie'
PLAN3 ( 8, 2, 10) = 'Sport'
```

Eine bildliche Darstellung des Feldes PLAN3 kann in der folgenden Form erfolgen:

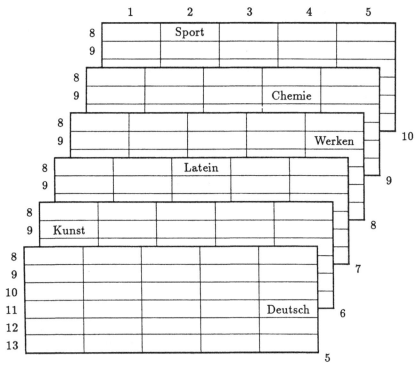

Mehrdimensionale Felder sind häufig verwendete Datenstrukturen, denn sie haben viele natürliche Entsprechungen. Denken Sie auch an die eingangs erwähnte Namensliste, an ein Schachbrett oder an eine Zeitung, die aus Seiten besteht, die wiederum aus Spalten bestehen, die sich aus Zeilen zusammensetzen, die wiederum aus Buchstaben zusammengesetzt sind.

Wie wir in den beiden nächsten Abschnitten sehen werden, kommen Felder auch bei der Lösung mathematischer Problemstellungen zur Anwendung. Vektoren und Matrizen finden dabei ihre Entsprechung in ein- bzw. zweidimensionalen Feldern.

Feldgrenzenüberschreitungen

Ein häufig auftretender **Fehler** bei der Verwendung von Feldern ist die **Feldgrenzenüberschreitung**, d.h., daß der Index nicht innerhalb der jeweiligen unteren und oberen Indexgrenzen liegt. Mit der obigen Vereinbarung des Feldes PLAN3 wäre zum Beispiel der folgende Zugriff unzulässig:

```
     ... PLAN3 (5, 3, 5) ...
```

Nicht jeder FORTRAN-Übersetzer erzeugt Programme, bei deren Ablauf solche Feldgrenzenüberschreitungen erkannt und mit einer Fehlermeldung bedacht werden (vgl. Anhang C). Stattdessen wird dann auf irgendwelche anderen Daten des Programms zugegriffen, was zu höchst erstaunlichen (Fehl-)Resultaten führt.

Nicht immer sind Feldgrenzenüberschreitungen so deutlich wie im vorigen Beispiel. Sehen Sie sich mal das folgende Programmfragment zur Erzeugung einer Statistik der Tageshöchsttemperaturen an.

```
          ...
          INTEGER MAXTMP (-40:50), TEMP
          LOGICAL NEIN
          ...
     101 CONTINUE
          PRINT *, 'Tageshoechsttemperatur ?'
          READ *, TEMP
          MAXTMP (TEMP) = MAXTMP (TEMP) + 1
          IF ( NEIN ('Weitere Eingaben ? (j/n)') ) GOTO 102
          GOTO 101
     102 CONTINUE
          ...
```

Die eingelesene Tageshöchsttemperatur TEMP wird als Index verwendet und die entsprechende Komponente des Feldes MAXTMP wird jeweils um 1 erhöht. Zu einer Feldgrenzenüberschreitung kommt es, wenn der Benutzer des Programms eine Temperatur eingibt, die kleiner als -40 oder größer als 50 Grad Celsius ist.

Das Programm sollte also überprüfen, ob die eingegebene Temperatur im erlaubten Bereich liegt und nur dann auf das Feld zugreifen. Andernfalls müßte der Benutzer auf die unzulässige Eingabe hingewiesen werden. Überdies ist es sinnvoll, den Benutzer vor der Eingabe über den Eingabebereich zu informieren (siehe Kontrollaufgabe K.14.3).

Zeichenteilfolgen

Wie bei einfachen CHARACTER-Variablen kann auch bei Feldkomponenten vom
Typ CHARACTER auf Zeichenteilfolgen zugegriffen werden. Die Angabe der Zeichenteilfolge wird dabei dem Index der Feldkomponente nachgestellt.

```
CHARACTER*10 PLAN (8:15,1:5)
...
PLAN (11,4) = 'Kunst'
PRINT *, PLAN (11,4) (2:4)
PLAN (11,4) (2:3) = 'nu'
PRINT *, PLAN (11,4)
...
```

Bei der Ausführung dieser Anweisungen wird zuerst ein Teil der Feldkomponente
PLAN (11,4) ausgegeben, nämlich vom 2. bis zum 4. Zeichen, also die Zeichenkette 'uns'. Dann wird auf einen anderen Teil dieser Feldkomponente verändernd
zugegriffen und der neue Inhalt 'Knust   ' wird ausgegeben.

Kontrollaufgaben

K.14.1 Ergänzen Sie das Beispielprogramm NOTEN so, daß bei der Ausgabe die
Noten als Texte 'sehr gut', 'gut', usw. erscheinen. Verwenden Sie
dazu ein eindimensionales Feld vom Typ CHARACTER*12.

K.14.2 Vereinbaren Sie eine Datenstruktur für eine Namensliste, die maximal
200 Vor- und Nachnamen aufnehmen soll. Wählen Sie für die Komponenten einen geeigneten Typ.

K.14.3 Fertigen Sie eine verbesserte Version des Programmfragments zur Erzeugung einer Tageshöchsttemperaturenstatistik an (wie beschrieben).

K.14.4 Entscheiden Sie, ob die folgenden Anweisungen korrekt sind, und beschreiben Sie gegebenenfalls ihre Wirkung.

```
CHARACTER*20 STADT, LAND (1:10), FLUSS (0:10)
INTEGER      ZAHLEN (10, 0:5)
LOGICAL      REGEN (365)
...
STADT (1:10)     = 'Hannover'
LAND  (1:10)     = 'Niedersachsen'
FLUSS (1) (0:10) = 'Weser'
FLUSS (2)        = 'Ems'
ZAHLEN (1,0)     = 100
REGEN (25)       = .TRUE.
```

14.2 Ein- und Ausgabe

In den vorangegangenen Beispielen haben wir bei der Ein-/Ausgabe Feldkomponenten wie einfache Variablen behandelt. Wir haben sie einzeln aufgezählt bzw. eine Wiederholungsstruktur benutzt.

In diesem Abschnitt werden Sie zwei weitere Möglichkeiten kennenlernen, mit denen man die Ein- und Ausgabe von Feldern gestalten kann.

Und zwar kann man einfach den **Feldnamen** in der Ein-/Ausgabeliste nennen, wenn man das ganze Feld ansprechen will, und man hat die Möglichkeit, implizite Schleifen in der Ein-/Ausgabeliste zu formulieren, wenn man Teile eines Feldes oder die Komponenten in einer bestimmten Reihenfolge ein- bzw. ausgeben will.

Das nachstehende Beispiel soll die Verwendung beider Möglichkeiten veranschaulichen.

Beispielprogramm SKAP

Sehr häufig werden Felder dazu verwendet, um in Programmen mit mathematischen Problemstellungen **Vektoren** zu repräsentieren. Wir wollen nun ein solches Anwendungsbeispiel betrachten, bei dem das Skalarprodukt zweier Vektoren berechnet wird.

Auf die mathematische Bedeutung eines Vektors wollen wir hier nicht näher eingehen. Es soll uns genügen zu wissen, daß ein Vektor der Länge n aus n Komponenten besteht und daß das Skalarprodukt zweier Vektoren definiert ist als Summe der Produkte der Komponenten:

$$\begin{pmatrix} a_1 \\ a_2 \\ \vdots \\ a_n \end{pmatrix} * \begin{pmatrix} b_1 \\ b_2 \\ \vdots \\ b_n \end{pmatrix} = a_1 * b_1 + a_2 * b_2 + \ldots + a_n * b_n$$

Ein Beispiel für das Skalarprodukt zweier Vektoren der Länge 3:

$$\begin{pmatrix} 2 \\ 7 \\ 4 \end{pmatrix} * \begin{pmatrix} 3 \\ 1 \\ 9 \end{pmatrix} = 2 * 3 + 7 * 1 + 4 * 9 = 49$$

Die Grobstruktur des Programms zur Berechnung des Skalarprodukts kann so aussehen:

PROGRAM SKAP

Überschrift ausgeben
Vektor A einlesen
Vektor B einlesen
Skalarprodukt berechnen
Ergebnis ausgeben

Welche Daten soll das Programm verarbeiten können? Das Programm soll das Skalarprodukt von zwei Vektoren der Länge n berechnen. Die Vektoren sollen aus ganzzahligen Komponenten bestehen. Wir brauchen also zwei Felder der Länge n vom Typ INTEGER. Wie groß soll n sein? Wir wählen zunächst die Länge 3. Wenn wir die Länge als Konstante N vereinbaren, brauchen wir nur an dieser einen Stelle das Programm zu verändern, falls wir einmal Vektoren anderer Länge bearbeiten wollen.

Außerdem benötigen wir noch eine ganzzahlige Variable für das sich ergebende Skalarprodukt und eine Laufvariable für die eigentliche Berechnung. Diese muß nämlich noch weiter verfeinert werden zu einer Wiederholungsstruktur. Sie ähnelt dann der Berechnung des gewichteten Mittelwerts im Beispielprogramm NOTEN (siehe Abschnitt 14.1). Die Variable für das Skalarprodukt muß vorher mit Null initialisiert werden.

Die verfeinerte Struktur zur Berechnung des Skalarprodukts sieht dann so aus:

„Skalarprodukt berechnen"

Skalarprodukt mit 0 initialisieren
Wiederhole für jede ganze Zahl I von 1 bis N
Multipliziere die I-ten Komponenten der Vektoren A und B miteinander und addiere das Ergebnis zum Skalarprodukt

Sehen Sie sich nun den Programmtext an, und beachten sie besonders die Eingabeanweisungen für die Vektoren. Zur Kontrolle (und um zu zeigen, daß die Ausgabe von Vektoren genauso formuliert wird wie die Eingabe) werden die eingelesenen Vektoren nochmals auf den Bildschirm ausgegeben.

```
      PROGRAM SKAP

C**********************************************************************
C*     Berechnung des Skalarprodukts zweier Vektoren
C*
C*     Die Vektoren werden über die Tastatur eingelesen. Die
C*     Ausgabe des Ergebnisses erfolgt auf den Bildschirm.
C**********************************************************************

C==== Vereinbarungsteil ========================================

C---- Konstanten ----------------------------------------------
C---- N         Länge der Vektoren
      INTEGER  N
      PARAMETER (N = 3)

C---- Variablen -----------------------------------------------
C---- A, B      Felder für Vektoren
C---- SKPROD    Skalarprodukt
C---- I         Laufvariable
      INTEGER  A (N), B (N), SKPROD, I

C==== Anweisungsteil ===========================================

C---- Überschrift ausgeben ------------------------------------
      PRINT *, 'Berechnung des Skalarprodukts zweier Vektoren'
      PRINT *, '========================================='
      PRINT *

C---- Vektor A einlesen ---------------------------------------
      PRINT *, 'Bitte', N, 'Werte fuer den 1. Vektor eingeben:'
      READ  *, A

C---- Vektor B einlesen ---------------------------------------
      PRINT *, 'Bitte', N, 'Werte fuer den 2. Vektor eingeben:'
      READ  *, B

C---- Skalarprodukt initialisieren ----------------------------
      SKPROD = 0

C---- Komponentenweise multiplizieren und aufsummieren --------
      DO 100 I = 1, N
           SKPROD = SKPROD  +  A (I) * B (I)
  100 CONTINUE

C---- Vektoren und Skalarprodukt ausgeben ---------------------
      PRINT *, '1. Vektor    : ', A
      PRINT *, '2. Vektor    : ', B
      PRINT *, 'Skalarprodukt: ', SKPROD

C---- Ende von SKAP -------------------------------------------
      END
```

Wir haben die listengesteuerte Ein-/Ausgabe gewählt und in den Ein- bzw. Ausgabelisten jeweils den **Feldnamen** angegeben. Bei der Eingabe können die Werte eines Feldes einfach hintereinander, getrennt durch Leerzeichen, Kommas oder Zeilenvorschübe, eingetippt werden. Bei der Ausgabe werden die Werte jeweils durch ein Leerzeichen getrennt.

Beispielprogramm SKAPN

Das Programm SKAP hat einen großen Nachteil. Wenn wir das Skalarprodukt für wechselnde Vektorlängen berechnen wollen, müssen wir die Konstante N entsprechend ändern und eine neue ablauffähige Version des Programms erzeugen. Besser wäre es, wenn man sich erst zur Ablaufzeit des Programms zu entscheiden bräuchte, Vektoren welcher Länge man verarbeiten will.

Dazu ändern wir das Programm SKAP wie folgt. Die Konstante N bedeutet nicht mehr in jedem Falle die tatsächlich zu bearbeitende Vektorlänge, sondern gibt lediglich an, wie groß die Felder für die Vektoren sind, d.h., wie lang die zu verarbeitenden Vektoren maximal sein dürfen. Wir nennen die Konstante nun NMAX. Die aktuell gewünschte Vektorlänge N wird über die Tastatur eingelesen. Sie muß kleiner oder gleich NMAX sein.

Bei der Ein- und Ausgabe der Vektoren müssen wir jetzt allerdings berücksichtigen, daß nicht mehr die ganzen Felder ein- bzw. ausgegeben werden dürfen, sondern jeweils nur die ersten N Komponenten. Dazu verwenden wir implizite Schleifen in den Ein- und Ausgabelisten.

Die veränderte Version des Programms wollen wir SKAPN nennen:

```
      PROGRAM SKAPN

C****************************************************************
C*    Berechnung des Skalarprodukts zweier Vektoren
C*
C*    Die Länge der Vektoren und die Vektoren werden über die
C*    Tastatur eingelesen. Die Ausgabe des Ergebnisses erfolgt
C*    auf den Bildschirm.
C*
C*    Verwendete Moduln:
C*
C*        RDINT - Einlesen einer ganzen Zahl
C****************************************************************

C==== Vereinbarungsteil =======================================

C---- Konstanten ----------------------------------------------
C---- NMAX     Maximale Länge der Vektoren
      INTEGER   NMAX
      PARAMETER (NMAX = 20)
```

```
C---- Variablen ------------------------------------------------
C---- A, B      Felder für Vektoren
C---- N         Aktuell gewünschte Länge der Vektoren
C---- SKPROD    Skalarprodukt
C---- I         Laufvariable
      INTEGER      A (NMAX), B (NMAX), N, SKPROD, I


C---- Externe Funktionen ----------------------------------------
C---- RDINT     Einlesen einer ganzen Zahl
      INTEGER   RDINT


C==== Anweisungsteil ============================================


C---- Überschrift ausgeben --------------------------------------
      PRINT *, 'Berechnung des Skalarprodukts zweier Vektoren'
      PRINT *, '========================================='
      PRINT *


C---- Gewünschte Vektorlänge einlesen ---------------------------
      N = RDINT ('Laenge der Vektoren ?', 0, 1, NMAX)


C---- Vektor A einlesen -----------------------------------------
      PRINT *, 'Bitte', N, 'Werte fuer den 1.Vektor eingeben:'
      READ  *, ( A(I), I=1,N )


C---- Vektor B einlesen -----------------------------------------
      PRINT *, 'Bitte', N, 'Werte fuer den 2.Vektor eingeben:'
      READ  *, ( B(I), I=1,N )


C---- Skalarprodukt initialisieren ------------------------------
      SKPROD = 0


C---- Komponentenweise multiplizieren und aufsummieren ----------
      DO 100 I = 1, N
          SKPROD = SKPROD  +  A (I) * B (I)
  100 CONTINUE


C---- Vektoren und Skalarprodukt ausgeben -----------------------
      PRINT *, '1.Vektor    : ', ( A(I), I=1,N )
      PRINT *, '2.Vektor    : ', ( B(I), I=1,N )
      PRINT *, 'Skalarprodukt: ', SKPROD


C---- Ende von SKAPN --------------------------------------------
      END
```

Mit diesem Programm können nun Vektoren bis zur maximalen Länge von 20 verarbeitet werden. Wenn man sehr flexibel sein möchte und als Maximalgröße einen sehr großen Wert, z.B. 1000, wählt, dann belegt man unter Umständen viel ungenutzten Platz, falls die tatsächlich zu bearbeitenden Vektoren sehr klein sind. Der Wert für NMAX sollte also wohlüberlegt gewählt werden.

Wir wollen mal die implizite Schleife der komponentenweisen Ein-/Ausgabe mit
Hilfe einer Wiederholungsstruktur mit fester Anzahl gegenüberstellen.

Eingabe:

```
      ...
      READ *, ( A(I), I=1,N )
      ...
      DO 100 I=1,N
         READ *, A(I)
  100 CONTINUE
      ...
```

Ausgabe:

```
      ...
      PRINT *, ( A(I), I=1,N )
      ...
      DO 100 I=1,N
         PRINT *, A(I)
  100 CONTINUE
      ...
```

Bei der Eingabe bewirken beide Versionen das Einlesen der Komponenten 1 bis N
des Feldes A über die Tastatur. Bei Verwendung der impliziten Schleife im Zusammenhang mit der listengesteuerten Eingabe kann man alle Komponenten in einer
Bildschirmzeile eingeben, sie aber auch beliebig auf mehrere Bildschirmzeilen verteilen. Beim komponentenweisen Einlesen mit der DO-Anweisung muß hingegen
jede Komponente in einer eigenen Bildschirmzeile eingegeben werden. Das liegt
daran, daß im zweiten Fall für jede Komponente einzeln die READ-Anweisung abgearbeitet wird, wobei jedesmal am Anfang einer neuen Bildschirmzeile mit dem
Einlesen begonnen wird.

Auch beide Programmstücke zur Ausgabe beziehen sich auf die Komponenten 1
bis N des Feldes A. In der Version mit der impliziten Schleife werden alle Werte in
einer Zeile ausgegeben. Bei der Wiederholung der PRINT-Anweisung in der zweiten Variante wird hingegen für jeden Wert eine neue Zeile der Ausgabe begonnen.

Sehen wir uns noch kurz ein paar Möglichkeiten für die Angabe von Ausgabeformaten an. Oft besitzt ein Vektor mehr Komponenten, als bei der Ausgabe in eine
Zeile passen. Bei der listengesteuerten Ausgabe mit impliziter Schleife wie oben
würde die Ausgabe vom Bildschirm automatisch über mehrere Zeilen fortgesetzt
werden, allerdings ohne Rücksicht darauf, wo eine Komponente beginnt und ob
Komponenten bündig untereinander stehen.

Um eine optisch schöneres Bild zu erhalten, könnte man die Ausgabe beispielsweise so formatieren:

```
    ...
    PRINT '(8I10)', ( A(I), I=1,N )
    ...
```

Das Format bedeutet, daß acht ganze Zahlen im Format I10, also mit zehn
Stellen, ausgegeben werden sollen. Für den Fall, daß die Ausgabeliste mehr als
acht Elemente enthält, falls hier also N größer als Acht ist, wird ein Zeilenvorschub
erzeugt und das Format erneut abgearbeitet. Mit anderen Worten: pro Zeile
werden acht Elemente der Ausgabeliste ausgegeben.

Bei der **Ein-** und **Ausgabe mehrdimensionaler Felder** müssen wir uns entscheiden, in welcher Reihenfolge wir die Komponenten ein- bzw. ausgeben wollen.
Betrachten wir die verschiedenen Möglichkeiten, die hierbei die Verwendung impliziter Schleifen bietet.

Implizite Schleifen können nämlich geschachtelt werden, wie das folgende Beispiel
für die Ausgabe eines dreidimensionalen Feldes mit ganzzahligen Komponenten
zeigt:

```
    INTEGER X (2, 2, 2), I, J, K
    ...
    PRINT *, ( ( ( X(I,J,K), I=1,2 ), J=1,2 ), K=1,2 )
    ...
```

Der Wert der innersten Laufvariablen (I) verändert sich am schnellsten, der Wert
der äußersten (K) am langsamsten. Die Komponenten des Feldes X werden also
in dieser Reihenfolge ausgegeben:

```
    X (1,1,1)
    X (2,1,1)
    X (1,2,1)
    X (2,2,1)
    X (1,1,2)
    X (2,1,2)
    X (1,2,2)
    X (2,2,2)
```

Bei Angabe lediglich des Feldnamens wird automatisch diese Reihenfolge gewählt,
die man im zweidimensionalen Fall anschaulich als spaltenweise bezeichnen kann.
Betrachten wir hierzu nochmal kurz unser Stundenplanbeispiel aus dem vorigen
Abschnitt:

```
        CHARACTER*10 PLAN (8:13,1:5)
        ...
        PRINT *, 'Eingabe des Stundenplans tageweise:'
        READ *, PLAN
```

Für jeden Tag der Woche müßten nacheinander die Unterrichtsstunden von 8 Uhr
bis 13 Uhr eingegeben werden. Der Begriff **spaltenweise** bezieht sich dabei nur
auf die Reihenfolge der einzugebenden Komponenten, nicht auf die Anordnung
auf dem Bildschirm bei der Eingabe über die Tastatur. Da hier listengesteuerte
Eingabe mit nur einer READ-Anweisung vorliegt, kann man die einzugebenden Zeichenketten beliebig auf eine oder mehrere Bildschirmzeilen verteilen. Allerdings
muß man die Zeichenketten dabei in Häkchen einschließen. Zum Beispiel:

```
'Deutsch' 'Kunst' 'Sport' 'Sport'
'-'
'Mathe'
usw. ...
```

Bisher haben wir bei der Eingabe von Zeichenketten immer das A-Format angegeben, um auf die Häkchen verzichten zu können. Auch bei der Eingabe eines
Zeichenfeldes mit impliziter Schleife können wir dies tun:

```
        ...
        PRINT *, 'Eingabe des Stundenplans tageweise:'
        READ  '(A)', PLAN
```

Allerdings müssen wir nun für jede Komponente eine neue Zeile beginnen, so daß
die Eingabe so aussehen müßte:

```
Deutsch
Kunst
Sport
Sport
-
Mathe
usw.
...
```

Die entgegengesetzte Reihenfolge wurde hier gewählt:

```
        INTEGER X (2, 2, 2), I, J, K
        ...
        PRINT *, ( ( ( X(I,J,K), K=1,2 ), J=1,2 ), I=1,2 )
        ...
```

Diese Anweisung würde folgende Ausgabereihenfolge hervorrufen:

```
X (1,1,1)
X (1,1,2)
X (1,2,1)
X (1,2,2)
X (2,1,1)
X (2,1,2)
X (2,2,1)
X (2,2,2)
```

Diese, im zweidimensionalen Fall auch zeilenweise genannte Ein- bzw. Ausgabevariante wollen wir im nächsten Beispiel verwenden.

Beispielprogramm MATP

Wie wir gesehen haben, lassen sich Vektoren in Programmen gut durch eindimensionale Felder darstellen. Der mathematische Formalismus der Matrizen findet ebenso eine geeignete Repräsentationsmöglichkeit in zweidimensionalen Feldern.

Wiederum ohne auf die mathematischen Hintergründe näher einzugehen, wollen wir die Rechenregel zur Multiplikation zweier Matrizen in ein Programm umsetzen.

Matrizen können verschiedene Zeilen- und Spaltenanzahlen haben und werden so aufgeschrieben:

$$\begin{pmatrix} a_{1,1} & a_{1,2} & \cdots & a_{1,n} \\ a_{2,1} & a_{2,2} & \cdots & a_{2,n} \\ \vdots & \vdots & \ddots & \vdots \\ a_{n,1} & a_{n,2} & \cdots & a_{n,n} \end{pmatrix}$$

Die abgebildete Matrix besitzt m Zeilen und n Spalten und hat somit $m * n$ Elemente. Jedes Element der Matrix trägt als Index seine Zeilen- und Spaltennummer.

Das Produkt $A * B$ zweier Matrizen A und B ist definiert, wenn Matrix A genauso viele Spalten wie Matrix B Zeilen hat. Das Ergebnis der Multiplikation ist eine Matrix C, die so viele Zeilen hat wie Matrix A und so viele Spalten wie Matrix B. Jedes Element der Matrix C ergibt sich als Skalarprodukt des entsprechenden Zeilenvektors von A mit dem entsprechenden Spaltenvektor von B. Zum Beispiel:

$$A * B = \begin{pmatrix} 4 & 2 \\ 1 & 5 \\ -3 & 2 \\ 2 & -1 \end{pmatrix} * \begin{pmatrix} 2 & 0 & 7 \\ 1 & 3 & 4 \end{pmatrix} = \begin{pmatrix} 10 & 6 & 36 \\ 7 & 15 & 27 \\ -4 & 6 & -13 \\ 3 & -3 & 10 \end{pmatrix} = C$$

Matrix A des Beispiels hat genauso viele Spalten wie Matrix B Zeilen, nämlich zwei. Die sich ergebende Matrix C hat vier Zeilen wie Matrix A und drei Spalten wie Matrix B. Wie sich die einzelnen Elemente von C als Skalarprodukt entsprechender Zeilen- und Spaltenvektoren berechnen lassen, kann man am besten sehen, wenn man die Matrizen etwas anders hinschreibt:

			2	0	7
			1	3	4
4	2		10	6	36
1	5		7	15	27
−3	2		−4	6	−13
2	−1		3	−3	10

Das Element $c_{2,3}$ der Matrix C ergibt sich beispielsweise als Skalarprodukt aus der zweiten Zeile von A und der dritten Spalte von B:

$$a_{2,1} * b_{1,3} + a_{2,2} * b_{2,3} = 1 * 7 + 5 * 4 = 27 = c_{2,3}$$

Wie gewohnt, wollen wir zunächst die Grobstruktur des Programms in einem Struktogramm darstellen:

PROGRAM MATP

Überschrift ausgeben

Einlesen: – Zeilenanzahl L von Matrix A
          – Spaltenanzahl M von Matrix A
          – Matrix A
          – Spaltenanzahl N von Matrix B
          – Matrix B

Wiederhole für jede Zeile I von Matrix A
Wiederhole für jede Spalte J von Matrix B
Matrixelement C(I,J) initialisieren
Wiederhole für jede ganze Zahl K von 1 bis M
Multipliziere die K-ten Komponenten der I-ten Zeile von A und der J-ten Spalte von B miteinander und addiere das Ergebnis zum Matrixelement C(I,J)
Matrix C ausgeben

Für die Matrizen sehen wir drei zweidimensionale Felder A, B und C als Datenstrukturen vor. Die Größe der Felder, d.h. die maximale Größe der Matrizen, legen wir ähnlich wie beim Beispielprogramm SKAPN durch die Konstante NMAX fest. Die jeweils aktuell gewünschten Zeilen- und Spaltenanzahlen werden eingelesen.

Sehen Sie sich nun den Programmtext an. Auf die Ein- und Ausgabe der Matrizen gehen wir anschließend ein.

```fortran
      PROGRAM MATP

C******************************************************************
C*    Berechnung des Produkts zweier Matrizen
C*
C*    Zeilen- und Spaltenanzahlen der Matrizen und die Matrizen
C*    werden über die Tastatur eingelesen. Die Ausgabe des
C*    Ergebnisses erfolgt auf den Bildschirm.
C*
C*    Verwendete Moduln:
C*        RDINT     Einlesen einer ganzen Zahl
C******************************************************************

C==== Vereinbarungsteil =======================================

C---- Konstanten ----------------------------------------------
C---- NMAX      Maximale Zeilen- bzw. Spaltenanzahl
      INTEGER   NMAX
      PARAMETER (NMAX = 10)

C---- Variablen -----------------------------------------------
C---- A, B, C   Felder für Matrizen
C---- L         Zeilenanzahl von Matrix A und Matrix C
C---- M         Spaltenanzahl von Matrix A und
C----           Zeilenanzahl von Matrix B
C---- N         Spaltenanzahl von Matrix B und Matrix C
C---- I, J, K   Laufvariablen
      INTEGER   A (NMAX,NMAX), B (NMAX,NMAX), C (NMAX,NMAX),
     &          L, M, N, I, J, K

C---- Externe Funktionen --------------------------------------
C---- RDINT     Einlesen einer ganzen Zahl
      INTEGER   RDINT

C==== Anweisungsteil ==========================================

C---- Überschrift ausgeben ------------------------------------
      PRINT *
      PRINT *, 'Matrizenmultiplikation'
      PRINT *, '======================'
      PRINT *
```

```
C---- Matrix A einlesen ----------------------------------------
      PRINT *, 'Eingabe der 1. Matrix:'
      PRINT *
      L = RDINT ('Zeilenanzahl  ?', 0, 1, NMAX)
      M = RDINT ('Spaltenanzahl ?', 0, 1, NMAX)

      PRINT *, 'Bitte die 1. Matrix zeilenweise (!) eingeben:'
      READ  *, ( ( A(I,J), J=1,M), I=1,L )

C---- Matrix B einlesen ----------------------------------------
      PRINT *, 'Eingabe der 2. Matrix:'
      PRINT *
      PRINT *, 'Zeilenanzahl  :', M
      N = RDINT ('Spaltenanzahl ?', 0, 1, NMAX)

      PRINT *, 'Bitte die 2. Matrix zeilenweise (!) eingeben:'
      READ  *, ( ( B(I,J), J=1,N), I=1,M )

C---- Für alle Zeilen von Matrix C ... -------------------------
      DO 100 I = 1, L

C-------- Für alle Spalten von Matrix C ... --------------------
         DO 200 J = 1, N

C----------- Matrixelement initialisieren ---------------------
            C (I,J) = 0

C----------- Skalarprodukt aus Zeile I von Matrix A und ------
C            Spalte J von Matrix B bilden
            DO 300 K = 1, M
               C (I,J) = C (I,J) + A (I,K) * B (K,J)
  300       CONTINUE

  200    CONTINUE

  100 CONTINUE

C---- Matrix C ausgeben ----------------------------------------
      PRINT *
      PRINT *, 'Ergebnismatrix:'
      PRINT *
      DO 400 I = 1, L
         PRINT '(10I8)', ( C(I,J), J=1,N )
  400 CONTINUE
      PRINT *

C---- Ende von MATP --------------------------------------------
      END
```

Zum Einlesen der Matrizen haben wir die listengesteuerte Eingabe mit zwei ineinander geschachtelten impliziten Schleifen gewählt:

```
       READ *, ( ( A(I,J), J=1,M ), I=1,L )
```

Für jeden Wert der äußeren Laufvariablen, Zeilenindex I, wird die innere Laufvariable, Spaltenindex J, von 1 bis M durchlaufen. Das bedeutet, daß die Matrix
zeilenweise eingegeben werden muß. Damit ist lediglich die **Reihenfolge** der
einzugebenden Komponenten gemeint, **nicht jedoch die Anordnung** der Zahlen auf dem Bildschirm bei der Eingabe. Wie immer bei der listengesteuerten
Eingabe können die einzugebenden Werte beliebig auf eine oder mehrere Bildschirmzeilen verteilt werden.

Bei der Ausgabe einer Matrix auf den Bildschirm will man natürlich nicht nur eine
Reihe von Werten sehen, sondern möchte ein schönes Bild der Matrix erhalten.
Jede Zeile einer Matrix soll in einer eigenen Bildschirmzeile stehen, und die Werte
in den Spalten sollen bündig untereinander angeordnet sein. So ein Bild kann man
zum Beispiel mit der in MATP verwendeten Anweisungsfolge erzielen:

```
       DO 400 I = 1, L
          PRINT '(10I8)', ( C(I,J), J=1,N )
   400 CONTINUE
```

Jede Zeile I der Matrix C wird einzeln ausgegeben. Bei jeder Abarbeitung der
PRINT-Anweisung durchläuft die implizite Schleife alle Spalten J in der betreffenden Zeile. Das Format ist so gewählt, daß auf einen normalen Bildschirm mit
80 Zeichen Breite gerade zehn Werte mit einer Breite von höchstens acht Stellen
passen. Das bedeutet natürlich gewisse Einschränkungen. Die Matrixelemente
dürfen nur Werte haben, die sich im Format I8, also mit acht Stellen, darstellen
lassen. Außerdem ist für größere Spaltenanzahlen als zehn das Bild der Matrix
auf dem Bildschirm nicht mehr geschlossen, denn bei dem angegebenen Format
wird nach jeweils zehn Spalten eine neue Zeile begonnen.

Je nach Anwendungsbereich muß man sich also eine vernünftige Lösung selbst
überlegen. Bei kleineren Werten passen selbstverständlich mehr Spalten in eine
Bildschirmzeile, bei größeren Werten der Komponenten wird man auf eine geteilte
Darstellung der Matrix auf dem Bildschirm ausweichen müssen. Entsprechendes
gilt natürlich für Zeichenketten als Komponenten eines zweidimensionalen Feldes.

Bei der beschriebenen Ausgabe haben wir bereits darauf Rücksicht genommen,
daß die Zeilenanzahl und die Spaltenanzahl Variablen sind, die je nach Problemstellung unterschiedliche Werte aufweisen können. Für feste Werte kann die
Ausgabe eines zweidimensionalen Feldes auch mit einer geschachtelten impliziten
Schleife formuliert werden:

```
        ...
        INTEGER       I, J
        CHARACTER     HALLO (7, 30)
        ...
        PRINT '(30A)', ( ( HALLO (I,J), J=1,30 ), I=1,7 )
```

Das Format muß dabei so gewählt werden, daß es genau nach Ausgabe jeweils
einer Zeile (hier: nach 30 Zeichen) abgearbeitet ist.

Zum Abschluß dieses Abschnitts fassen wir die beschriebenen Anweisungsfolgen
zur Ein-/Ausgabe von Feldern nochmal zusammen. Bei der Ein-/Ausgabe eindimensionaler Felder kann statt der impliziten Schleife auch nur der Feldname
angegeben werden, wenn alle Komponenten ein- bzw. ausgegeben werden sollen.

```
        INTEGER       I, J, M, N
        INTEGER       INT1 (1:10), INT2 (1:10,1:10)
        CHARACTER     CHAR1 (1:10), CHAR2 (1:10,1:10)

C**** Eingabe eines eindimensionalen INTEGER-Feldes **********
        READ *, ( INT1 (I), I=1,N )

C**** Ausgabe eines eindimensionalen INTEGER-Feldes **********
C-------- fortlaufend, nur durch Leerzeichen getrennt:
        PRINT *, ( INT1 (I), I=1,N )
C-------- z.B. max. 6 Werte pro Zeile, festes Format:
        PRINT '(6I12)', ( INT1(I), I=1,N )

C**** Eingabe eines eindimensionalen CHARACTER-Feldes ********
        READ '(A)', ( CHAR1(I), I=1,N )

C**** Ausgabe eines eindimensionalen CHARACTER-Feldes ********
C-------- fortlaufend nur durch Leerzeichen getrennt:
        PRINT *, ( CHAR1(I), I=1,N )
C-------- z.B. 1 Wert pro Zeile
        PRINT '(A)', ( CHAR1(I), I=1,N )

C**** Eingabe eines zweidimensionalen INTEGER-Feldes, ********
C**** zeilenweise                                     ********
        READ *, ( ( INT2(I,J), J=1,N ), I=1,M )

C**** Ausgabe eines zweidimensionalen INTEGER-Feldes, ********
C**** zeilenweise                                     ********
C-------- variable Zeilen- und Spaltenanzahl
C-------- z.B. max. 8 Werte pro Zeile, festes Format
        DO 100 I = 1, M
            PRINT '(8I10)', ( INT2(I,J), J=1,N )
  100 CONTINUE
C-------- feste Zeilen- und Spaltenanzahl, z.B.:
        PRINT '(3I12)', ( ( INT2(I,J), J=1,3 ), I=1,10 )
```

```
C**** Eingabe eines zweidimensionalen CHARACTER-Feldes ********
C-------- spaltenweise, 1 Wert pro Bildschirmzeile
      READ '(A)', ( ( CHAR2(I,J), I=1,M ), J=1,N )
C-------- zeilenweise, 1 Wert pro Bildschirmzeile
      READ '(A)', ( ( CHAR2(I,J), J=1,N ), I=1,M )

C**** Ausgabe eines zweidimensionalen CHARACTER-Feldes, *******
C**** zeilenweise                                       *******
C-------- variable Zeilen- und Spaltenanzahl
C-------- z.B. max. 8 Werte pro Zeile
      DO 100 I = 1, M
          PRINT '(8A)', ( CHAR2(I,J), J=1,N )
  100 CONTINUE
C-------- feste Zeilen- und Spaltenanzahl, z.B.:
      PRINT '(3A)', ( ( CHAR(I,J), J=1,3 ), I=1,10 )
```

Kontrollaufgaben

K.14.5   Als Beispielprogramme mögen die beschriebenen Versionen der Programme SKAP, SKAPN und MATP gut genug sein. Um sie aber wirklich produktiv einsetzen zu können, mit der Erwartung, korrekte Ergebnisse zu erhalten, sind noch ein paar Ergänzungen erforderlich. Welche?

K.14.6   Welche Ausgaben liefert das folgende (ansonsten sinnlose) Programm auf dem Bildschirm?

```
      PROGRAM NICHTS

C==== Vereinbarungsteil ===================================

C---- Variablen ------------------------------------------
      INTEGER INT1(16), INT2(4,4), I, J, K

C==== Anweisungsteil ======================================

C---- Felder initialisieren ------------------------------
      DO 100 I = 1, 4
          DO 200 J = 1, 4
              K         = 4 * (I-1) + J
              INT1 (K)  = 17 - K
              INT2 (I,J) = K
  200     CONTINUE
  100 CONTINUE

C---- Felder ausgeben ------------------------------------
      PRINT *, INT1
      PRINT *, ( INT1(I), I = 4,6 )
      PRINT *
      PRINT '(3I4)', INT1
```

```
      PRINT *
      PRINT *, ( ( INT2(I,J), J=1,4 ), I=1,4 )
      PRINT *, INT2
      PRINT *, ( ( INT2(I,J), I=1,4 ), J=1,4 )
      PRINT *
      DO 300 I = 1, 4
          PRINT *, ( INT2(I,J), J=1,4 )
  300 CONTINUE
      PRINT *
      DO 400 I = 1, 4
          PRINT '(4I4)', ( INT2(I,J), J=1,4 )
  400 CONTINUE
      PRINT *
      PRINT '(2I4)', ( ( INT2(I,J), J=2,3 ), I=2,4 )

C---- Ende von NICHTS -------------------------------------------
      END
```

14.3   Felder als Unterprogrammparameter

In diesem Abschnitt geht es darum, was man beachten muß, wenn man Felder
als Parameter für eine externe Funktion oder ein Subroutinenunterprogramm
vorsieht.

Sie erinnern sich hoffentlich (Lektion 13): In einem Unterprogramm werden sogenannte **Formalparameter** vereinbart, für die beim Aufruf des Unterprogramms
Aktualparameter angegeben werden. Der Formalparameter ist sozusagen der
im Unterprogramm gültige Name für den Aktualparameter. Der Aktualparameter muß denselben Typ haben wie der zugehörige Formalparameter. Als Beispiel
der Aufruf eines Unterprogramms zur Ausgabe einer Zahl:

```
      PROGRAM TST1
C==== Anweisungsteil ============================================
      CALL PRZAHL (5)
      END

      SUBROUTINE PRZAHL (ZAHL)
C==== Vereinbarungsteil =========================================
C---- Formalparameter -------------------------------------------
      INTEGER ZAHL
C==== Anweisungsteil ============================================
      PRINT *, ZAHL
      END
```

Einzelne Feldkomponenten können wir ohne weiteres als Aktualparameter verwenden, wenn sie dem Typ nach mit dem Formalparameter übereinstimmen:

```
      PROGRAM TST2
C==== Vereinbarungsteil ======================================
C---- Variablen ---------------------------------------------
      INTEGER FELD (1:3)
C==== Anweisungsteil ========================================
      FELD (1) = 4
      CALL PRZAHL ( FELD (1) )
      END
```

Etwas genauer müssen wir in diesem Abschnitt die Vereinbarung von Feldern als Formalparameter betrachten. Es gibt hierbei in der Programmiersprache FORTRAN sehr viele Möglichkeiten, Fehler in das Programm einzubauen. Wir wollen uns daher in der Fibel an zwei feste Regeln halten, die die bestehenden Möglichkeiten der Verwendung von Feldern als Formalparameter nicht oder nur geringfügig einschränken, uns aber vor vielen Fehlern bewahren helfen.

Regel 1: Wird in einem Unterprogramm ein Formalparameter als Feld vereinbart, so müssen die für die Vereinbarung benötigten Indexgrenzen ebenfalls Formalparameter sein.

Regel 2: Wird ein Feld als Aktualparameter an ein Unterprogramm übergeben, müssen die zur Vereinbarung verwendeten Indexgrenzen als symbolische Konstanten vereinbart werden. Diese werden als Aktualparameter mit an das Unterprogramm übergeben.

Der Sinn der Regeln ist, sicherzustellen, daß Felder als Formalparameter immer exakt so vereinbart werden wie der entsprechende Aktualparameter im aufrufenden Segment. Das folgende einfache Beispiel zur Ausgabe eines eindimensionalen Feldes soll dies veranschaulichen:

```
      PROGRAM TST3

C==== Vereinbarungsteil ======================================
C---- Konstanten --------------------------------------------
      INTEGER NMAX
      PARAMETER (NMAX=10)
C---- Variablen ---------------------------------------------
      INTEGER FELD (NMAX)

C==== Anweisungsteil ========================================
      ...
      CALL PRVEK (FELD, NMAX)
      ...
      END
```

```
      SUBROUTINE PRVEK (VEKTOR, DIM1)

C==== Vereinbarungsteil ========================================
C---- Formalparameter -------------------------------------------
      INTEGER DIM1, VEKTOR (DIM1)

C==== Anweisungsteil ==========================================
      PRINT *, VEKTOR
      END
```

Bei Veränderung der Konstanten NMAX erfolgt so automatisch eine Anpassung der Vereinbarung des Feldes sowohl im Hauptprogramm als auch im Unterprogramm.

Will man im Unterprogramm nur eine bestimmte Anzahl von Komponenten eines Feldes ansprechen, das als Formalparameter vereinbart ist, muß ein zusätzlicher Parameter übergeben werden. Als Beispiel die Ausgabe nur einer bestimmten Anzahl von Komponenten eines eindimensionalen Feldes:

```
      PROGRAM TST4

C==== Vereinbarungsteil ========================================
C---- Konstanten ------------------------------------------------
      INTEGER NMAX
      PARAMETER (NMAX=10)
C---- Variablen -------------------------------------------------
      INTEGER FELD (NMAX), N

C==== Anweisungsteil ==========================================
      READ *, N
      ...
      CALL PRVEKN (FELD, NMAX, N)
      ...
      END

      SUBROUTINE PRVEKN (VEKTOR, DIM1, ANZ)

C==== Vereinbarungsteil ========================================
C---- Formalparameter -------------------------------------------
      INTEGER  DIM1, VEKTOR (DIM1), ANZ
C---- Variablen -------------------------------------------------
      INTEGER  I

C==== Anweisungsteil ==========================================
      PRINT *, ( VEKTOR(I), I=1,ANZ )
      END
```

Von besonderer Bedeutung ist diese Vorgehensweise bei mehrdimensionalen Feldern. Auch dazu ein einfaches Beispiel:

```
      PROGRAM TST5

C==== Vereinbarungsteil ========================================
C---- Konstanten ---------------------------------------------
      INTEGER NMAX      PARAMETER (NMAX=10)
C---- Variablen ----------------------------------------------
      INTEGER FELD2 (NMAX,NMAX), M, N

C==== Anweisungsteil ==========================================
      READ *, M, N
      ...
      CALL MATAUS (FELD2, NMAX, NMAX, M, N)
      ...
      END

      SUBROUTINE MATAUS (MATRIX, DIM1, DIM2, ZANZ, SANZ)

C==== Vereinbarungsteil ========================================
C---- Formalparameter -----------------------------------------
      INTEGER  DIM1, DIM2, MATRIX (DIM1,DIM2), ZANZ, SANZ
C---- Variablen ----------------------------------------------
      INTEGER  I, J

C==== Anweisungsteil ==========================================
      DO 100 I = 1, ZANZ
          PRINT *, ( MATRIX(I,J), J=1,SANZ )
  100 CONTINUE
      END
```

Kontrollaufgabe

K.14.7   Entwerfen Sie ein Unterprogramm, das die Zahlen in einem Zahlenquadrat so vertauscht, als wären sie an der von links oben nach rechts unten führenden Diagonalen gespiegelt worden. Schreiben Sie zusätzlich ein Hauptprogramm, in dem die Eingabe des Zahlenquadrats und nach Aufruf des Unterprogramms die Ausgabe des gespiegelten Quadrats erfolgt.

Lektion 15

Dateibearbeitung I
Textdateien

In dieser Lektion wollen wir uns mit der Bearbeitung von Dateien beschäftigen. Sie werden lernen, wie man Programme schreibt, die Daten von Dateien lesen und auf Dateien schreiben können.

Eine Datei (engl. Begriff: file) ist nichts weiter als eine Ansammlung von Einzeldaten. Sie trägt einen Namen, unter dem sie angesprochen werden kann. Das physikalische Speichermedium kann zum Beispiel eine Magnetplatte, ein Magnetband oder eine Diskette sein.

Dateien verwendet man, um Daten aufzubewahren, die später weiterverarbeitet werden sollen. Es ist auch üblich, Ergebnisse, die ausgedruckt werden sollen, zunächst vom Programm auf eine Datei zu schreiben und diese dann mit Hilfe eines entsprechenden Kommandos auszudrucken. Stellen Sie sich beispielsweise vor, ein Programm erzeuge als Ausgabe etwa 10000 Zahlen, die sie mit einem anderen Programm weiterverarbeiten wollen. Ohne die Möglichkeit der Abspeicherung dieser Zahlen in einer Datei müßten Sie alle Zahlen vom Bildschirm abschreiben, um sie für das zweite Programm wieder eintippen zu können. Falls Sie diese Mühe nicht scheuen, lesen Sie bitte bei der nächsten Lektion weiter!

Sie haben sich also entschlossen weiterzulesen. Na schön, dann können wir das Thema ja in Angriff nehmen.

Wir beschränken uns in dieser Lektion auf **Textdateien**. Darunter wollen wir solche Dateien verstehen, die ausschließlich auf dem Bildschirm oder einem Drucker abdruckbare Zeichen enthalten. Die Dateien zum Beispiel, die unsere FORTRAN-Quellprogramme enthalten, sind Textdateien.

Die Ein-/Ausgabe von bzw. auf Textdateien ist vergleichbar mit der Ein-/Ausgabe über Tastatur und Bildschirm, wie wir sie bisher verwendet haben. Wie der Bildschirm weisen Textdateien auch eine Zeilenstruktur auf. Statt von Zeilen spricht man bei Dateien allerdings von **Datensätzen**. Gelesen und geschrieben werden immer aufeinanderfolgende Datensätze, weswegen die von uns betrachteten Textdateien zur Kategorie der **sequentiellen Dateien** gehören.

15.1   Einfache Ein- und Ausgabe

In FORTRAN-Programmen werden sämtliche Ein- und Ausgabeoperationen über
sogenannte **Ein-/Ausgabeeinheiten** (engl.: units) abgewickelt. Bildschirm
und Tastatur werden bei Programmbeginn automatisch solchen Ein-/Ausgabe-
einheiten zugeordnet, ohne daß sich der Programmierer darum kümmern muß.
Bei Dateien muß man durch eine spezielle Anweisung selbst für die Zuordnung
sorgen.

Die Zuordnung einer Datei zu einer Ein-/Ausgabeeinheit nennt man auch das
Öffnen einer Datei. Die zu verwendende FORTRAN-Anweisung heißt dementsprechend OPEN. Nach Abschluß der Ein-/Ausgabeoperationen kann die Zuordnung mit der Anweisung CLOSE wieder gelöst werden. Man spricht vom
Schließen einer Datei. Zum Beispiel:

```
      ...
      OPEN  (UNIT=8, FILE='PROBE')
      ...
      CLOSE (UNIT=8)
      ...
```

Diese Anweisungsfolge bewirkt das Öffnen und das Schließen der Datei mit dem
Namen PROBE. Zwischen den beiden Anweisungen ist die Datei der Ein-/Aus-
gabeeinheit mit der Nummer 8 zugeordnet und kann über diese Nummer angesprochen werden. Der Name der Datei muß nach den rechnerabhängigen Regeln
gebildet werden. Wir werden in der Fibel solche Dateinamen verwenden, die
eigentlich auf allen gängigen Rechnern verwendbar sind.

Zum Lesen und Schreiben von bzw. auf Datei werden die Anweisungen READ und
WRITE verwendet. Hier als Beispiel das Lesen und Schreiben eines eindimensionalen Feldes:

```
      ...
      INTEGER   VEKTOR (1:10)
      ...
      READ  (UNIT=8, FMT=*) VEKTOR
      ...
      WRITE (UNIT=8, FMT=*) VEKTOR
      ...
```

Beim Schlüsselwort UNIT ist die anzusprechende Ein-/Ausgabeeinheit anzugeben,
bei FMT ein Format oder ein * für listengesteuerte Ein-/Ausgabe. Zuletzt folgt
eine Ein-/Ausgabeliste, wie wir sie bereits von den Anweisungen READ und PRINT
in der bisherigen Form her kennen.

Die Nummer 8 für die Ein-/Ausgabeeinheit haben wir willkürlich gewählt. Welche ganzen Zahlen gültige Nummern sind, hängt vom Rechner und vom Übersetzer ab. Zusätzlich sind bestimmte Nummern und damit Ein-/Ausgabeeinheiten rechner- und übersetzerabhängig vorbelegt (siehe Anhang C).

Häufig ist die Nummer 1 (oder 5) bei Programmstart automatisch der **Standardeingabeeinheit** zugeordnet, die Nummer 2 (oder 6) oft der **Standardausgabeeinheit**. Diese beiden Einheiten sind rechnerseitig meist an Tastatur und Bildschirm angeschlossen. Die vorbelegten Nummern können nicht für die Zuordnung von Ein-/Ausgabeeinheiten zu Dateien genutzt werden, falls nicht vorher die automatische Zuordnung durch eine CLOSE-Anweisung gelöst wird.

Kommen wir nun endlich zu einem Beispiel:

Beispielprogramm LOTTO

Auf einem Rechner, an dem mehrere Benutzer arbeiten, will man die Möglichkeit schaffen, mit Hilfe eines Programms die jeweils aktuellen Lottozahlen abfragen zu können. Dazu sollen in einer Datei das Datum der letzten Ziehung und die gezogenen Lottozahlen abgelegt werden. Das Programm LOTTO soll diese Angaben aus der Datei mit dem Namen LOTTODAT lesen und auf dem Bildschirm präsentieren.

Bevor wir uns der Entwicklung des Programms LOTTO widmen, wollen wir die Datei LOTTODAT etwas näher betrachten. Sie kann mit dem Editor in der gleichen Art und Weise erzeugt werden, wie wir unsere Programmtexte edieren. Jede Zeile entspricht dann einem Datensatz der Datei. Wie lang eine Zeile und damit ein Datensatz werden kann, hängt in diesem Fall vom verwendeten Editor ab. Im allgemeinen können die Datensätze einer Textdatei noch viel länger werden, als es viele Editoren zulassen. Wie sinnvoll sehr lange Datensätze sind, darüber läßt sich streiten. Denn normalerweise will man Textdateien ja auf den Bildschirm oder den Drucker ausgeben, und daher wird man sich häufig ohnehin auf geräteseitig vorgegebene Zeilenlängen von z.B. 80 oder 132 Zeichen beschränken.

Die Datei LOTTODAT könnte also z.B. so aussehen:

```
1. November 1986
11 15 17 20 34 41 23
```

Wie oben bereits beschrieben, muß eine Datei geöffnet werden, bevor sie gelesen werden kann. Das explizite Schließen einer Datei ist zwar nicht unbedingt erforderlich, wir wollen es der Vollständigkeit halber aber doch tun, nachdem das Lesen der Datei abgeschlossen ist. Anschließend werden die gelesenen Angaben auf den Bildschirm ausgegeben. Es ergibt sich also folgendes Struktogramm:

LOTTO

Öffnen der Datei LOTTODAT
Datum und Lottozahlen aus der Datei lesen
Schließen der Datei
Datum und Lottozahlen auf den Bildschirm ausgeben

Die Nummern von Ein-/Ausgabeeinheiten wollen wir in der Fibel grundsätzlich als symbolische Konstanten vereinbaren. So braucht man gegebenenfalls nur jeweils eine Anweisung zu ändern, falls man die Beispielprogramme an auf anderen Rechnern gültige Nummern anpassen will.

Zur Zwischenspeicherung der gelesenen Angaben im Programm vereinbaren wir eine Zeichenvariable ausreichender Länge für das Datum und ein Feld mit sechs ganzzahligen Komponenten für die sechs Gewinnzahlen und eine ganzzahlige Variable für die Zusatzzahl.

Lassen Sie uns zunächst den Programmtext hinschreiben, um dann nochmals genauer auf die Dateioperationen einzugehen.

```
      PROGRAM LOTTO
C*****************************************************************
C*      Ausgabe der Lottozahlen auf den Bildschirm
C*
C*      Das Programm entnimmt der Datei LOTTODAT das Datum der
C*      letzten Ziehung (1.Datensatz) und die Lottozahlen (2.Da-
C*      tensatz) und gibt diese Angaben auf den Bildschirm aus.
C*****************************************************************

C==== Vereinbarungsteil ======================================

C---- Konstanten ---------------------------------------------
C---- UNITNR      Nummer der Eingabeeinheit
      INTEGER    UNITNR
      PARAMETER (UNITNR=8)

C---- Variablen ----------------------------------------------
C---- DATUM     Datum der letzten Ziehung
C---- ZAHLEN    Feld für Gewinnzahlen
C---- ZUSATZ    Zusatzzahl
      CHARACTER*30      DATUM
      INTEGER           ZAHLEN(1:6), ZUSATZ
```

```
C==== Anweisungsteil ========================================

C---- Öffnen der Datei ---------------------------------------
      OPEN  (UNIT=UNITNR, FILE='LOTTODAT')

C---- Datum und Lottozahlen aus der Datei lesen --------------
      READ  (UNIT=UNITNR, FMT='(A)') DATUM
      READ  (UNIT=UNITNR, FMT= *  ) ZAHLEN, ZUSATZ

C---- Datei schließen ----------------------------------------
      CLOSE (UNIT=UNITNR)

C---- Datum und Lottozahlen auf den Bildschirm ausgeben ------
      PRINT *, 'Datum der letzten Ziehung:', DATUM
      PRINT *, 'Gewinnzahlen 6 aus 49    :', ZAHLEN
      PRINT *, 'Zusatzzahl               :', ZUSATZ

C---- Ende von LOTTO -----------------------------------------
      END
```

Durch die OPEN-Anweisung wird die Datei LOTTODAT der Ein-/Ausgabeeinheit mit der Nummer UNITNR zugeordnet und kann über diese Nummer im weiteren angesprochen werden. Außer dieser Zuordnung wird intern noch etwas anderes bewirkt. Es wird nämlich ein sogenannter **Zeiger** auf den nächsten zu bearbeitenden Datensatz gerichtet. In unserer bildlichen Darstellung wollen wir das so kennzeichnen:

$\Rightarrow$
```
1. November 1986
11 15 17 20 34 41 23
```

Gezeigt ist hier der Fall, daß der Zeiger nach dem Öffnen einer Datei vor dem ersten Datensatz steht. Es gibt aber auch FORTRAN-Übersetzer, bei denen der Zeiger nach dem Öffnen auf das Ende der Datei deutet, also hinter dem letzten Datensatz steht.

```
1. November 1986
```
$\Rightarrow$
```
11 15 17 20 34 41 23
```

In diesem Fall müssen wir den Zeiger durch eine zusätzliche Anweisung auf den Dateianfang zurücksetzen, ehe wir mit dem Lesen der Datensätze beginnen können.

Hierzu bietet FORTRAN die REWIND-Anweisung. Es braucht lediglich die Nummer der Ein-/Ausgabeeinheit angegeben zu werden, für die der Dateizeiger zurückgesetzt werden soll. Natürlich ist die REWIND-Anweisung nur für solche Nummern von Ein-/Ausgabeeinheiten sinnvoll und zulässig, denen gerade eine

Datei zugeordnet ist. Das Öffnen der Datei LOTTODAT müßte also folgendermaßen
ergänzt werden:

```
C---- Öffnen der Datei LOTTODAT -----------------------------
      OPEN   (UNIT=UNITNR, FILE='LOTTODAT')
      REWIND (UNIT=UNITNR)
```

Da durch den FORTRAN-77-Standard nicht festgelegt ist, an welcher Stelle der
Datei der Zeiger nach dem Öffnen stehen muß, ist es im Zweifelsfalle ratsam, den
Zeiger immer explizit auf den Anfang zurückzusetzen, wenn man die Datei vom
Anfang an bearbeiten will!

Gehen wir also davon aus, daß nach den Anweisungen OPEN und REWIND der Zeiger
am Anfang der Datei steht.

Mit der ersten READ-Anweisung wird nun das Datum als Zeichenkette aus der
Datei eingelesen und der Variablen DATUM zugewiesen. Wie beim Einlesen vom
Bildschirm verwenden wir das A-Format, um uns die Häkchen zu ersparen, die bei
listengesteuerter Eingabe zur Kennzeichnung einer Zeichenkonstante erforderlich
wären.

Neben dem eigentlichen Einlesen wird intern wiederum zusätzliche Organisations-
arbeit geleistet. Der Zeiger wird nach dem Einlesen automatisch auf den nächsten
zu bearbeitenden Datensatz gesetzt. Den Stand nach der Abarbeitung der ersten
READ-Anweisung können wir also so andeuten:

$\Rightarrow$
```
1. November 1986
11 15 17 20 34 41 23
```

Nach dem Einlesen der Lottozahlen und der Zusatzzahl deutet der Zeiger dann
wieder auf das Ende der Datei.

$\Rightarrow$
```
1. November 1986
11 15 17 20 34 41 23
```

Wo der Zeiger beim nachfolgenden Schließen der Datei steht, ist ohne Bedeutung.

In diesem ersten Beispiel haben wir Datensätze aus einer Datei gelesen, von der
wir angenommen haben, sie existiere und sei durch Edieren entstanden. Wir
wollen nun sehen, wie man eine Textdatei von einem FORTRAN-Programm aus
erzeugen und beschreiben kann bzw. wie eine existierende Datei überschrieben
werden kann.

Beispielprogramm NEULOT

Für die Erstellung der Datei LOTTODAT mit dem Editor benötigt man eine genaue
Kenntnis davon, wie die Daten in der Datei anzuordnen sind. Außerdem ist es
umständlich, wegen der Eingabe nur weniger Zahlen den Editor aufzurufen.

Daher soll ein Programm mit dem Namen NEULOT entwickelt werden, das die
Aufgabe hat, das Datum der letzten Ziehung und die aktuellen Lottozahlen über
Tastatur und Bildschirm einzulesen und in der Datei LOTTODAT abzulegen. Falls
die Datei nicht existiert, soll sie neu erzeugt werden. Andernfalls soll der Inhalt
mit den neuen Angaben überschrieben werden.

Die Aufgabenstellung ist also genau umgekehrt wie beim vorhergehenden Beispiel. Programmstruktur und Programmtext lassen sich analog formulieren. Wir
müssen lediglich kurz darauf eingehen, welche Fälle beim Öffnen der Datei zu
unterscheiden sind.

Falls die Datei noch nicht existiert, soll sie erzeugt werden. Genau das leistet
aber die OPEN-Anweisung in der einfachen Form, die wir kennengelernt haben.

Falls die Datei bereits existiert, soll ihr Inhalt überschrieben werden. Dazu
müssen wir sicherstellen, daß der Dateizeiger vor dem Schreiben in die Datei
am Anfang der Datei steht. Dies realisieren wir wie beim Lesen mit der REWIND-
Anweisung. (Wie bereits erwähnt, ist das Rücksetzen des Dateizeigers auf den
Anfang mittels der REWIND-Anweisung nicht bei allen Übersetzern notwendig; es
schadet aber auch nicht.)

Sehen Sie sich nun Struktogramm und Programmtext an. Anschließend wollen
wir den Ablauf des Programms schrittweise nachvollziehen.

NEULOT

Datum und Lottozahlen über die Tastatur einlesen
Öffnen der Datei LOTTODAT
Datum und Lottozahlen in die Datei schreiben
Schließen der Datei

```
      PROGRAM NEULOT
C****************************************************************
C*    Erstellen der Datei LOTTODAT
C*
C*    Das Programm liest das Datum der letzten Ziehung und die
C*    Lottozahlen über die Tastatur ein und gibt diese Angaben
C*    auf die Datei LOTTODAT aus.
C****************************************************************

C==== Vereinbarungsteil =======================================

C---- Konstanten ----------------------------------------------
C---- UNITNR     Nummer der Eingabeeinheit
      INTEGER    UNITNR
      PARAMETER (UNITNR=8)

C---- Variablen -----------------------------------------------
C---- DATUM      Datum der letzten Ziehung
C---- ZAHLEN     Feld für Gewinnzahlen
C---- ZUSATZ     Zusatzzahl
      CHARACTER*30      DATUM
      INTEGER           ZAHLEN(1:6), ZUSATZ

C==== Anweisungsteil ==========================================

C---- Datum und Lottozahlen über die Tastatur einlesen --------
      PRINT *, 'Bitte Datum der letzten Ziehung eingeben !',
     &         '(maximal 30 Zeichen)'
      READ '(A)', DATUM
      PRINT *, 'Bitte Gewinnzahlen und Zusatzzahl eingeben !'
      READ *, ZAHLEN, ZUSATZ

C---- Öffnen der Datei ----------------------------------------
      OPEN   (UNIT=UNITNR, FILE='LOTTODAT')
      REWIND (UNIT=UNITNR)

C---- Datum und Lottozahlen in die Datei schreiben -----------
      WRITE  (UNIT=UNITNR, FMT='(A)') DATUM
      WRITE  (UNIT=UNITNR, FMT= *  ) ZAHLEN, ZUSATZ

C---- Datei schließen -----------------------------------------
      CLOSE  (UNIT=UNITNR)

C---- Ende von NEULOT -----------------------------------------
      END
```

Betrachten wir zunächst den Fall, daß die Datei noch nicht existiert. Dann vollzieht sich der Aufbau der Datei folgendermaßen. Nach den Anweisungen OPEN und REWIND erhalten wir das Bild einer leeren Datei. Anfang und Ende der Datei können nicht unterschieden werden.

⇒ (

Nach dem Schreiben des ersten Datensatzes (WRITE) deutet der Zeiger auf das Ende der Datei, die Stelle, an die der nächste Datensatz zu schreiben ist.

⇒ (1. November 1986

Mit der zweiten WRITE-Anweisung wird ein weiterer Datensatz angefügt.

⇒ (1. November 1986
     11 15 17 20 34 41 23

Ist die Datei LOTTODAT bereits vorhanden, so tritt der Fall ein, daß ihr Inhalt durch die aktuellen Daten überschrieben werden muß. Nach dem Öffnen und Rücksetzen des Dateizeigers ergibt sich z.B. folgendes Bild:

⇒ (25. Oktober 1986
     1 13 22 23 27 41 19

Und nun heißt es aufgepaßt! Wird nämlich an dieser Stelle mit der WRITE-Anweisung ein Datensatz in die Datei geschrieben, so geht damit der gesamte Dateiinhalt verloren bzw. wird sozusagen überschrieben.

⇒ (1. November 1986

Der zweite Datensatz wird wie im ersten Fall angefügt:

⇒ (1. November 1986
     11 15 17 20 34 41 23

Beim Schreiben eines Datensatzes in eine sequentielle Datei bleiben alle vorausgehenden Datensätze erhalten, und alle nachfolgenden Datensätze werden überschrieben. Nach dem Schreiben steht der Zeiger hinter dem geschriebenen Datensatz am Ende der Datei.

Das teilweise Überschreiben einer sequentiellen Datei ist in der Praxis jedoch nur von geringer Bedeutung. Das obige Beispiel zeigt den häufigeren Fall, daß mit dem Überschreiben des ersten Datensatzes der gesamte Dateiinhalt überschrieben wird.

Kontrollaufgabe

K.15.1 Die Textdatei TEXTDAT enthält im ersten Datensatz die Anzahl der nachfolgenden Datensätze und in diesen irgendeinen Text. Die Datensätze haben eine Länge von maximal 80 Zeichen.

Entwickeln Sie ein Programm, das ein Wort über die Tastatur einliest und prüft, in wievielen Datensätzen der Datei das Wort enthalten ist. Eine entsprechende Antwort soll auf den Bildschirm ausgegeben werden.

15.2 Eingabe mit Dateiendeerkennung

Die Beispiele des letzten Abschnitts hatten gemeinsam, daß die Anzahl der in der Datei enthaltenen Datensätze als dem Programmentwickler bekannt vorauszusetzen war, oder, wie im Fall der Kontrollaufgabe, zumindest während des Programmlaufs explizit der Datei entnommen werden konnte.

Viel häufiger ist aber der Fall, daß mit einem Programm beliebig lange Dateien bearbeitet werden sollen. Das bedeutet, daß wir weder zum Zeitpunkt der Programmentwicklung wissen, wie lang die zu bearbeitende Datei sein wird, noch können wir während des Programmlaufs die Länge bestimmen oder errechnen. Vielmehr erkennen wir die Länge der Datei, d.h. die Anzahl der Datensätze, erst, wenn wir beim Lesen auf das Ende der Datei stoßen. Dazu ein Beispiel:

Beispielprogramm DATAUS

Wir wollen ein Programm schreiben, daß es uns ermöglicht, den Inhalt einer beliebigen Textdatei auf den Bildschirm auszugeben. Dabei sollen nur die ersten 256 Zeichen jedes Datensatzes berücksichtigt werden. Der Name der auszugebenden Datei soll über die Tastatur eingelesen werden.

Das Programm soll also von der Datei lesen und das Gelesene unbesehen gleich wieder auf den Bildschirm ausgeben.

Da wir nicht wissen, wie lang die auszugebende Datei ist, d.h. wieviele Datensätze (Zeilen) sie enthält, können wir nicht die ganze Datei auf einmal einlesen. Wir müßten dafür ja eine entsprechende Zahl von Zeichenvariablen vereinbaren. Am einfachsten ist es, jeden einzelnen Datensatz einzulesen und gleich wieder als eine Bildschirmzeile auszugeben. So brauchen wir nur eine Zeichenvariable der Länge einer Zeile.

Diese zeilenweise Ein-/Ausgabe muß wiederholt ausgeführt werden, solange nicht das Dateiende erreicht ist.

FORTRAN bietet die Möglichkeit, im Programm darauf reagieren zu können, wenn eine Leseanweisung auf das Dateiende stößt. Dazu kann man in der READ-Anweisung eine Anweisungsmarke angeben, an der mit der Ausführung des Programms fortgefahren wird, falls das Dateiende erreicht ist und nichts mehr gelesen werden kann.

Mit solch einer READ-Anweisung kann man eine Wiederholungsstruktur aufbauen. Sie sehen hier das Programmschema und das dazugehörige Struktogramm.

```
Anw1   CONTINUE
       READ (UNIT=Nummer, FMT=Format, END=Anw2) Liste
              Anweisung(en)
       GOTO Anw1
Anw2   CONTINUE
```

Solange Dateiende nicht erreicht	
	Lies einen Datensatz aus der Datei
	Anweisung(en)

Stößt die READ-Anweisung auf das Dateiende und es kann nichts mehr gelesen werden, wird die Abarbeitung der Wiederholung beendet. Für *Nummer* muß ein ganzzahliger Wert eingesetzt werden, für *Format* eine Formatangabe oder ein * und für *Liste* eine Eingabeliste in der bekannten Form.

Der Name der Datei soll über die Tastatur eingelesen werden. In der OPEN-Anweisung kann der Name der zu öffnenden Datei auch als Zeichenvariable angegeben werden:

```
      . . .
      INTEGER      UNITNR
      CHARACTER*8 NAME
      . . .
      OPEN (UNIT=UNITNR, FILE=NAME)
      . . .
```

Nur die ersten 256 Zeichen jedes Datensatzes brauchen laut Problemstellung berücksichtigt zu werden. Damit liegt die Länge der für das Einlesen zu vereinbarenden Zeichenvariablen fest. Um uns die Möglichkeit einfacher Änderungen offenzuhalten, vereinbaren wir die zu berücksichtigende Länge als Konstante.

Bei der Ausgabe auf den Bildschirm muß man allerdings aufpassen. Beim Einlesen in die Zeichenvariable werden auch kürzere Datensätze bis zur vereinbarten Länge mit Leerzeichen aufgefüllt. Bei der Ausgabe einer Zeichenvariable, die länger als eine Bildschirmzeile ist, wird automatisch in die nächste Zeile übergegangen, nötigenfalls auch mehrfach. Es ist daher empfehlenswert, die Zeichenvariable nicht immer in voller Länge (256 Zeichen) auf den Bildschirm auszugeben, sondern nur in ihrer „wahren" Länge, d.h. ohne die Leerzeichen am Ende. Andernfalls würde zum Beispiel bei einem Bildschirm mit 80 Spalten jeder Datensatz mit 4 Zeilen zu Buche schlagen, auch wenn er nur ein paar Zeichen am Anfang enthält. Die wahre Länge sollte immer mindestens Eins betragen, damit leere Datensätze als Leerzeilen auf dem Bildschirm erscheinen.

Zur Bestimmung der „wahren" Länge müssen wir im Datensatz von rechts beginnend nach dem ersten Zeichen suchen, das nicht das Leerzeichen ist. Wir können hierzu den Algorithmus des Unterprogramms RDSTR aus Lektion 13 in geringfügig modifizierter Form verwenden. Im nun folgenden Struktogramm des Beispielprogramms DATAUS wird dieser Teil daher nicht verfeinert dargestellt.

DATAUS

Dateiname einlesen
Datei öffnen
Solange Dateiende nicht erreicht
Datensatz lesen
„wahre" Länge des Datensatzes bestimmen
Datensatz auf den Bildschirm ausgeben
Datei schließen

Es folgt der Programmtext, anhand dessen wir anschließend den Ablauf der Dateiendeerkennung nachvollziehen wollen.

```
      PROGRAM DATAUS
C*****************************************************************
C*     Ausgabe einer Textdatei auf den Bildschirm
C*
C*     Der Name der auszugebenden Datei wird über die Tastatur
C*     eingelesen. Es werden nur eine bestimmte Anzahl von
C*     Zeichen jedes Datensatzes berücksichtigt (siehe Konstante
C*     LSATZ). Leere Datensätze oder solche, die nur Leerzeichen
C*     enthalten, werden als Leerzeilen ausgegeben.
C*****************************************************************

C==== Vereinbarungsteil ========================================

C---- Konstanten ------------------------------------------------
C---- UNITNR    Nummer der Eingabeeinheit
C---- LSATZ     Zu berücksichtigende Länge eines Datensatzes
      INTEGER   UNITNR, LSATZ
      PARAMETER (UNITNR=8, LSATZ=256)


C---- Variablen -------------------------------------------------
C---- LAENGE    Länge ohne Leerzeichen am Ende
      INTEGER   LAENGE
C---- NAME      Dateiname
C---- SATZ      Datensatz
      CHARACTER*8     NAME
      CHARACTER*(LSATZ) SATZ

C==== Anweisungsteil ===========================================

C---- Dateiname einlesen ----------------------------------------
      PRINT *  , 'Bitte den Dateinamen eingeben ',
     &            '(maximal 8 Zeichen) !'
      READ '(A)', NAME

      OPEN  (UNIT=UNITNR, FILE=NAME)
      REWIND (UNIT=UNITNR)

C---- Solange Dateiende nicht erreicht ... --------------------
  101 CONTINUE
C-------- Datensatz einlesen ----------------------------------
          READ (UNIT=UNITNR, FMT='(A)',END=102) SATZ
C-------- Wahre Länge bestimmen -------------------------------
          LAENGE    = LSATZ
  201     CONTINUE
          IF (.NOT. (LAENGE .NE. 1 .AND.
     &        SATZ (LAENGE:LAENGE) .EQ. ' ') ) GOTO 202
              LAENGE    = LAENGE - 1
          GOTO 201
  202     CONTINUE
C-------- Datensatz ausgeben ----------------------------------
          PRINT '(A)', SATZ (1:LAENGE)
      GOTO 101
  102 CONTINUE
```

```
C---- Datei schließen -----------------------------------------
      CLOSE (UNIT=UNITNR)

C---- Ende von DATAUS ------------------------------------------
      END
```

Stellen wir uns vor, die zu bearbeitende Datei hätte folgenden Inhalt:

$\Rightarrow$
```
Dies ist eine Datei mit zwei Datensätzen.
Dies ist der zweite Datensatz der Datei.
```

Nach dem Öffnen (OPEN und REWIND) deutet der interne Dateizeiger auf den Anfang der Datei. Die Schleife über das Lesen der Datensätze wird dann insgesamt
dreimal durchlaufen.

Beim ersten und beim zweiten Mal kann jeweils ein Datensatz gelesen und bearbeitet werden, da das Dateiende nicht erreicht ist. Der Zeiger rückt dabei jeweils
um einen Datensatz vor und steht nun am Dateiende.

```
Dies ist eine Datei mit zwei Datensätzen.
Dies ist der zweite Datensatz der Datei.
```
$\Rightarrow$

Im dritten Durchlauf kann nun kein Datensatz mehr gelesen werden, und die
Abarbeitung der Schleife wird beendet.

Kontrollaufgaben

K.15.2 Entwickeln Sie ein Programm, das die Anzahl der Datensätze in einer
Textdatei bestimmt!

Der Name der Datei soll im Bildschirmdialog abgefragt werden. Das
Ergebnis soll auf den Bildschirm ausgegeben werden.

K.15.3 Modifizieren Sie das Beispielprogramm NEULOT aus Abschnitt 15.1. so,
daß zusätzlich eine Statistik über die Lottoziehungen geführt wird.

Dazu sollen die in der Datei LOTTODAT gegebenenfalls vorhandenen Datensätze vor dem Überschreiben gelesen und an eine Datei mit dem
Namen LOTTOSTAT angehängt werden.

15.3   Ein-/Ausgabe mit Fehlererkennung

Sicher ist es Ihnen schon oft so gegangen, daß Ihr Programm aufgrund bestimmter Fehler, wie z.B. Division durch Null, Zahlenbereichsüberschreitung oder Feldgrenzenüberschreitung „abgestürzt" ist. Auf dem Bildschirm erscheint im günstigen Fall eine mehr oder weniger verständliche Fehlermeldung, und meist fällt die Fehlerdiagnose schwer.

Oft ist es möglich, beim Programmentwurf bestimmte Fehlerfälle einzukalkulieren und durch entsprechende Abfragen vorzubauen. Diese Vorgehensweise ist im allgemeinen aber sehr aufwendig, und übersichtlicher wird der Programmtext dadurch auch nicht, im Gegenteil. Manchmal ist es nicht einmal möglich, Fehler vorherzusehen.

In einigen Programmiersprachen gibt es daher Möglichkeiten zur sogenannten **Ausnahmebehandlung** (engl.: exception handling). Genau dann, wenn eine bestimmte Ausnahmesituation, also zum Beispiel ein Fehler, eintritt, wird ein dafür vorgesehenes Programmstück bearbeitet. Es liegt also in der Hand des Programmierers, was im Ausnahmefall geschehen soll: z.B., ob die Ausführung des Programms beendet werden soll oder nicht.

Die im vorhergehenden Abschnitt besprochene Dateiendeerkennung und die im folgenden behandelte Fehlerbehandlung sind solche Ausnahmebehandlungen. Andere Ausnahmebehandlungen gibt es in FORTRAN nicht. Allerdings sind die vorhandenen besonders wichtig, denn bei der Ein-/Ausgabe ist die Zahl möglicher Ausnahmesituationen, die nicht vorher erkannt werden können, besonders hoch.

Bei allen Ein-/Ausgabeanweisungen kann eine Anweisungsmarke angegeben werden, zu der im Fehlerfall verzweigt wird. In einer allgemeinen Form lauten die Anweisungen dann so:

```
OPEN    (UNIT=Nummer, FILE=Name, ERR=Anweisungsmarke)
CLOSE   (UNIT=Nummer, ERR=Anweisungsmarke)
READ    (UNIT=Nummer, FMT=Format, ERR=Anweisungsmarke) Liste
WRITE   (UNIT=Nummer, FMT=Format, ERR=Anweisungsmarke) Liste
REWIND  (UNIT=Nummer, ERR=Anweisungsmarke)
```

Bei der READ-Anweisung kann die Fehlererkennung auch mit der Dateiendeerkennung kombiniert werden. Anders als bei der Dateiendeerkennung ist mit diesen Anweisungen jeweils eine Auswahlstruktur zu realisieren. Das folgende Programmfragment zeigt die Fehlererkennung am Beispiel der OPEN-Anweisung:

```
      . . .
      CHARACTER*20      NAME
      LOGICAL           OKAY
      . . .
C---- Einlesen des Dateinamens und Öffnen der Datei ----------
      OKAY      = .FALSE.
  101 CONTINUE
          PRINT  *  , 'Bitte geben Sie den Dateinamen ein!'
          READ '(A)', NAME

          OPEN (UNIT=UNITNR, FILE=NAME, ERR=201)
          GOTO  202
  201     CONTINUE
          PRINT *, 'Fehler beim Oeffnen der Datei: ', NAME
          PRINT *, 'Moegliche Ursache: ',
      &              'Unzulaessiger Dateiname.'
          GOTO 299
  202     CONTINUE
          REWIND (UNIT=UNITNR)
          OKAY      = .TRUE.
          GOTO 299
  299     CONTINUE

      IF (OKAY) GOTO 102
      GOTO 101
  102 CONTINUE
      . . .
```

Das Einlesen des Dateinamens und das Öffnen der Datei wird wiederholt, bis es erfolgreich war.

Allerdings ist bei der hier realisierten Fehlerbehandlung Vorsicht geboten. Fehler beim Öffnen einer Datei können ja auch andere Ursachen haben als die Angabe eines unzulässigen Dateinamens. Zum Beispiel könnte der Programmierer eine verbotene Nummer für die Ein-/Ausgabeeinheit gewählt haben, oder dem Benutzer des Programms fehlen die Zugriffsrechte für die zu öffnende Datei. Beide Fehler könnten vom Benutzer des Programms nicht durch die erneute Eingabe des Dateinamens vermieden werden, und er müßte das Programm abbrechen. Besser wäre es daher, im Fehlerfall noch zusätzlich abzufragen, ob der Vorgang wiederholt oder ob die Ausführung des Programms beendet werden soll.

Auch beim Bildschirmdialog ist die Fehlererkennung möglich. Dazu müssen die ausführlichen Ein-/Ausgabeanweisungen gewählt werden:

```
      READ  (UNIT=*, FMT=Format) Liste
      WRITE (UNIT=*, FMT=Format) Liste
```

Sie sind in der Wirkung identisch mit den Ihnen bereits bekannten kurzen Anweisungen:

> READ *Format, Liste*
> PRINT *Format, Liste*

Statt der Nummer der Ein-/Ausgabeeinheit wird in den ausführlichen Anweisungen der * verwendet, um zu kennzeichnen, daß die Ein-/Ausgabe von der Standardeingabeeinheit bzw. auf die Standardausgabeeinheit erfolgen soll. Außerdem
kann nun, wie bei den Ein-/Ausgabeoperationen mit Dateien, eine Anweisungsmarke angegeben werden, zu der im Fehlerfall verzweigt wird.

> READ (UNIT=*, FMT=*Format*, ERR=*Anweisungsmarke*) *Liste*
> WRITE (UNIT=*, FMT=*Format*, ERR=*Anweisungsmarke*) *Liste*

Auch hierzu als Beispiel nur ein kurzes Programmfragment:

```
      ...
      INTEGER   ZAHL
      LOGICAL   OKAY
      ...
C---- Einlesen einer ganzen Zahl -----------------------------
      OKAY      = .FALSE.
  101 CONTINUE
          PRINT  *  , 'Bitte geben Sie eine ganze Zahl ein !'
          READ (UNIT=*, FMT=*, ERR=201) ZAHL
          GOTO  202
  201        CONTINUE
          PRINT *, 'Fehler beim Lesen der Zahl !'
          PRINT *, 'Moegliche Ursache: ',
     &               'Ueberschreitung des Zahlenbereichs.'
          GOTO 299
  202        CONTINUE
          OKAY      = .TRUE.
          GOTO 299
  299     CONTINUE

      IF (OKAY) GOTO 102
      GOTO 101
  102 CONTINUE
      ...
```

Lektion 16

Datenstrukturen II
Verkettete Listen

In Lektion 14 haben Sie die Datenstruktur **Feld** kennengelernt. Listen- und tabellenartige Strukturen in den Daten einer Problemstellung finden damit in FORTRAN-Programmen eine geeignete Repräsentation.

Verkettete Strukturen, schaffen vielseitige Strukturierungs- und Darstellungsmöglichkeiten und werden daher oft verwendet. Da wir in der Programmiersprache FORTRAN nicht über entsprechende Darstellungsmittel verfügen, müssen wir bei der Realisierung der verketteten Strukturen Felder zu Hilfe nehmen.

Das Hauptmerkmal der verketteten Strukturen wird bereits durch ihren Namen charakterisiert. Auf ein Element einer solchen Struktur kann nicht wie bei einem Feld gleichberechtigt und direkt zugegriffen werden, sondern nur über eine Verkettung von mehreren Zugriffen auf Elemente der Struktur, die zueinander in einer bestimmten Beziehung stehen und jeweils aufeinander verweisen. Denken Sie zum Beispiel auch an Textdateien, bei denen nie direkt auf einen beliebigen Datensatz zugegriffen werden kann, sondern immer nur auf den jeweils nächsten.

Als einfaches Beispiel werden wir in dieser Lektion **verkettete Listen** behandeln, um mit den prinzipiellen Merkmalen verketteter Strukturen vertraut zu werden.

Betrachten wir zunächst eine Liste, wie wir sie in einem Feld angelegt hätten. Die Liste solle eine Anzahl von Vornamen aufnehmen und mit der folgenden FORTRAN-Anweisung vereinbart werden:

```
CHARACTER*20 NAMLIS(1:LISMAX)
```

LISMAX ist eine zuvor zu vereinbarende symbolische Konstante und gibt die maximale Anzahl von Listenelementen an.

Die bildliche Darstellung nach der Eintragung mehrerer Namen in die Liste könnte zum Beispiel so aussehen:

NAMLIS

1	Cleopatra
2	Dennis
3	Beatrice
4	Andreas
5	

⋮

LISMAX

Der Zugriff auf das dritte Element dieser Liste, den Namen 'Beatrice', könnte
direkt erfolgen und würde in FORTRAN so formuliert werden:

```
PRINT *, NAMLIS(3)
```

Sehen Sie sich nun bitte die um das Feld NF erweiterte Datenstruktur an:

```
CHARACTER*20 NAMLIS(1:LISMAX)
INTEGER      NF   (0:LISMAX)
```

	NF	NAMLIS
0	4	
1	2	Cleopatra
2	-1	Dennis
3	1	Beatrice
4	3	Andreas
5		

⋮

LISMAX

Das Feld NF enthält für jedes Element der Namensliste den Index des jeweils nachfolgenden Listenelements in alphabetischer Reihenfolge. Im Feldelement NF(0)
steht der Index des ersten Elements der Namensliste.

Der Zugriff auf das erste Element der Namensliste, den Namen 'Andreas', würde so lauten:

```
    PRINT *, NAMLIS( NF(0) )
```

NF(0) hat den Wert 4, NAMLIS(4) hat den Wert 'Andreas'.

Auf das zweite Element in alphabetischer Reihenfolge, den Namen 'Beatrice', müßte so zugegriffen werden:

```
    PRINT *, NAMLIS( NF(NF(0)) )
```

NF(0) hat den Wert 4, NF(4) den Wert 3 und NAMLIS(3) den Wert 'Beatrice'.

Die Zugriffe auf das dritte und das vierte Element der verketteten Liste, die Namen 'Cleopatra' und 'Dennis', vollziehen Sie bitte selbst nach:

```
    PRINT *, NAMLIS( NF(NF(NF(0))) )
    PRINT *, NAMLIS( NF(NF(NF(NF(0)))) )
```

Der Wert -1 in NF(2) bedeutet, daß es für den Namen 'Dennis' keinen Nachfolger in der alphabetisch verketteten Liste gibt. 'Dennis' ist das letzte Element der Liste. Der Wert -1 ist also kein Index, sondern nur eine willkürlich gewählte Endekennung für die Liste.

Mit der Sichtweise der verketteten Liste heben wir uns von der Datenstruktur Feld ab. Die logische Reihenfolge der Elemente in der verketteten Liste hat nichts zu tun mit der Reihenfolge der Elemente im Feld. Das Feld wird lediglich benötigt, um über den Feldindex die Verkettung zu realisieren. Diesem Sachverhalt wollen wir in der bildlichen Darstellung Rechnung tragen:

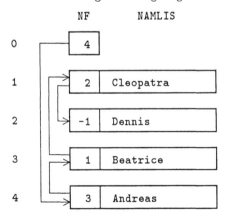

In vielen anderen Programmiersprachen braucht man nicht auf das Feld als Notbehelf zur Darstellung verketteter Listen zurückzugreifen, denn dort gibt es den Datentyp Zeiger. In Anlehnung daran wollen wir die Elemente des Feldes NF auch **Zeiger** auf das jeweils nachfolgende Listenelement nennen.

Beispielprogramm LAUSG

Die wichtigste Operation auf verkettete Listen ist ein Listendurchlauf vom Anfang bis zum Ende einer Liste. Wir wollen als Beispiel dazu ein Unterprogramm schreiben, das alle Elemente unserer Namensliste in alphabetischer Reihenfolge auf den Bildschirm ausgibt.

Wir beginnen mit dem Zeiger auf das erste Element der Liste, und solange wir nicht das Listenende erreicht haben, geben wir ein Element auf den Bildschirm aus und bestimmen den Zeiger auf das nachfolgende Element. In Struktogrammdarstellung sieht diese Programmstruktur so aus:

LAUSG

Beginn mit dem Zeiger auf das erste Listenelement
Solange nicht das Ende der Liste erreicht ist
Ausgabe des Elements, auf das der Zeiger deutet
Bestimmung des Zeigers auf das nachfolgende Element

Die Felder NF und NAMLIS müssen nebst ihrer oberen Indexgrenze LISMAX als formale Parameter des Unterprogramms vereinbart werden. Für den Zeiger auf das jeweils nachfolgende Listenelement sehen wir eine ganzzahlige Variable ZEIGER vor.

Bei der Betrachtung der Programmstruktur ist die Beachtung des Sonderfalls einer leeren Liste besonders wichtig. Enthält die Liste kein Element, so darf die Ausgabeschleife kein einziges Mal durchlaufen werden. Die Verwendung einer Wiederholung mit vorausgehender Bedingung ist hier also zwingend erforderlich.

Wir erhalten den Programmtext von LAUSG:

```
      SUBROUTINE LAUSG (LISMAX, NF, NAMLIS)

C**********************************************************************
C*     Ausgabe der verketteten Namensliste auf den Bildschirm
C*
C*     Parameter:
C*
C*     LISMAX INT  Ein       Obere Indexgrenze der Felder
C*     NF     INT  Ein       Feld für Zeiger auf Nachfolger
C*     NAMLIS CHAR Ein       Feld für Namen
C**********************************************************************

C==== Vereinbarungsteil ====================================

C---- Formalparameter --------------------------------------
      INTEGER           LISMAX, NF (0:LISMAX)
      CHARACTER*(*)     NAMLIS (1:LISMAX)

C---- Variablen --------------------------------------------
C---- ZEIGER             Zeiger auf ein Listenelement
      INTEGER           ZEIGER

C==== Anweisungsteil =======================================

C---- Beginn mit dem Zeiger auf das erste Listenelement -------
      ZEIGER   = NF(0)

C---- Solange nicht das Ende der Liste erreicht ist ... -------
  101 CONTINUE
      IF (ZEIGER .EQ. -1) GOTO 102
C-------- Ausgabe des Elements ------------------------------
        PRINT *, NAMLIS(ZEIGER)
C-------- Bestimmung des Zeigers auf das nächste Element ------
        ZEIGER = NF (ZEIGER)
      GOTO 101
  102 CONTINUE

C---- Ende von LAUSG ---------------------------------------
      END
```

Im nächsten Beispiel wollen wir einen Listendurchlauf mit etwas komplizierteren Abbruchbedingungen konstruieren.

Beispielprogramm LSUCH

Wir wollen ein Unterprogramm entwickeln, das überprüft, ob ein gegebener Name NAME in unserer Namensliste existiert. Das Ergebnis soll in dem logischen Parameter EXIST an den aufrufenden Modul übergeben werden. Außerdem soll die Prozedur zwei Zeiger liefern. Wurde der Name in der Liste gefunden, sollen der Index des entsprechenden Listenelements im Parameter ZEIGER und der Index des vorhergehenden Listenelements im Parameter VORZEI übergeben werden. Im

Fall der erfolglosen Suche möchte man in diesen Parametern die Indizes derjenigen Listenelemente erhalten, zwischen denen der gesuchte Name einzuordnen wäre.

Beispielsweise müßten nach dem Aufruf des Unterprogramms LSUCH zum Suchen des Namens 'Cleopatra' die Zeiger die folgenden Werte haben:

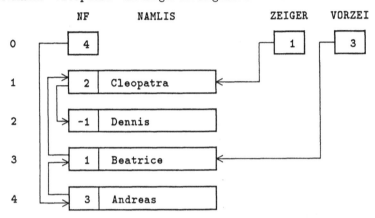

Der Parameter ZEIGER erhält den Index des gesuchten Namens, VORZEI den Index des vorhergehenden Listenelements. Dieselben Werte ergäben sich, wenn man zum Beispiel den Namen 'Caesar' suchen würde. Der Name 'Caesar' ist in der Liste nicht enthalten, wäre aber zwischen diesen Listenelementen alphabetisch einzuordnen.

Wie im vorigen Beispiel müssen wir einen iterativen Durchlauf durch die verkettete Liste programmieren. Wie zuvor müssen wir den Durchlauf beenden, sobald wir das Ende der Liste erreicht haben. Nun können wir aber auch schon abbrechen, sowie wir das gesuchte Listenelement gefunden haben oder aufgrund der alphabetischen Sortierung erkennen können, daß es in der Liste nicht enthalten sein kann.

Bei jeder Fortschaltung des Zeigers ZEIGER auf das nächste zu vergleichende Listenelement müssen wir den Zeiger VORZEI auf das vorhergehende, jeweils gerade betrachtete Listenelement setzen. Am Anfang erhält VORZEI den Wert Null, deutet also nicht auf ein Element der Namensliste, sondern auf den Beginn der Liste im Feld NF. Dieser Wert ist sinnvoll für den Fall, daß ein nicht gefundener Name am Anfang der Liste einzuordnen wäre.

Der beschriebene Programmablauf wird durch das Struktogramm noch deutlicher.

LSUCH

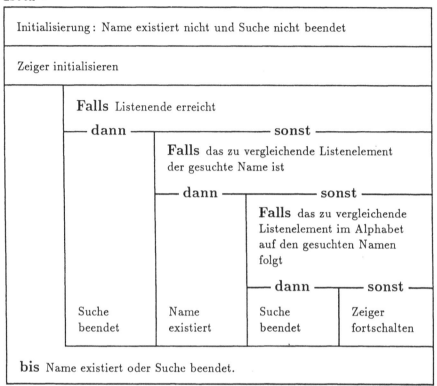

Initialisierung : Name existiert nicht und Suche nicht beendet

Zeiger initialisieren

Falls Listenende erreicht

── **dann** ────────────── sonst ──────

    Falls das zu vergleichende Listenelement
der gesuchte Name ist

    ── **dann** ────────── sonst ────

        Falls das zu vergleichende
Listenelement im Alphabet
auf den gesuchten Namen
folgt

        ── **dann** ──────── sonst ──

| Suche beendet | Name existiert | Suche beendet | Zeiger fortschalten |

bis Name existiert oder Suche beendet.

Zusätzlich zu den Formalparametern braucht im Unterprogramm lediglich eine
logische Variable vereinbart zu werden, die angibt, ob die Suche beendet ist oder
nicht.

```
      SUBROUTINE LSUCH (LISMAX, NF, VORZEI, ZEIGER,
     &                  NAMLIS, NAME, EXIST)
C*****************************************************************
C*    Suchen eines Namens in der verketteten Namensliste
C*
C*    Parameter:
C*
C*    LISMAX INT  Ein      Obere Indexgrenze der Felder
C*    NF     INT  Ein      Feld für Zeiger auf Nachfolger
C*    VORZEI INT  Aus      Zeiger auf Vorgänger des gesuchten
C*                         Namens
C*    ZEIGER INT  Aus      Zeiger auf den zu vergleichenden
C*                         Namen
C*    NAMLIS CHAR Ein      Feld für Namen
C*    NAME   CHAR Ein      Zu suchender Name
C*    EXIST  LOG  Aus      Name existiert ja/nein
C*****************************************************************
```

```
C==== Vereinbarungsteil =======================================

C---- Formalparameter --------------------------------------
      INTEGER          LISMAX, NF (0:LISMAX), VORZEI, ZEIGER
      CHARACTER*(*)    NAMLIS (1:LISMAX), NAME
      LOGICAL          EXIST

C---- Variablen --------------------------------------------
C---- ENDE              Suche beendet ja/nein
      LOGICAL          ENDE

C==== Anweisungsteil =======================================

C---- Initialisierung --------------------------------------
      EXIST    = .FALSE.
      ENDE     = .FALSE.

C---- Initialisierung der Zeiger : -------------------------
C---- VORZEI auf Beginn der Liste  -------------------------
C---- ZEIGER auf das erste Element -------------------------
      VORZEI   = 0
      ZEIGER   = NF (0)

C---- Wiederhole ... ---------------------------------------
  101 CONTINUE
C-------- Falls Listenende erreicht ... --------------------
         IF (ZEIGER .EQ. -1) THEN
            ENDE    = .TRUE.
C-------- sonst falls Name gefunden ... --------------------
         ELSEIF (NAMLIS(ZEIGER) .EQ. NAME) THEN
            EXIST   = .TRUE.
C-------- sonst falls Name nicht enthalten ... -------------
         ELSEIF (LGT(NAMLIS(ZEIGER),NAME)) THEN
            ENDE    = .TRUE.
C-------- sonst --------------------------------------------
         ELSE
C------------ Zeiger fortschalten --------------------------
            VORZEI  = ZEIGER
            ZEIGER  = NF (VORZEI)
         ENDIF
C---- ... bis Name gefunden oder Suche beendet -------------
      IF (EXIST .OR. ENDE) GOTO 102
      GOTO 101
  102 CONTINUE

C---- Ende von LSUCH ---------------------------------------
      END
```

Mit den beiden Beispielprogrammen LAUSG und LSUCH können wir bisher lediglich existierende Namenslisten bearbeiten. Wir wollen nun daran gehen, solche Listen zu erzeugen. Mit den Unterprogrammen LINIT zum Erzeugen einer leeren Liste und LEINF zum Einfügen eines Elements in eine Liste können wir beliebige Listen schrittweise aufbauen. Betrachten wir zunächst das Einfügen in eine vorhandene Liste.

Beispielprogramm LEINF

Wie geht man nun grundsätzlich vor, wenn ein neuer Name in die alphabetisch geordnete Liste eingefügt werden soll? Es ist sicherlich sinnvoll, zuerst zu überprüfen, ob der einzufügende Name schon in der Liste existiert, und falls nicht, zwischen welchen beiden Listenelemente er einzufügen wäre. Diese Überprüfung leistet das Unterprogramm LSUCH. Sodann gilt es festzustellen, ob überhaupt noch Platz in der Liste für den neuen Namen vorhanden ist. Dazu müssen wir die aktuelle Listenlänge, die wir im folgenden unter dem symbolischen Namen LISLGE ansprechen wollen, mit der maximalen Listenlänge LISMAX vergleichen. Geht dieser Test positiv aus, können wir einen Eintrag für den Namen in der Liste vorsehen. Soll zum Beispiel der Name 'Caesar' in die Beispielliste eingefügt werden, bietet sich uns zunächst das folgende Bild:

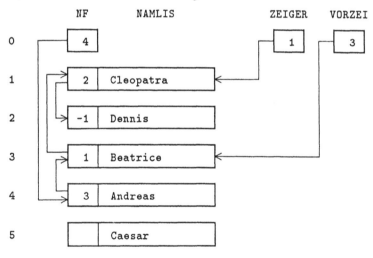

Um den neuen Namen nun wirklich in die verkettete Liste einzufügen, müssen wir die Zeiger in Feld NF entsprechend setzen. Der neue Nachfolger des Namens 'Beatrice' ist jetzt der Name 'Caesar'. Der Nachfolger des neuen Eintrags ist der Name 'Cleopatra', der bisher Nachfolger des Namens 'Beatrice' war. Im Bild sieht das so aus:

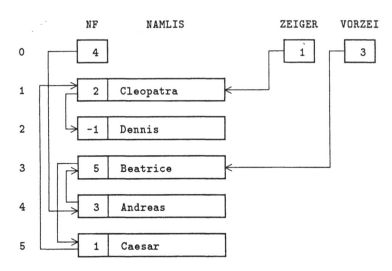

Die entsprechenden Anweisungen zum Umsetzen der Zeiger lauten folgendermaßen:

```
     NF(LISLGE) = NF(VORZEI)
     NF(VORZEI) = LISLGE
```

`LISLGE` ist dabei die neue aktuelle Listenlänge, die ja gerade dem Index des neuen Eintrags (hier: 5) entspricht. Prüfen Sie bitte selbst nach, ob diese Vorgehensweise auch beim Einfügen am Anfang oder Ende der Liste korrekte Ergebnisse liefert (siehe Kontrollaufgabe K.16.1).

Mit welchem Erfolg die Einfügeprozedur `LEINF` abgearbeitet wurde, soll nach dem Aufruf an den Werten zweier logischer Parameter `ERFOLG` und `EXIST` abgelesen werden können. Wie Sie der obigen Ablaufbeschreibung entnehmen können, müssen drei Fälle zu unterscheiden sein:

− Der Name existiert bereits in der Liste
  (`EXIST` hat den Wert wahr, `ERFOLG` den Wert falsch).

− Der Name kann nicht eingefügt werden, da in der Liste kein Platz mehr ist
  (`EXIST` hat den Wert falsch, `ERFOLG` den Wert falsch).

− Der Name wurde in die Liste eingefügt
  (`ERFOLG` hat den Wert wahr).

Es folgen Struktogramm und Programmtext des Moduls `LEINF`:

LEINF

Aufruf des Moduls LSUCH :
Überprüfung, ob der einzufügende Name existiert, und falls nicht, Bestimmung der Einfügestelle

Einfügen erfolgreich, wenn Name nicht existiert und in der Liste noch Platz ist

Falls Einfügen erfolgreich

———————— dann ————————	———— sonst ————
Listenlänge erhöhen	
Zeiger umsetzen	
Name in die Liste eintragen	

```
         SUBROUTINE LEINF (LISMAX, LISLGE, NF,
     &                     NAMLIS, NAME, EXIST, ERFOLG)

C*****************************************************************
C*     Einfügen eines Namens in die verkettete Namensliste
C*
C*     Parameter:
C*
C*     LISMAX INT  Ein      Obere Indexgrenze der Felder
C*     LISLGE INT  Ein/Aus  Aktuelle Länge der Liste im Feld
C*     NF     INT  Ein/Aus  Feld für Zeiger auf Nachfolger
C*     NAMLIS CHAR Ein/Aus  Feld für Namen
C*     NAME   CHAR Ein      Einzufügender Name
C*     EXIST  LOG  Aus      Name existiert ja/nein
C*     ERFOLG LOG  Aus      Name eingefügt ja/nein
C*****************************************************************

C==== Vereinbarungsteil ================================

C---- Formalparameter ---------------------------------------
      INTEGER           LISMAX, LISLGE, NF (0:LISMAX)
      CHARACTER*(*)     NAMLIS (1:LISMAX), NAME
      LOGICAL           EXIST, ERFOLG

C---- Variablen ---------------------------------------------
C---- VORZEI              Zeiger auf den Vorgänger des Namens
C---- ZEIGER              Zeiger (nur für Aufruf von LSUCH)
      INTEGER           VORZEI, ZEIGER
```

```
C==== Anweisungsteil =========================================

C---- Einfügestelle suchen -----------------------------------
      CALL LSUCH (LISMAX, NF, VORZEI, ZEIGER,
     &            NAMLIS, NAME, EXIST)

C---- Einfügen erfolgreich, falls Name nicht in der Liste ----
C---- und noch Platz in der Liste ist                     ----
      ERFOLG = .NOT. EXIST .AND. LISLGE .LT. LISMAX

C---- Falls Einfügen erfolgreich ... -------------------------
      IF (ERFOLG) THEN
C------ Listenlänge erhöhen -----------------------------------
        LISLGE  = LISLGE + 1
C------ Zeiger umsetzen ---------------------------------------
        NF (LISLGE)   = NF (VORZEI)
        NF (VORZEI)   = LISLGE
C------ Name in die Liste eintragen ---------------------------
        NAMLIS (LISLGE) = NAME
      ENDIF

C---- Ende von LEINF -----------------------------------------
      END
```

Das folgende Programmfragment ist ein Aufrufbeispiel für das Unterprogramm
LEINF:

```
      ...
C==== Vereinbarungsteil =======================================
      ...
      INTEGER        LISMAX
      PARAMETER      (LISMAX=100)
      ...
      INTEGER        LISLGE, NF (0:LISMAX)
      CHARACTER*30   NAMLIS (1:LISMAX), NAME
      LOGICAL        EXIST, ERFOLG
      ...
C==== Anweisungsteil =========================================
      ...
      PRINT *  , 'Bitte den einzufuegenden Namen eingeben !'
      READ '(A)', NAME
      CALL LEINF (LISMAX, LISLGE, NF,
     &            NAMLIS, NAME, EXIST, ERFOLG)
      IF (ERFOLG) THEN
          PRINT *, 'Der Name wurde in die Liste eingefuegt.'
      ELSEIF (EXIST) THEN
          PRINT *, 'Der Name steht bereits in der Liste !'
      ELSE
          PRINT *, 'In der Liste ist kein Platz mehr !'
      ENDIF
      ...
```

Beispielprogramm LINIT

Ehe wir in eine verkettete Liste Elemente einfügen können, müssen wir eine solche
leere Liste erzeugen. Dazu dient das Unterprogramm LINIT, auf das wir nur kurz
einzugehen brauchen.

In LINIT wird die Listenlänge LISLGE mit dem Wert Null initialisiert. Der Zeiger
NF(0) auf das erste Listenelement wird auf die Endekennung gesetzt.

```
      SUBROUTINE LINIT (LISMAX, LISLGE, NF)

C*******************************************************************
C*     Initialisieren der verketteten Namensliste
C*
C*     Parameter:
C*
C*     LISMAX INT   Ein      Obere Indexgrenze der Felder
C*     LISLGE INT   Aus      Aktuelle Länge der Liste im Feld
C*     NF     INT   Aus      Feld für Zeiger auf Nachfolger
C*******************************************************************

C==== Vereinbarungsteil ====================================

C---- Formalparameter ------------------------------------
      INTEGER   LISMAX, LISLGE, NF (0:LISMAX)

C==== Anweisungsteil =======================================

C---- Zeiger auf erstes Element der Namensliste auf ----------
C---- Endekennung setzen                            ----------
      NF (0)    = -1
C---- Aktuelle Listenlänge im Feld mit Null initialisieren ----
      LISLGE    = 0

C---- Ende von LINIT -------------------------------------
      END
```

Nicht nur das Einfügen neuer Namen in die Liste kann von Interesse sein, sondern
auch das Löschen eines nicht mehr benötigten Eintrags. Darum soll es im vierten
und letzten Beispielprogramm dieses Abschnitts gehen.

Beispielprogramm LLOES

Das Unterprogramm LLOES soll einen im Parameter NAME gegebenen Namen,
falls vorhanden, aus der Liste löschen. Am logischen Parameter ERFOLG soll man
ablesen können, ob der Aufruf erfolgreich war.

Wie beim Einfügen bietet es sich auch hier an, durch Aufruf des Unterprogramms
LSUCH zuerst festzustellen, ob der betreffende Name in der Liste vorhanden ist.
Nur dann kann er auch erfolgreich gelöscht werden.

Stellen wir uns wieder vor, wir würden den Modul LSUCH mit unserer Beispielliste und dem Namen 'Cleopatra', den es zu löschen gilt, aufrufen. Wir erhielten das bekannte Bild:

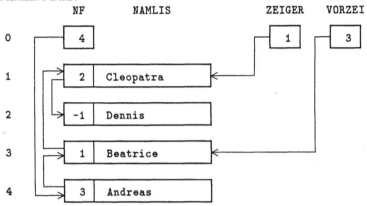

Um den Namen 'Cleopatra' aus der Liste zu entfernen, müssen wir nur einen Zeiger im Feld NF entsprechend umsetzen. Der Nachfolger des vorausgehenden Namens 'Beatrice' ist jetzt der Name 'Dennis', der bisher der Nachfolger des zu löschenden Namens 'Cleopatra' war. Das Bild verdeutlicht diesen Zusammenhang:

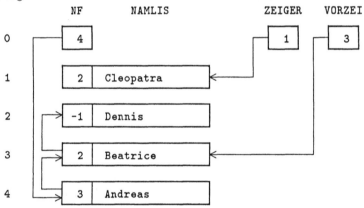

Für das Setzen des Zeigers benötigen wir nur eine Anweisung:

```
NF(VORZEI) = NF(ZEIGER)
```

Bemerkenswert ist hierbei, daß der Eintrag nicht wirklich „gelöscht" wird, sondern daß er lediglich aus der Verkettung entfernt wird. Der Name ist auf der logischen Ebene der verketteten Liste nicht mehr verfügbar, obwohl er auf der Ebene des Feldes durchaus noch existiert. Wir werden auf die unterschiedlichen

Sichtweisen weiter unten noch einmal zu sprechen kommen. Doch nun zurück zum Programmentwurf. Das Struktogramm und der Programmtext für LLOES werfen nach diesen Überlegungen nun keine Probleme mehr auf:

LLOES

Aufruf des Moduls LSUCH: Überprüfung, ob der zu löschende Name in der Liste vorhanden ist
Löschen erfolgreich, wenn der Name vorhanden ist

Falls Löschen erfolgreich

——— dann ———	——— sonst ———
Zeiger umsetzen	

```
      SUBROUTINE LLOES (LISMAX, NF, NAMLIS, NAME, ERFOLG)

C**************************************************************
C*      Löschen eines Namens aus der verketteten Namensliste
C*
C*      Parameter:
C*
C*      LISMAX INT Ein       Obere Indexgrenze der Felder
C*      NF     INT Ein/Aus   Feld für Zeiger auf Nachfolger
C*      NAMLIS CHAR Ein      Feld für Namen
C*      NAME   CHAR Ein      Zu löschender Name
C*      ERFOLG LOG  Aus      Name gelöscht ja/nein
C**************************************************************

C==== Vereinbarungsteil ===================================

C---- Formalparameter -------------------------------------
      INTEGER           LISMAX, NF (0:LISMAX)
      CHARACTER*(*)     NAMLIS (1:LISMAX), NAME
      LOGICAL           ERFOLG

C---- Variablen -------------------------------------------
C---- VORZEI           Zeiger auf den Vorgänger
C----                  des gesuchten Namens
C---- ZEIGER           Zeiger auf den gesuchten Namen,
C----                  falls er in der Liste existiert
C---- EXIST            Name existiert ja/nein
      INTEGER           VORZEI, ZEIGER
      LOGICAL           EXIST
```

```
C==== Anweisungsteil ========================================

C----- Name in der Liste suchen --------------------------------
       CALL LSUCH (LISMAX, NF, VORZEI, ZEIGER,
      &            NAMLIS, NAME, EXIST)

C----- Löschen erfolgreich, falls Name in der Liste  ----------
       ERFOLG   = EXIST

C----- Falls Löschen erfolgreich ... ---------------------------
       IF (ERFOLG) THEN
C------- Zeiger umsetzen ---------------------------------------
         NF (VORZEI) = NF (ZEIGER)
       ENDIF

C----- Ende von LLOES ------------------------------------------
       END
```

Als Aufrufbeispiel diene wiederum ein kurzes Programmfragment :

```
       . . .
C==== Vereinbarungsteil ==========================================
       . . .
       INTEGER          LISMAX
       PARAMETER        (LISMAX=100)
       . . .
       INTEGER          LISLGE, NF (0:LISMAX)
       CHARACTER*30     NAMLIS (1:LISMAX), NAME
       LOGICAL          ERFOLG
       . . .
C==== Anweisungsteil ==========================================
       . . .
       PRINT  *  , 'Bitte den zu loeschenden Namen eingeben !'
       READ '(A)', NAME
       CALL LLOES (LISMAX, NF, NAMLIS, NAME, ERFOLG)
       IF (ERFOLG) THEN
         PRINT *, 'Der Name wurde geloescht !'
       ELSE
         PRINT *, 'Der Name steht nicht in der Liste !'
       ENDIF
       . . .
```

Wie Sie gesehen haben, bedeutet „Löschen" eines Namens aus der verketteten
Liste nur ein „logisches Löschen" für eine ganz bestimmte Sichtweise. Ähnliches
gilt für die Initialisierung der verketteten Liste mit dem Unterprogramm LINIT.
Lediglich die Listenlänge und der Zeiger auf das erste Element der Liste werden
verändert. Der Inhalt des Feldes bleibt erhalten und wird weder gelöscht noch
überschrieben. Eine vorher vorhandene Namensliste könnte in ungeordneter Form
zwar noch betrachtet werden, wenn man das Feld direkt ausgibt, aber die ver-

kettete Liste ist nach dem Aufruf von LINIT leer und beim Aufruf von LAUSG (Ausgabe der verketteten Liste) würde dementsprechend nichts ausgegeben.

Das Einfügen mit dem Unterprogramm LEINF ist aus der Sichtweise des Feldes kein Einfügen sondern ein Anhängen. Es werden ja nicht wirklich die Namen umsortiert und umgespeichert, sondern nur Zeiger so gesetzt, wie es dem Einfügen aus der Sichtweise der verketteten Liste entspricht.

Kontrollaufgaben

K.16.1 Vollziehen Sie nach, was beim Einfügen eines Namens an den Anfang oder an das Ende der verketteten Liste geschieht. Arbeitet das Unterprogramm LEINF auch in diesen Fällen korrekt?

K.16.2 Beim wiederholten Einfügen und Löschen von Namen in bzw. aus der Liste wächst diese im verwendeten Feld immer weiter an. Beim Löschen frei gewordene Plätze werden nämlich beim Einfügen nicht berücksichtigt, sondern es wird ein neuer Platz im Feld belegt.

Realisieren Sie eine sogenannte Freispeicherverwaltung, indem Sie die durch Löschen von Namen freigewordenen Plätze in einer zweiten verketteten Liste verwalten. Entwerfen Sie dazu die Unterprogramme LINIT2, LEINF2 und LLOES2 als modifizierte Versionen der entsprechenden Beispielprogramme.

Zusätzlicher Parameter ist der Zeiger FREI, der auf den Beginn der verketteten Liste der freien Plätze deutet. Die Verkettung der freien Plätze kann wie bisher im Feld NF erfolgen, ohne daß die Verkettung der Namensliste dadurch gestört wird.

Beim Löschen eines Namens wird der entsprechende Platz aus der Namensliste herausgenommen und als erstes Element der Freispeicherliste eingefügt. Beim Einfügen eines Namens wird der Freispeicherliste das erste Element entnommen und als neues Element in die Namensliste eingefügt. Nur, wenn die Freispeicherliste leer ist, d.h., wenn es keine „Lücken" im Feld gibt, wird ein neuer Platz am Ende des belegten Bereiches hinzugenommen.

Lektion 17

Dateibearbeitung II
Binärdateien

In Lektion 15 haben wir uns bereits mit Dateibearbeitung beschäftigt. Es war die Rede davon, daß wir uns auf die Behandlung von Dateien eines bestimmten Typs beschränken, und zwar auf sequentielle Textdateien. Wir wollen nun sehen, welche Arten von Dateien man außerdem mit FORTRAN-Programmen bearbeiten kann.

Man unterscheidet Dateien danach, ob auf die Datensätze **sequentiell** oder **direkt** zugegriffen wird, und ob die Abspeicherung der Daten als **Text** oder **binär** erfolgt. Die folgende Tabelle zeigt die vier Dateitypen im Überblick und gibt an, in welchem Abschnitt der Fibel sie jeweils besprochen werden. Textdateien mit direktem Zugriff sind unbedeutend und werden in der Fibel nicht behandelt.

	sequentielle Dateien ACCESS='SEQUENTIAL'	Direktzugriffs-Dateien ACCESS='DIRECT'
Textdateien FORM='FORMATTED'	Lektion 15	–
Binärdateien FORM='UNFORMATTED'	Lektion 17.1	Lektion 17.2

Zur Auswahl eines Dateityps müssen den Schlüsselwörtern FORM und ACCESS in der OPEN-Anweisung entsprechende Werte zugeordnet werden, sofern sie nicht Voreinstellung sind. Wird eine bereits vorhandene Datei geöffnet, so sollte die Spezifikation durch die Schlüsselwörter mit den Merkmalen dieser Datei übereinstimmen.

In **Binärdateien** werden sämtliche Daten in binärer Verschlüsselung gespeichert. Solche Dateien enthalten also nicht ausschließlich Zeichen, die auf dem Bildschirm oder dem Drucker abdruckbar sind. Ihr Inhalt kann daher nicht durch Ausgabe auf eines dieser Geräte betrachtet werden. Vielmehr dienen Binärdateien zur Kommunikation von Programmen untereinander, d.h., zur Speicherung von Daten, die nur von Programmen geschrieben und gelesen werden.

Im Hinblick auf die Speicherung von Zahlendaten bieten Binärdateien gegenüber Textdateien zusätzlich einige Vorteile. Zahlen liegen ja im Rechner in der internen Darstellung vor, die Sie in Lektion 12 kennengelernt haben. Bei der Ausgabe von Zahlen auf den Bildschirm oder auf Textdateien erfolgt automatisch eine Umwandlung dieser internen Darstellung in eine Zeichenkette, die Sie als Ausgabe sehen. Bei der Eingabe muß eine Umwandlung in umgekehrter Richtung vollzogen werden. Bei Binärdateien entfallen diese Umwandlungen, da die interne Darstellung direkt auf die Datei ausgegeben wird. Man hat daher **keinen Genauigkeitsverlust**, der bei den Umwandlungen im allgemeinen auftritt (vgl. Lektion 12). Zudem benötigen die internen Darstellungen der Zahlen in der Binärdatei **weniger Speicherplatz** als die entsprechenden Zeichenketten in der Textdatei. Vor allem bei großen Datenmengen macht es sich bemerkbar, daß Binärdateien eine **schnellere Ein-/Ausgabe** ermöglichen als Textdateien. Zum einen entfällt die Rechenzeit für die Umwandlungen, und zum anderen ist die zu übertragende Datenmenge geringer.

17.1 Sequentieller Zugriff

Zwischen der Behandlung sequentieller Textdateien und ebensolcher Binärdateien gibt es in FORTRAN-Programmen nur wenige Unterschiede.

Wie bereits erwähnt, wird der Dateityp durch Schlüsselwörter der OPEN-Anweisung ausgewählt. Als Voreinstellung für die Zugriffsart (ACCESS) gilt sequentieller Zugriff ('SEQUENTIAL'), so daß die Angabe dieses Schlüsselwortes hier wie bei den sequentiellen Textdateien entfallen kann. Für die Abspeicherungsform (FORM) gilt bei sequentiellen Dateien die Textdatei ('FORMATTED') als Voreinstellung. Soll eine Binärdatei geöffnet werden, muß in der OPEN-Anweisung dem Schlüsselwort FORM der Wert 'UNFORMATTED' zugeordnet werden:

> OPEN (UNIT=*Nummer*, FILE=*Name*, FORM='UNFORMATTED', ERR=*Anw*)

Bei Ein-/Ausgabeoperationen mit Textdateien muß ein Format angegeben werden, das die Datenumwandlung steuert. Bei Binärdateien entfällt diese Umwandlung und damit auch das Schlüsselwort FMT in den Anweisungen READ und WRITE:

> READ (UNIT=*Nummer*, ERR=*Anw*, END=*Anw*) *Liste*
> WRITE (UNIT=*Nummer*, ERR=*Anw*) *Liste*

Die Anweisungen CLOSE und REWIND können wir in der gleichen Form verwenden, wie wir sie für Textdateien kennengelernt haben. Sie sind hier nur der Vollständigkeit halber aufgeführt:

> CLOSE (UNIT=*Nummer*, ERR=*Anw*)
> REWIND (UNIT=*Nummer*, ERR=*Anw*)

Im übrigen gilt für sequentielle Binärdateien dasselbe wie für sequentielle Textdateien. Hier noch einmal das Wichtigste in Kurzform:

Es wird immer auf aufeinanderfolgende Datensätze zugegriffen. Beim Öffnen
wird intern ein Dateizeiger eingerichtet, der auf den nächsten zu bearbeitenden
Datensatz deutet. Nach dem Lesen oder Schreiben eines Datensatzes wird der interne Dateizeiger auf den nächsten Datensatz gesetzt. Um eine Datei von Anfang
an zu bearbeiten, sollte der Dateizeiger mit der REWIND-Anweisung ausdrücklich
zurückgesetzt werden.

Im nun folgenden Anwendungsbeispiel wollen wir uns auf die Namensliste aus der
vorigen Lektion beziehen.

Beispielprogramm LISTE

Wir wollen ein Programm zur Verwaltung einer Namensliste entwickeln. Die Namensliste soll in einer sequentiellen Binärdatei mit dem Namen NAMDAT abgelegt
werden, damit sie für weitere Verarbeitungen mit dem gleichen Programm zur
Verfügung steht. Die Struktur des Programms soll im Groben so aussehen:

LISTE

| Initialisierung der Namensliste durch Einlesen aus der Datei NAMDAT |
| Menü zur Verwaltung der Namensliste: Einfügen, Löschen, Ausgabe |
| Aktualisierung der Datei NAMDAT |

Der Einfachheit halber werden wir die Namen in alphabetischer Reihenfolge in
die Datei abspeichern. Für jeden Namen wird ein Datensatz angelegt.

Bei der Initialisierung lesen wir die Namen nacheinander ein und fügen sie mit
der Prozedur LEINF in die Namensliste ein. Zuvor muß mit LINIT eine leere
Liste erzeugt werden. Diese Vorgehensweise ist sehr ineffizient, denn aufgrund
der alphabetischen Abspeicherungsreihenfolge muß beim Einfügen aller Namen
jeweils die ganze verkettete Liste durchlaufen werden, ehe der Name am Ende
der Liste gesetzt werden kann.

Bei der Aktualisierung der Datei schreiben wir die Namensliste vollständig neu
auf die Datei. Wir durchlaufen dazu die Liste wie im Modul LAUSG. Statt auf
dem Bildschirm geben wir die Namen aber auf die Datei aus.

Als Verfeinerung des Struktogramms ergibt sich somit:

LISTE

Öffnen der Datei NAMDAT

Leere Namensliste mit LINIT erzeugen

Solange Dateiende nicht erreicht

> | Name aus NAMDAT einlesen |
> |---|
> | Name mit LEINF in die Liste einfügen |

Initialisierung : Menü nicht beendet

> Menü: Einfügen, Löschen, Ausgeben, Beenden
>
> | — **E** — | — **L** — | — **A** — | — **B** — | — sonst — |
> |---|---|---|---|---|
> | ...
LEINF
... | ...
LLOES
... | ...
LAUSG
... | Menü
beendet | Falsche
Auswahl! |

bis Menü beendet

Dateizeiger von NAMDAT zurücksetzen

Beginne mit dem Zeiger auf den ersten Namen

Solange Ende der Liste nicht erreicht

> | Name auf NAMDAT ausgeben |
> |---|
> | Bestimmung des Zeigers auf den nächsten Namen |

Schließen der Datei NAMDAT

Unter der Beachtung der obigen Erläuterungen zur Behandlung sequentieller
Binärdateien können wir nun den Programmtext aufschreiben:

```
        PROGRAM LISTE
C****************************************************************
C*      Verwaltung der verketteten Namensliste
C*
C*      Menü mit folgenden Funktionen:
C*        - Einfügen eines Namens in die Liste
C*        - Löschen eines Namens aus der Liste
C*        - Ausgabe der gesamten Liste
C*      Die Namen werden in der Datei NAMDAT abgelegt und stehen
C*      für weitere Programmläufe zur Verfügung.
C****************************************************************


C==== Vereinbarungsteil ========================================

C---- Konstanten -----------------------------------------------
C---- LISMAX     Obere Indexgrenze für Felder
C---- EANAM      Nummer der Ein-/Ausgabeeinheit für Datei NAMDAT
        INTEGER         LISMAX, EANAM
        PARAMETER       (LISMAX=100, EANAM=8)


C---- Variablen ------------------------------------------------
C---- LISLGE     Aktuelle Länge der Liste im Feld
C---- NF         Feld für Zeiger auf Nachfolger
C---- ZEIGER     Zeiger auf einen Namen der Liste
        INTEGER             LISLGE, NF (0:LISMAX), ZEIGER
C---- NAMLIS     Feld für Namen
C---- NAME       Name
C---- WAHL       Menüauswahlbuchstabe
        CHARACTER*30        NAMLIS (1:LISMAX), NAME
        CHARACTER           WAHL
C---- EXIST      Name existiert ja/nein
C---- ERFOLG     Name eingefügt/gelöscht ja/nein
C---- ENDE       Menü beendet ja/nein
        LOGICAL             EXIST, ERFOLG, ENDE


C==== Anweisungsteil ===========================================

C---- Öffnen der Datei NAMDAT ----------------------------------
        OPEN   (UNIT=EANAM, FILE='NAMDAT', FORM='UNFORMATTED')
        REWIND (UNIT=EANAM)

C---- Leere Namensliste erzeugen -------------------------------
        CALL LINIT (LISMAX, LISLGE, NF)
```

```
C---- Solange Dateiende nicht erreicht ... --------------------
  101 CONTINUE
C------ Name aus NAMDAT einlesen ------------------------------
        READ   (UNIT=EANAM, END=102) NAME
C------ Name in die Liste einfügen ---------------------------
        CALL LEINF (LISMAX, LISLGE, NF,
     &                   NAMLIS, NAME, EXIST, ERFOLG)
        GOTO 101
  102 CONTINUE

C---- Initialisierung: Menü nicht beendet --------------------
        ENDE = .FALSE.

C---- Wiederhole ... -----------------------------------------
  201 CONTINUE
C------ Menü -------------------------------------------------
        PRINT  *  , 'Einfuegen, Loeschen, Ausgabe, Beenden',
     &              '(E,L,A,B) ?'
        READ '(A)', WAHL
        GOTO (301, 302, 303, 304, 301, 302, 303, 304),
     &        INDEX ('ELABelab', WAHL)
        GOTO 388
  301   CONTINUE
C---------- Einfügen eines Namens in die Liste ----------------
          PRINT  *  , 'Bitte einzufuegenden Namen eingeben !'
          READ '(A)', NAME
          CALL LEINF (LISMAX, LISLGE, NF,
     &                   NAMLIS, NAME, EXIST, ERFOLG)
          IF (ERFOLG) THEN
            PRINT *, 'Der Name wurde eingefuegt.'
          ELSEIF (EXIST) THEN
            PRINT *, 'Der Name steht bereits in der Liste !'
          ELSE
            PRINT *, 'In der Liste ist kein Platz mehr !'
          ENDIF
        GOTO 399
  302   CONTINUE
C---------- Löschen eines Namens aus der Liste ----------------
          PRINT  *  , 'Bitte zu loeschenden Namen eingeben !'
          READ '(A)', NAME
          CALL LLOES (LISMAX, NF,
     &                   NAMLIS, NAME, ERFOLG)
          IF (ERFOLG) THEN
            PRINT *, 'Der Name wurde geloescht !'
          ELSE
            PRINT *, 'Der Name steht nicht in der Liste !'
          ENDIF
        GOTO 399
  303   CONTINUE
```

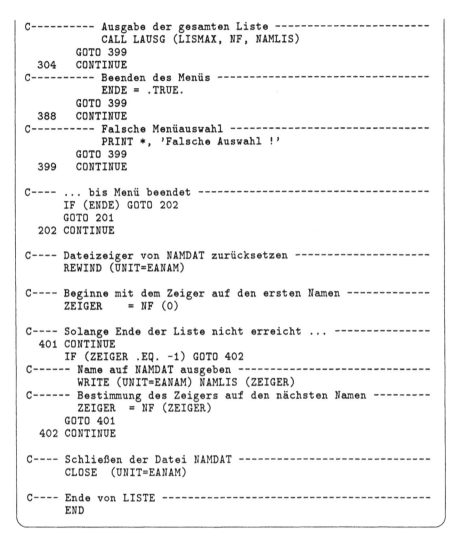

```
C---------- Ausgabe der gesamten Liste ------------------------
          CALL LAUSG (LISMAX, NF, NAMLIS)
        GOTO 399
  304   CONTINUE
C---------- Beenden des Menüs ---------------------------------
          ENDE = .TRUE.
        GOTO 399
  388   CONTINUE
C---------- Falsche Menüauswahl -------------------------------
          PRINT *, 'Falsche Auswahl !'
        GOTO 399
  399   CONTINUE


C---- ... bis Menü beendet ------------------------------------
      IF (ENDE) GOTO 202
      GOTO 201
  202 CONTINUE


C---- Dateizeiger von NAMDAT zurücksetzen ---------------------
      REWIND (UNIT=EANAM)


C---- Beginne mit dem Zeiger auf den ersten Namen -------------
      ZEIGER   = NF (0)


C---- Solange Ende der Liste nicht erreicht ... ---------------
  401 CONTINUE
      IF (ZEIGER .EQ. -1) GOTO 402
C------ Name auf NAMDAT ausgeben ------------------------------
        WRITE (UNIT=EANAM) NAMLIS (ZEIGER)
C------ Bestimmung des Zeigers auf den nächsten Namen ---------
        ZEIGER = NF (ZEIGER)
      GOTO 401
  402 CONTINUE


C---- Schließen der Datei NAMDAT ------------------------------
      CLOSE (UNIT=EANAM)


C---- Ende von LISTE ------------------------------------------
      END
```

Zum Abschluß dieses Abschnitts noch ein wichtiger Hinweis. Um Fehler zu vermeiden, sollten Sie grundsätzlich dieselben Ein-/Ausgabelisten für entsprechende READ- und WRITE-Anweisungen vorsehen. Nur dann ist gewährleistet, daß mit READ auch genau das gelesen wird, was mit WRITE geschrieben wurde!

Kontrollaufgaben

K.17.1 Wo und warum tritt bei der Ausführung des folgenden Programms ein Fehler auf?

```
PROGRAM FEHLER
INTEGER A, B, C, D

A = 10
B = 20

OPEN   (UNIT=8, FILE='HALLO', FORM='UNFORMATTED')
REWIND (UNIT=8)
WRITE  (UNIT=8) A, B

REWIND (UNIT=8)
READ   (UNIT=8) C
READ   (UNIT=8) D
CLOSE  (UNIT=8)

PRINT *, C, D

END
```

K.17.2 In Kontrollaufgabe K.16.2 haben Sie Unterprogramme zur Verwaltung der Namensliste entwickelt, die freigewordene Plätze wiederverwenden. Unter diesen Umständen kann auch eine andere Möglichkeit der Sicherung der Namensliste in einer sequentiellen Binärdatei gewählt werden.

Die Listenlänge LISLGE, das Feld NF der Nachfolger, das Feld NAMLIS mit den Namen und der Zeiger FREI auf den ersten freien Speicherplatz innerhalb der Liste können zusammen in einem einzigen Datensatz in der Datei abgelegt werden. Die Felder brauchen dabei jeweils nur bis zur Komponente mit dem Index LISLGE gespeichert zu werden.

Erstellen Sie eine entsprechend modifizierte Version LISTE2 des Beispielprogramms LISTE.

17.2 Direkter Zugriff

Dateien mit direktem Zugriff können mit der Datenstruktur Feld verglichen werden. Wie Felder besitzen Direktzugriffsdateien gleichartige Komponenten (hier: Datensätze gleicher Länge), und auf jede Komponente kann über einen Index (hier: Nummer des Datensatzes) direkt zugegriffen werden.

Um den Typ Direktzugriffsdatei auszuwählen, muß in der OPEN-Anweisung dem

Schlüsselwort `ACCESS` der Wert `'DIRECT'` zugeordnet werden. Für die Abspeicherungsform (`FORM`) gilt bei Direktzugriffsdateien die binäre Form (`'UNFORMATTED'`) als Voreinstellung. Die Angabe des Schlüsselwortes `FORM` kann daher bei den hier betrachteten Binärdateien entfallen.

Zusätzlich muß noch beim Schlüsselwort `RECL` (engl.: record length) die Länge der Datensätze angegeben werden. Hier beginnen die Schwierigkeiten, denn die Einheit, in der die Länge angegeben werden muß, variiert von Übersetzer zu Übersetzer. Mal sind es Bytes oder Zeichen, mal sogenannte Worte. Außerdem muß man die internen Datendarstellungen kennen, um auf die benötigte Datensatzlänge schließen zu können.

Da wir in den Beispielprogrammen nur Zeichenketten auf Direktzugriffsdateien ausgeben wollen, gehen wir einfach davon aus, daß die *Länge* in Bytes anzugeben ist und ein Zeichen einem Byte entspricht. In den meisten Fällen wird das zutreffen.

```
OPEN    (UNIT=Nummer, FILE=Name, ACCESS='DIRECT', RECL=Länge,
&        ERR=Anweisungsmarke)
```

Wie bei sequentiellen Binärdateien findet bei der Ein-/Ausgabe keine Umwandlung statt, und es braucht in den Anweisungen `READ` und `WRITE` kein Format angegeben zu werden. Zur Angabe der Nummer des Datensatzes, auf den zugegriffen werden soll, dient das Schlüsselwort `REC`. Die kleinste *Satznummer* ist 1, die größte ist übersetzerabhängig.

```
READ    (UNIT=Nummer, REC=Satznummer, ERR=Anweisungsmarke) Liste
WRITE   (UNIT=Nummer, REC=Satznummer, ERR=Anweisungsmarke) Liste
```

Beim Lesen und Schreiben von Datensätzen einer Direktzugriffsdatei braucht keine Reihenfolge eingehalten zu werden. Es ist lediglich zu beachten, daß Sätze, die noch nicht geschrieben wurden, undefiniert sind. Beim Lesen eines solchen Satzes tritt ein Fehler auf.

Das Anweisungsmuster für `CLOSE` besitzt nach wie vor Gültigkeit:

```
CLOSE (UNIT=Nummer, ERR=Anweisungsmarke)
```

Die Anweisung `REWIND` hat für Direktzugriffsdateien keinen Sinn, da intern gar kein Dateizeiger wie bei sequentiellen Dateien eingerichtet und verwaltet wird.

Auch das folgende Beispiel steht noch im Zusammenhang mit unserer Namensliste.

Beispielprogramm LISTED

Zu jedem Namen der Namensliste wollen wir einen Datensatz in einer Direktzugriffsdatei anlegen. Diese Datensätze sollen weitere Informationen zu den Namen enthalten, und zwar:

- Geburtsdatum (10 Zeichen)
- Adresse (60 Zeichen)
- Telefonnummer (20 Zeichen)

Die Datensatzlänge muß also 90 Zeichen betragen. Die Datei soll den Namen INFDAT bekommen.

Unsere bisherige Listenverwaltung wollen wir um zwei Menüfunktionen erweitern. Mit der Auswahl „Information" werden Geburtsdatum, Adresse und Telefonnummer zu einem Namen ausgegeben, und mit der Auswahl „Korrektur" können diese Angaben für einen Namen eingegeben oder korrigiert werden. In beiden Fällen muß der Name in der Liste vorhanden sein.

Als Datensatznummer wollen wir den Index des Namens im Feld NAMLIS verwenden. Daher müssen wir die neuen Funktionen in das Programm LISTE2 mit Freispeicherverwaltung einfügen (Kontrollaufgabe K.17.2). Beim Beispielprogramm LISTE ändert sich nämlich die Zuordnung zwischen Name und Feldindex von einem Programmlauf zum anderen. In der Version LISTE2 bleibt die Zuordnung hingegen erhalten.

Auf die Datei INFDAT wird in den Menüfunktionen „Information" und „Korrektur" lesend bzw. schreibend zugegriffen. Es bietet sich daher an, die Datei INFDAT vor der Bearbeitung des Menüs zu öffnen und erst nach Beendigung der Menüwiederholung zu schließen. Wir erhalten damit folgende Struktur für das Programm LISTED:

LISTED

Öffnen der Datei NAMDAT
Einlesen der Namensliste aus der Datei NAMDAT
Öffnen der Datei INFDAT
Menü zur Verwaltung der Namensliste: Einfügen, Löschen, Ausgabe, Information, Korrektur
Schließen der Datei INFDAT
Schreiben der Namensliste auf die Datei NAMDAT
Schließen der Datei NAMDAT

Der folgende Programmtext gibt nur fragmentarisch diejenigen Teile von LISTED
wieder, um die das Programm LISTE2 im wesentlichen ergänzt werden muß.

```
        PROGRAM LISTED
C***************************************************************
C*      Bearbeitungsmenü für die verkettete Namensliste
C*      mit Freispeicherverwaltung
C*
C*      Menü mit folgenden Funktionen:
C*         - Einfügen eines Namens in die Liste
C*         - Löschen eines Namens aus der Liste
C*         - Ausgabe der gesamten Liste
C*         - Ausgabe von Informationen zu einem Namen
C*         - Korrektur/Eingabe von Informationen zu einem Namen
C*      Die Namen werden in der Datei NAMDAT abgelegt und stehen
C*      für weitere Programmläufe zur Verfügung.
C*      Die Informationen zu einem Namen werden in der Datei
C*      INFDAT gehalten.
C***************************************************************
        ...
C---- Konstanten -----------------------------------------------
C---- EAINF      Nummer der Ein-/Ausgabeeinheit für Datei INFDAT
        INTEGER         EAINF
        PARAMETER       (EAINF=9)
C---- VORZEI     Zeiger (nur für Aufruf von LSUCH)
C---- ZEIGER     Zeiger auf den gesuchten Namen in der Liste
        INTEGER         VORZEI, ZEIGER
C---- GEB        Geburtsdatum
C---- ADR        Adresse
C---- TEL        Telefonnummer
        CHARACTER       GEB*10, ADR*60, TEL*20
        ...
C---- Öffnen der Datei INFDAT ----------------------------------
        OPEN   (UNIT=EAINF,FILE='INFDAT',ACCESS='DIRECT',RECL=90)
        ...
   305  CONTINUE
C---------- Ausgabe von Informationen zu einem Namen ----------
        PRINT  *  , 'Zu welchem Namen wuenschen Sie',
     &              'Informationen ?'
        READ '(A)', NAME
C---------- Suchen des Namens in der Liste --------------------
        CALL LSUCH (LISMAX, NF, VORZEI, ZEIGER,
     &              NAMLIS, NAME, EXIST)
C---------- Falls der Name in der Liste vorhanden ist ... -----
        IF (EXIST) THEN
C-------------- Lesen der Informationen aus der Datei INFDAT --
        READ   (UNIT=EAINF, REC=ZEIGER) GEB, ADR, TEL
C-------------- Ausgabe der Informationen auf den Bildschirm --
        PRINT *, 'Geburtsdatum :', GEB
        PRINT *, 'Adresse      :', ADR
        PRINT *, 'Telefonnummer:', TEL
```

```
            ELSE
                PRINT *, 'Der Name steht nicht in der Liste !'
            ENDIF
         GOTO 399
   306   CONTINUE
C--------- Korrektur/Eingabe von Informationen zu einem Namen
            PRINT *  , 'Zu welchem Namen moechten Sie',
      &                'Informationen eingeben ?'
            READ '(A)', NAME
C--------- Suchen des Namens in der Liste --------------------
            CALL LSUCH (LISMAX, NF, VORZEI, ZEIGER,
      &                 NAMLIS, NAME, EXIST)
C--------- Falls der Name in der Liste vorhanden ist ... -----
            IF (EXIST) THEN
C-------------- Einlesen der Informationen über die Tastatur --
                PRINT *, 'Geburtsdatum  (max. 10 Zeichen ) ?'
                READ '(A)', GEB
                PRINT *, 'Adresse       (max. 60 Zeichen ) ?'
                READ '(A)', ADR
                PRINT *, 'Telefonnummer (max. 20 Zeichen ) ?'
                READ '(A)', TEL
C-------------- Schreiben der Informationen in die Datei INFDAT
                WRITE (UNIT=EAINF, REC=ZEIGER) GEB, ADR, TEL
            ELSE
                PRINT *, 'Der Name steht nicht in der Liste !'
            ENDIF
         GOTO 399
         ...
C----- Schließen der Datei INFDAT -----------------------------
         CLOSE  (UNIT=EAINF)
         ...
```

Kontrollaufgabe

K.17.3   Wenn im Programm LISTED versucht wird, Informationen aus einem
         undefinierten Datensatz zu lesen, kann es zu einem Fehler kommen.
         Wird beim Einfügen eines Namens in die Namensliste ein Element der
         Freispeicherliste verwendet, so stehen im zugehörigen Datensatz der
         Datei INFDAT u.U. noch alte, ungültige Angaben.

         Modifizieren Sie den Modul LEINF2 so, daß beim Einfügen eines Na-
         mens der zugehörige Datensatz in der Datei INFDAT initialisiert wird.

Anhang A

Struktogramme

Die symbolische Darstellung von Programmstrukturen und -abläufen mit Struktogrammen nach Nassi-Shneiderman unterliegt einer Norm (DIN 66 261).

Die äußere Form eines Sinnbildes ist immer ein Rechteck; die Unterteilung erfolgt ausschließlich durch gerade Linien. Aus technischen Gründen werden Auswahlstrukturen in der Fibel von der Norm abweichend mit waagerechten statt mit diagonalen Linien dargestellt. Die obere Linie eines Sinnbildes bedeutet den Beginn der Verarbeitung, die untere das Ende der Verarbeitung.

Jedem Sinnbild ist hier das entsprechende FORTRAN-Programmschema gegenübergestellt. Die Bedeutung der *Platzhalter* wird in den jeweiligen Abschnitten der Fibel erläutert.

Verarbeitung

Anweisung(en)

Folge

Anweisung(en)

Anweisung(en)

Auswahl nach logischer Bedingung

Falls *Bedingung*

——— dann ——┬—— sonst ———

```
IF    Bedingung THEN
         Anweisung(en)
ELSE
         Anweisung(en)
ENDIF
```

Auswahl nach Wert eines Ausdrucks

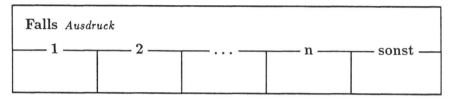

```
        GOTO ( anw1, anw2, ..., anwn ), Ausdruck
        GOTO    sonst
anw1    CONTINUE
        Anweisung(en)
        GOTO    ende

anw2    CONTINUE
        Anweisung(en)
        GOTO    ende

            ...

anwn    CONTINUE
        Anweisung(en)
        GOTO    ende

sonst   CONTINUE
        Anweisung(en)
        GOTO    ende

ende    CONTINUE
```

Wiederholung mit nachfolgender Bedingung

```
anf     CONTINUE
            Anweisung(en)
        IF (Bedingung) GOTO end
        GOTO anf
end     CONTINUE
```

bis *Bedingung*

Wiederholung mit vorausgehender Bedingung

Solange *Bedingung*

```
anf     CONTINUE
        IF (.NOT. Bedingung) GOTO end
            Anweisung(en)
        GOTO anf
end     CONTINUE
```

Wiederholung mit vorgegebener Anzahl

Wiederhole

DO *marke zahl=anf, end, ink*
Anweisung(en)
marke CONTINUE

Schachtelung

Jede Verarbeitung kann durch eines der übrigen Sinnbilder detailliert werden. Dadurch wird das Entwurfsverfahren der schrittweisen Verfeinerung unterstützt. Beispiel:

Wort einlesen

Beginne in der Zeichenfolge mit dem ersten Zeichen links

Solange das Ende der Zeichenfolge nicht erreicht ist und
das Zeichen das Leerzeichen ist

Nimm das nächste Zeichen weiter rechts

Falls das Ende der Zeichenfolge erreicht ist

— dann — — sonst —

Merke Dir die Anfangsposition des Wortes

Nimm das nächste Zeichen weiter rechts

bis das Ende der Zeichenfolge erreicht ist
oder das Zeichen das Leerzeichen ist

Falls das Ende der Zeichenfolge erreicht ist

— dann — — sonst —

Merke Dir die Endposition des Wortes

Berechne aus Anfangs- und End-position die Wortlänge

Wortlänge ausgeben

Ausgabe:
Es wurde
kein Wort
eingegeben.

Ausgabe:
Das einge-
gebene
Wort ist
zu lang

Anhang B

Tabelle der
vordefinierten Standardfunktionen

Die Tabellen geben einen Auszug aus dem Gesamtvorrat vordefinierter Standardfunktionen wieder und beschränken sich auf die in der Fibel behandelten Datentypen.

Funktionen zur Typumwandlung und Rundung

Funktion	Funktionswert
INT(X)	ganzzahliger Anteil von x
	(mathematische Schreibweise: $\text{int}(x)$)
	Argumenttyp: REAL (oder INTEGER)
	Ergebnistyp: INTEGER
NINT(X)	gerundeter Wert $\begin{cases} \text{int}(x+0.5) & \text{für } x \geq 0 \\ \text{int}(x-0.5) & \text{für } x < 0 \end{cases}$
	Argumenttyp: REAL
	Ergebnistyp: INTEGER
REAL(X)	reelle Zahl mit dem Wert von x
	Argumenttyp: INTEGER (oder REAL)
	Ergebnistyp: REAL

Funktionen von ganzen oder reellen Zahlen

Argumenttyp: INTEGER oder REAL
Ergebnistyp: richtet sich nach dem Argumenttyp

Funktion	Funktionswert
ABS(X)	Betrag $|x|$
DIM(X,Y)	positive Differenz $\begin{cases} x-y & \text{für } x > y \\ 0 & \text{für } x \leq y \end{cases}$
MAX(X,Y,...)	Maximum von $x, y, \ldots$
MIN(X,Y,...)	Minimum von $x, y, \ldots$
MOD(X,Y)	Divisionsrest $x - \text{int}(x/y) * y$
SIGN(X,Y)	Vorzeichenübertrag $\begin{cases} |x| & \text{für } y > 0 \\ -|x| & \text{für } y \leq 0 \end{cases}$

Funktionen von reellen Zahlen

Argumenttyp: REAL   Ergebnistyp: REAL

Funktion	Funktionswert	
ACOS(X)	Arcus Cosinus	$\arccos x$
ASIN(X)	Arcus Sinus	$\arcsin x$
ATAN(X)	Arcus Tangens	$\arctan x$
ATAN2(X,Y)	Arcus Tangens	$\arctan(x/y)$
COS(X)	Cosinus	$\cos x$
COSH(X)	Cosinus Hyperbolicus	$\cosh x$
EXP(X)	Exponentialfunktion	e^x
LOG(X)	Natürlicher Logarithmus	$\ln x$
LOG10(X)	Dekadischer Logarithmus	$\lg x$
SIN(X)	Sinus	$\sin x$
SINH(X)	Sinus Hyperbolicus	$\sinh x$
SQRT(X)	Quadratwurzel	$\sqrt{x}$
TAN(X)	Tangens	$\tan x$
TANH(X)	Tangens Hyperbolicus	$\tanh x$

Anm.: Argumente der trigonometrischen Funktionen im Bogenmaß

Funktionen zur Verarbeitung von Zeichenreihen

Argumenttyp: CHARACTER   Ergebnistyp: INTEGER

Funktion	Funktionswert
LEN(S)	Länge der Zeichenreihe S
INDEX(S,T)	Position der Zeichenreihe T in der Zeichenreihe S, falls T in S enthalten. Sonst 0.

Funktionen zum Vergleichen von Zeichenreihen

Argumenttyp: CHARACTER   Ergebnistyp: LOGICAL

Funktion	Funktionswert
LLT(S,T)	wahr, falls S in der ASCII-Folge T vorausgeht falsch sonst
LLE(S,T)	wahr, falls S gleich T ist oder S in der ASCII-Folge T vorausgeht falsch sonst
LGT(S,T)	wahr, falls S in der ASCII-Folge auf T folgt falsch sonst
LGE(S,T)	wahr, falls S gleich T ist oder S in der ASCII-Folge auf T folgt falsch sonst

Anhang C

Systemspezifische Merkmale

Welche systemspezifischen Unterschiede zu berücksichtigen sind, wird hier an einem Beispiel aufgezeigt. Ziehen Sie die Unterlagen Ihres Rechners und des von Ihnen verwendeten FORTRAN-Übersetzers hinzu, um die hier beschriebenen Merkmale denen Ihres Rechners gegenüberzustellen.

Die folgenden Ausführungen beziehen sich auf den FORTRAN-Übersetzer der Arbeitsplatzrechner SIEMENS PC-X/PC-MX mit dem Betriebssystem SINIX. Da SINIX zur Familie der UNIX-Betriebssysteme [1] gehört, gelten viele Angaben auch für andere UNIX-FORTRAN-Übersetzer.

Aufruf

FORTRAN-77-Programmtexte müssen in Dateien abgelegt werden, deren Name durch die **Endung** .f gekennzeichnet ist.

Beispiele:

        ueb02.f   prim.f   p1.f

Mit dem Kommando f77 können FORTRAN-77-Quellprogramme übersetzt und zu einem ausführbaren Programm gebunden werden.

Beispiel:

        f77 spiel.f

   Der Datei spiel.f wird ein FORTRAN-Quellprogramm entnommen und übersetzt. Sofern bei der Übersetzung kein Fehler auftritt, wird ein bindefähiges Objektprogramm erzeugt und in der Datei spiel.o abgespeichert. Ein gebundenes, ausführbares Programm wird unter dem Standardnamen a.out abgelegt. Durch das Kommando a.out kann das Programm anschließend gestartet werden.

Zusätzlich können sogenannte **Optionen** angegeben werden, mit denen das Verhalten des Übersetzers nach Wunsch verändert werden kann. Will man zum Beispiel bewirken (und das wollen wir immer), daß für alle Konstanten, Variablen und Funktionen Typvereinbarungen im Programm getroffen werden müssen, so gibt man dazu die Option -u an. Will man dem ausführbaren Programm einen

---

[1] UNIX ist ein Warenzeichen der Bell Laboratories

anderen als den Standardnamen geben, so muß man die Option -o und den
gewünschten Namen angeben. Optionen müssen im allgemeinen direkt auf den
Kommandonamen folgen.

Beispiel:

> `f77 -u -o spiel spiel.f`
>
> Konstanten, Variablen und Funktionen ohne Typvereinbarungen rufen
> einen Übersetzungsfehler hervor. Das ausführbare Programm wird nach
> dem Übersetzungsvorgang unter dem Namen spiel abgelegt.

Bei kleineren Programmen können das Hauptprogramm und ein oder mehrere
Unterprogramme in einer Datei enthalten sein. Bei jedem Aufruf von f77 für
diese Datei werden dann alle Programme übersetzt und gebunden.

Für größere Programme ist es hingegen sinnvoll, die Programme in einzelnen
Dateien abzulegen, um getrenntes Übersetzen zu ermöglichen. Bei Änderungen
an nur einem Programmsegment brauchen dann nicht alle anderen mit übersetzt
zu werden.

Um Programme nur zu übersetzen ohne automatisch zu binden, wird die Option
-c angegeben. Da das Kommando f77 die Endungen der Dateinamen interpretiert, können noch zu übersetzende Quellprogrammdateien und bindefähige
Objektprogramme auch in einer Kommandozeile angegeben werden. Sie werden
gemäß ihrer Kennung bearbeitet.

Beispiel:

> `f77 -c up1.f`
>
> Der Datei up1.f wird ein FORTRAN-Quellprogramm entnommen und
> übersetzt. Bei fehlerfreier Übersetzung wird das Objektprogramm in der
> Datei up1.o abgelegt. Ein ausführbares Programm wird nicht erzeugt.
>
> `f77 -o spiel spiel.o up1.o up2.f`
>
> Der Datei up2.f wird ein FORTRAN-Quellprogramm entnommen und
> übersetzt. Bei fehlerfreier Übersetzung wird eine Objektprogrammdatei
> up2.o erzeugt. Dieses und die anderen in der Kommandozeile angegebe-
> nen Objektprogramme werden zu einem ausführbaren Programm gebun-
> den und in der Datei spiel abgelegt.

Noch komfortabler können größere Programme, deren Segmente auf mehrere Dateien verteilt sind, mit dem SINIX-Kommando make übersetzt und gebunden
werden. Zum Erstellen sogenannter **Programmbibliotheken** (Archive) dient
das SINIX-Kommando **ar**.

Weitere Optionen:

-v   Auf den Bildschirm wird ein Protokoll der einzelnen Phasen der Über-
       setzung ausgegeben.

-C   Der Übersetzer erzeugt Programme, die bei der Ausführung automatisch jeden Feldzugriff auf Feldgrenzenüberschreitung prüfen und gegebenenfalls mit einer Fehlermeldung abbrechen.

Diese Option sollte während der Testphase eines Programms immer angegeben werden. Läuft ein Programm erst einwandfrei, sollte sie vermieden werden, denn mit der Option -C übersetzte Programme benötigen mehr Speicherplatz und laufen langsamer.

-O   Das Objektprogramm wird optimiert.

-U   Großbuchstaben sollen **nicht** wie Kleinbuchstaben behandelt werden (s.u.).

Erweiterter Zeichensatz

Der Übersetzer erwartet in FORTRAN-Quelltexten grundsätzlich Kleinbuchstaben. Allerdings werden auch Großbuchstaben verstanden, denn außerhalb von Zeichenkonstanten werden sie wie Kleinbuchstaben behandelt.

Wertebereiche der Zahlen

Die Wertebereiche sind abhängig von der internen Darstellung der Zahlen (siehe Lektion 12).

INTEGER	$-2147483648 \ldots 2147483647$
	$(\ -2^{31} \ldots 2^{31} - 1\ )$
REAL	$-1.70141\ldots * 10^{38} \ldots 1.70141\ldots * 10^{38}$
	$(\ -(1 - 2^{24}) * 2^{127} \ldots (1 - 2^{-24}) * 2^{127}\ )$

Ein-/Ausgabeeinheiten

Zulässige Ein-/Ausgabeeinheiten (units) sind die Nummern 0 bis 9. Vordefiniert und bereits geöffnet sind die folgenden:

0   Standardfehlerausgabe
5   Standardeingabe
6   Standardausgabe

Dateipositionierung

Eine sequentielle Datei ist nach dem Öffnen auf ihr Ende positioniert. Ein nachfolgender Schreibvorgang fügt Sätze an das Ende der Datei an. Zum Lesen der Datei von Beginn an muß sie zuvor auf den Anfang zurückgesetzt werden (FORTRAN-Anweisung REWIND).

Anhang D

Lösungen zu den Kontrollaufgaben

K.2.1.

1. Lies die beiden zu addierenden Zahlen von der Tastatur ein.
2. Addiere die beiden Zahlen und merke Dir das Ergebnis.
3. Lies eine dritte Zahl von der Tastatur ein.
4. Multipliziere die eingelesene Zahl mit dem Ergebnis von Schritt 2.
5. Gib das Ergebnis von Schritt 4 auf dem Bildschirm aus.
6. Fertig.

K.2.2.

Die Umsetzung eines Programmtextes aus der Umgangssprache in eine Programmiersprache wird Codierung des Programms genannt. Die Codierung wird vom Programmierer durchgeführt.

K.2.3.

Das Quellprogramm ist ein vom Programmierer codiertes Programm in einer höheren Programmiersprache. Das Quellprogramm wird von einem speziellen Programm, dem Übersetzer, in ein Maschinenprogramm übersetzt. Dieses Maschinenprogramm nennt man Objektprogramm.

K.2.4.

Ein spezielles Programm, Übersetzer oder Compiler genannt, übersetzt das Quellprogramm in ein Objektprogramm.

K.2.5.

Ein Lösungsweg muß eindeutig festlegen, wie die Verarbeitung zu erfolgen hat, damit man aus den eingehenden Daten die gewünschten Ergebnisse erhält.

K.2.6.

Man sollte den Lösungsweg zunächst grob aufschreiben und solange eine schrittweise Verfeinerung durchführen, bis jedes Teilproblem einer Anweisung oder einer
kurzen Anweisungsfolge in der zu verwendenden Programmiersprache entspricht.

K.2.7.

Neben der Herleitung des Lösungsweges gehört zum Programmentwurf die Festlegung, welche Daten mit dem Programm verarbeitet werden sollen.

K.4.1.

Gültige symbolische Namen sind:

         ZAHL1   HALLO   I877   SIEBEN   H1P2

Ungültig sind:

         ABSTAND   mehr als 6 Zeichen
         XX-3   enthält Sonderzeichen -
         RADIUS2   mehr als 6 Zeichen
         %SATZ   enthält Sonderzeichen %
         3FACH   beginnt nicht mit einem Buchstaben

K.4.2.

Gültige FORTRAN-Konstanten sind:

         'Paris'   Zeichenreihe
         .TRUE.   logischer Wert
         12858   ganze Zahl
         270.23E7   reelle Zahl
         -3.1783465E-11   reelle Zahl
         -927.   reelle Zahl
         '45,8 %'   Zeichenreihe
         ''''   Zeichenreihe
         .5   reelle Zahl

Ungültig sind:

         37%   -83.3A8   2.4E0.5   4,5   'Rock'n'Roll'

K.4.3.

• Die Kennzeichnung der Fortsetzungszeile der INTEGER-Anweisung muß in der
  6. Spalte und nicht in der 5. stehen.
• Die PRINT-Anweisung darf erst in der 7. Spalte beginnen.

K.7.1.

```
CHARACTER NAME*40, ADRESS*80
INTEGER   ANZAHL, JAHR
REAL      UMSATZ
```

K.8.2.

Vereinbart wird eine Variable durch eine Anweisung zur Typvereinbarung. Definiert ist eine Variable erst, wenn ihr im Programm ein Wert zugewiesen würde. Dies kann entweder durch Einlesen eines Wertes von der Tastatur oder durch eine Zuweisungsanweisung erfolgen.

K.8.3.

Wert	MM	WORT	LWORT	A	B
'Beispiel'	nein	ja	ja	nein	nein
'ABC'	nein	ja	ja	nein	nein
7	ja	nein	nein	nein	nein
'Moritz'	nein	ja	ja	ja	nein
'Eingabezeichen'	nein	ja	ja	nein	nein
'56'	nein	ja	ja	ja	ja

K.9.2.

- Wird das Wort nicht linksbündig eingegeben, steht an der ersten Stelle von WORT ein Leerzeichen. Die INDEX-Funktion liefert den Wert 1, und für die Länge ergibt sich der Wert 0.

- Wird ein Wort eingegeben, das länger als 29 Zeichen ist, enthält WORT überhaupt kein Leerzeichen. Die INDEX-Funktion liefert den Wert 0, und die Zuweisung ergibt für die Länge den Wert -1.

K.10.1.

Wird ein Großbuchstabe E eingegeben, erkennt das Programm diesen nicht als Vokal, da ja nur überprüft wird, ob der eingelesene Buchstabe mit einem der „kleinen" Vokale übereinstimmt. Wird ein Zeichen eingelesen, das gar kein Buchstabe ist, also z.B. die Ziffer 6, so antwortet das Programm mit dem stereotypen Satz:

```
Der Buchstabe 6 ist kein Vokal.
```

Das Programm sollte erkennen können, ob das eingegebene Zeichen überhaupt ein Buchstabe ist, und falls ja, ob es ein Vokal ist, unabhängig davon, ob Klein- oder Großbuchstabe.

Um nicht mühselig für alle in Frage kommenden Buchstaben einen Vergleichsausdruck formulieren zu müssen, verwendet man am besten die INDEX-Funktion,
wie in der Aufgabenstellung vorgeschlagen wurde.

Zeichen einlesen

Untersuchen, ob eingelesenes Zeichen ein Buchstabe ist

Falls Buchstabe

————————— **dann** —————————— | ————— **sonst** —————

Untersuchen, ob Buchstabe ein Vokal ist	

Falls Vokal

———— **dann** ———— | ———— **sonst** ———— | Fehlermeldung:

Ausgabe: Der Buchstabe ist ein Vokal.	Ausgabe: Der Buchstabe ist kein Vokal.	Das eingegebene Zeichen ist kein Buchstabe.

```
      PROGRAM VOKAL2

C==== Vereinbarungsteil ===================================

C---- Konstanten ------------------------------------------
      CHARACTER  BALPHA*52, BVOKAL*10
      PARAMETER (BALPHA =
     & 'abcdefghijklmnopqrstuvwxyzABCDEFGHIJKLMNOPQRSTUVWXYZ',
               BVOKAL = 'aeiouAEIOU')
C---- Variablen -------------------------------------------
      CHARACTER  EINGAB
      LOGICAL    LALPHA, LVOKAL

C==== Anweisungsteil ======================================

C---- Zeichen einlesen ------------------------------------
      PRINT   *  , 'Bitte geben Sie einen Buchstaben ein !'
      READ   '(A)', EINGAB
C---- Untersuchen, ob eingelesenes Zeichen ein Buchstabe ist --
      LALPHA = INDEX (BALPHA, EINGAB) .NE. 0
C---- Auswahl Buchstabe ja/nein ---------------------------
      IF ( LALPHA ) THEN
C-------- Untersuchen, ob Buchstabe ein Vokal ist ------------
          LVOKAL = INDEX (BVOKAL, EINGAB) .NE. 0
```

```
C-------- Auswahl Vokal ja/nein ------------------------------
         IF ( LVOKAL ) THEN
              PRINT *, 'Der Buchstabe',EINGAB,'ist ein Vokal.'
         ELSE
              PRINT *, 'Der Buchstabe',EINGAB,'ist kein Vokal.'
         ENDIF
      ELSE
         PRINT *, 'Das eingegebene Zeichen ist gar kein '//
     &              'Buchstabe'
      ENDIF
C---- Ende ---------------------------------------------------
      END
```

K.10.2.

Der dargestellte Algorithmus gibt drei eingegebene ganze Zahlen ihrer Größe nach geordnet aus.

```
      PROGRAM ORDNE

C==== Vereinbarungsteil ==================================

      INTEGER A, B, C, ZMIN, ZMIT, ZMAX

C==== Anweisungsteil ====================================

C---- Drei Zahlen einlesen -------------------------------
      PRINT *, 'Bitte drei Zahlen eingeben !'
      READ  *, A, B, C
C---- Ordnen ---------------------------------------------
      IF ( A .GT. B ) THEN
         IF ( B .GT. C) THEN
              ZMAX = A
              ZMIT = B
              ZMIN = C
         ELSE
              ZMIN = B
              IF ( A .GT. C ) THEN
                   ZMAX = A
                   ZMIT = C
              ELSE
                   ZMAX = C
                   ZMIT = A
              ENDIF
         ENDIF
      ELSE
         IF ( B .GT. C) THEN
              ZMAX = B
              IF ( A .GT. C ) THEN
                   ZMIT = A
                   ZMIN = C
```

```
                ELSE
                    ZMIT = C
                    ZMIN = A
                ENDIF
            ELSE
                ZMAX = C
                ZMIT = B
                ZMIN = A
            ENDIF
        ENDIF
C---- Zahlen geordnet ausgeben -------------------------------------
        PRINT *, ZMIN, ZMIT, ZMAX
C---- Ende ---------------------------------------------------------
        END
```

K.10.3.

```
      ...
        GOTO ( 101, 102, 101, 103, 101, 103,
     &         101, 101, 103, 101, 103, 101 ), MONAT
        GOTO 188
C-------- 1, 3, 5, 7, 8, 10, 12 ----------------------------------
  101   CONTINUE
        TAGE = 31
        GOTO 199
C-------- 2 ------------------------------------------------------
  102   CONTINUE
        IF ( MOD (JAHR, 4) .NE. 0) THEN
            TAGE = 28
        ELSE IF ( MOD (JAHR, 100) .EQ. 0  .AND.
     &            MOD (JAHR, 400) .NE. 0) THEN
            TAGE = 28
        ELSE
            TAGE = 29
        ENDIF
        GOTO 199
C-------- 4, 6, 9, 11 --------------------------------------------
  103   CONTINUE
        TAGE = 30
        GOTO 199
C-------- sonst --------------------------------------------------
  188   CONTINUE
        TAGE = 0
        GOTO 199
  199 CONTINUE
      ...
```

K.10.4.

Summe, Anzahl und Endebedingung initialisieren		
	Eingabe einer ganzen Zahl	
	Falls eingelesene Zahl positiv	
	—————— dann ——————	———— sonst ————
	Auf Summe aufaddieren und Anzahl um 1 erhöhen	Endebedingung setzen
bis Endebedingung		
Falls Anzahl der eingegebenen Zahlen größer als 0		
——————— dann ———————	———————— sonst ————	
Mittelwert berechnen und ausgeben	Meldung ausgeben: Es wurden keine Zahlen eingegeben.	

```
      PROGRAM MITTEL

C==== Vereinbarungsteil ======================================

      INTEGER ZAHL, SUMME, ANZAHL
      LOGICAL ENDE

C==== Anweisungsteil ========================================

C---- Initialisierung ---------------------------------------
      SUMME  = 0
      ANZAHL = 0
      ENDE   = .FALSE.
C---- Zahleneingabe und Summenbildung wiederholen ------------
  101 CONTINUE
      PRINT *, 'Bitte geben Sie eine pos. ganze Zahl ein !'
      PRINT *, 'Sie koennen die Eingabe mit einer'
      PRINT *, 'negativen ganzen Zahl beenden.'
      READ *, ZAHL
      IF ( ZAHL .GE. 0 ) THEN
          SUMME  = SUMME  + ZAHL
          ANZAHL = ANZAHL + 1
      ELSE
          ENDE   = .TRUE.
      ENDIF
      IF ( ENDE ) GOTO 102
      GOTO 101
  102 CONTINUE
```

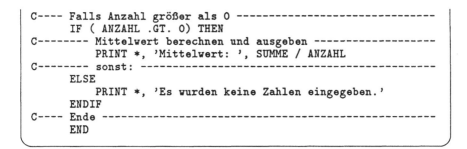

```
C---- Falls Anzahl größer als 0 -------------------------------
      IF ( ANZAHL .GT. 0) THEN
C-------- Mittelwert berechnen und ausgeben -------------------
          PRINT *, 'Mittelwert: ', SUMME / ANZAHL
C-------- sonst: ----------------------------------------------
      ELSE
          PRINT *, 'Es wurden keine Zahlen eingegeben.'
      ENDIF
C---- Ende ----------------------------------------------------
      END
```

K.10.5.

Dividend und Divisor einlesen
Rest mit Dividend, Quotient mit 0 initialisieren
Solange Rest größer als Divisor
Quotient um 1 erhöhen
Rest um Divisor erniedrigen
Quotient und Rest ausgeben

K.10.6.

Zahl einlesen
Quersumme mit 0 initialisieren
Solange die Zahl größer als Null ist
Ziffer ganz rechts als Rest bei Division durch 10 bestimmen (Modulo-Funktion) und auf Quersumme aufaddieren
Zahl durch 10 dividieren
Quersumme ausgeben

```
      PROGRAM QSUMME

C==== Vereinbarungsteil ======================================

C---- Variablen ----------------------------------------------
      INTEGER   ZAHL, QUERS

C==== Anweisungsteil ======================================

C---- Zahl einlesen ------------------------------------------
      PRINT *, 'Bitte eine ganze Zahl eingeben !'
      READ  *, ZAHL
C---- Quersumme initialisieren -------------------------------
      QUERS = 0
C---- Solange ZAHL größer als Null ---------------------------
  101 CONTINUE
      IF (.NOT. ZAHL .GT. 0) GOTO 102
C-------- Rechte Ziffer bestimmen und aufsummieren -----------
          QUERS = QUERS + MOD (ZAHL, 10)
C-------- Linken Teil der Zahl ohne Ziffer rechts ------------
          ZAHL = ZAHL / 10
      GOTO 101
  102 CONTINUE
C---- Quersumme ausgeben -------------------------------------
      PRINT *, 'Quersumme : ', QUERS
C---- Ende ---------------------------------------------------
      END
```

K.10.7.

Lies N ein
Setze Produkt auf 1
Wiederhole für jede ganze Zahl von 1 bis N
Multipliziere Produkt mit der ganzen Zahl
Gib Produkt aus

```
      PROGRAM FAK

C==== Vereinbarungsteil ======================================

C---- Variablen ----------------------------------------------
      INTEGER   I, N, PROFAK
```

```
C==== Anweisungsteil ==========================================

C---- N einlesen -----------------------------------------------
      PRINT *, 'Bitte N eingeben !'
      READ  *, N
C---- Produkt initialisieren -----------------------------------
      PROFAK  = 1
C---- Wiederhole ... -------------------------------------------
      DO 100 I = 1, N
C-------- Produkt bilden ---------------------------------------
         PROFAK = PROFAK * I
  100 CONTINUE
C---- Fakultät ausgeben ----------------------------------------
      PRINT *, 'n ! = ', PROFAK
C---- Ende -----------------------------------------------------
      END
```

K.10.8.

Anzahl Durchläufe: 0, 6, 0, 3, 21

K.12.1.

Anzahl verschiedener Bitmuster der Länge 32 Bit: 2^{32}

Anzahl der Bitmuster für den Wert 0
= Anzahl verschiedener Bitmuster der Länge 24 Bit: 2^{24}

Anzahl verschiedener Zahlen des Datentyps REAL: $2^{32} - 2^{24} + 1 = 4278190081$

K.12.2.

Anfangswert, Endwert und Anzahl einlesen
Schrittweite berechnen
Wiederhole für alle ganzen Zahlen von 1 bis Anzahl
x aus Anfangswert, Schrittweite und Durchlaufzahl berechnen
Berechnung und Ausgabe von sin (x)

```
      PROGRAM WTAB
C****************************************************************
C**** Ausgabe einer Wertetabelle für die Funktion sin(x) in
C**** einem bestimmten Intervall
C****
C**** Eingabedaten: Anfangs- und Endwert des Intervalls
C****               Anzahl der Wertepaare
C**** Ausgabedaten: Wertetabelle
C****************************************************************

C==== Vereinbarungsteil =========================================

C---- Variablen -------------------------------------------------
      INTEGER ANZAHL, I
      REAL    XANF , XEND    , DELTAX, X

C==== Anweisungsteil ============================================

C---- Werte einlesen --------------------------------------------
      PRINT *, 'Bitte Anfangs- und Endwert eingeben !'
      READ *, XANF, XEND
      PRINT *, 'Bitte Anzahl Wertepaare eingeben !'
      READ *, ANZAHL
C---- Schrittweite berechnen ------------------------------------
      DELTAX = ( XEND - XANF ) / (ANZAHL - 1)
C---- Überschrift -----------------------------------------------
      PRINT *, '   X                  SIN (X)'
C---- Wiederhole für alle ganzen Zahlen von 1 bis ANZAHL ... --
      DO 100 I = 1, ANZAHL
C-------- ... eine Zeile der Wertetabelle ausgeben -----------
         X = XANF + (I-1) * DELTAX
         PRINT *, X, SIN (X)
  100 CONTINUE
C---- Ende ------------------------------------------------------
      END
```

K.13.1.

```
      LOGICAL FUNCTION JA (TEXT)
C****************************************************************
C*    Einlesen eines Zeichens. Falls eingelesenes Zeichen
C*    gleich 'j' ist, liefert die Funktion den Wert .TRUE.
C*    und sonst den Wert .FALSE. .
C*
C*    Als Eingabeaufforderung wird die Zeichenreihe TEXT
C*    ausgegeben.
C*
C*    Parameter: TEXT    CHARACTER Eingabeaufforderung
C****************************************************************
```

```
C==== Vereinbarungsteil =======================================

C---- Formalparameter -----------------------------------------
      CHARACTER*(*) TEXT
C---- Variablen -----------------------------------------------
C---- ZEICHN  Eingelesenes Zeichen
      CHARACTER    ZEICHN

C==== Anweisungsteil ==========================================

C---- Eingabeaufforderung ausgeben ----------------------------
      PRINT *, TEXT, '(j/n)'
C---- Zeichen einlesen ----------------------------------------
      READ '(A)', ZEICHN
C---- Funktionswert ermitteln ---------------------------------
      JA = ZEICHN .EQ. 'j'
C---- Ende von JA ---------------------------------------------
      END
```

K.13.2.

CHARACTER FUNCTION RDCHAR (TEXT, WAHL)

Einlesen eines Zeichens
bis eingelesenes Zeichen gültig
Zeichen als Funktionswert zuweisen

```
      CHARACTER FUNCTION RDCHAR (TEXT, WAHL)
C*************************************************************
C*    Einlesen eines Zeichens von der Tastatur
C*
C*    Als Eingabeaufforderung wird die Zeichenreihe TEXT
C*    ausgegeben. Der Einlesevorgang wird wiederholt, bis ein
C*    Zeichen eingegeben wurde, das in der Zeichenkette WAHL
C*    enthalten ist. Dieses Zeichen wird als Funktionswert
C*    zugewiesen.
C*
C*    Parameter: TEXT   CHARACTER Eingabeaufforderung
C*               WAHL   CHARACTER Gültige Eingabezeichen
C*************************************************************
```

```
C==== Vereinbarungsteil ======================================

C---- Formalparameter -----------------------------------------
      CHARACTER*(*) TEXT, WAHL
C---- Variablen -----------------------------------------------
C---- ZEICHN    Eingelesenes Zeichen
      CHARACTER    ZEICHN


C==== Anweisungsteil ==========================================

C---- Wiederhole ...-------------------------------------------
  101 CONTINUE
C-------- Zeichen einlesen -------------------------------------
        PRINT *, TEXT
        READ '(A)', ZEICHN
C---- ... bis eingelesenes Zeichen in WAHL enthalten ----------
      IF (INDEX (WAHL, ZEICHN) .NE. 0) GOTO 102
      GOTO 101
  102 CONTINUE
C---- Funktionswert zuweisen -----------------------------------
      RDCHAR   = ZEICHN
C---- Ende von RDCHAR -----------------------------------------
      END
```

K.13.3.

Die ursprüngliche, willkürlich gewählte Reihenfolge kann im Programmtext nicht beibehalten werden. Betrachten wir den Ausdruck

```
        LAENGE .NE. 0 .AND. ZKETTE(LAENGE:LAENGE) .EQ. ' '
```

für den Fall LAENGE gleich Null. Der erste Vergleichsausdruck ergibt den Wert falsch. Damit liegt der Wert des Gesamtausdrucks bereits fest, denn eine Verknüpfung des Wertes „falsch" durch .AND. (logisches UND) mit irgendeinem anderen Wert ergibt immer den Wert „falsch". Wie wir wissen, wird in so einem Falle der zweite Teil des logischen Ausdrucks gar nicht mehr ausgewertet (vgl. Lektion 10.2.2).

Hätten wir die ursprüngliche Reihenfolge gewählt, bei der zuerst das Zeichen mit dem Leerzeichen verglichen wird und dann erst die Variable LAENGE getestet wird, so wäre es im Falle LAENGE gleich Null zur Auswertung eines verbotenen Ausdrucks gekommen. Die Teilzeichenkette ZKETTE(0:0) existiert nämlich nicht.

K.13.4.

1. Falscher Typ des Aktualparameters!
2. Falsche Parameteranzahl!
3. Syntaxfehler! Keine korrekte Zeichenkonstante.
4. Falscher Typ des Aktualparameters X!
   Angabe eines Ausdrucks (Y*Y) für einen Ausgangsparameter nicht erlaubt!
5. Angabe einer Konstanten (1) für einen Ausgangsparameter nicht erlaubt!

K.14.1.

Im Vereinbarungsteil (– Variablen –) zu ergänzen:

```
      CHARACTER*12 NTEXT (1:6)
```

Im Anweisungsteil (– Initialisierungen –) zu ergänzen:

```
C---- Notentexte initialisieren ---------------------------------
      NTEXT (1) = 'sehr gut'
      NTEXT (2) = 'gut'
      NTEXT (3) = 'befriedigend'
      NTEXT (4) = 'ausreichend'
      NTEXT (5) = 'mangelhaft'
      NTEXT (6) = 'ungenuegend'
```

Im Anweisungsteil zu ersetzen:

```
C-------- Ausgabe einer Zeile für jede Note ------------------
      DO 400 NOTE = 1, 6
      PRINT '(T5, A, T20, I4, T30, F7.1)',
    &              NTEXT (NOTE),
    &              ANZAHL (NOTE),
    &              ANZAHL (NOTE) * 100.0 / GESANZ
 400     CONTINUE
```

K.14.2.

Zum Beispiel:

```
      CHARACTER*20 NAMEN (2, 200)
```

K.14.3.

Zum Beispiel Modul RDINT verwenden:

```
      TEMP = RDINT ('Tageshoechsttemperatur', 0, -40, 50)
```

K.14.4.

1. Richtig. Vereinbarung einer Variablen STADT sowie zweier eindimensionaler Felder LAND und FLUSS. Die Variable und die Komponenten der Felder sind vom Typ Zeichenkette der Länge 20. Das Feld LAND hat 10 Komponenten mit Index von 1 bis 10, das Feld FLUSS 11 Komponenten mit Index von 0 bis 10.

2. Richtig. Vereinbarung eines zweidimensionalen Feldes ZAHLEN mit ganzzahligen Komponenten. Das Feld besitzt 60 Komponenten mit Index von 1 bis 10 in der 1. Dimension und Index von 0 bis 5 in der 2. Dimension.

3. Richtig. Vereinbarung eines eindimensionalen Feldes REGEN mit logischem Komponententyp, 365 Komponenten mit Index von 1 bis 365.

4. Richtig. Die Zeichenkette 'Hannover' wird einer Teilzeichenkette der Variablen STADT zugewiesen. Da die Zeichenkette 'Hannover' nur 8 Zeichen lang ist, wird vor der Zuweisung mit Leerzeichen auf eine Länge von 10 Zeichen aufgefüllt. Die Zeichenpositionen 11 bis 20 der Zeichenvariablen STADT bleiben unverändert.

5. Falsch. LAND ist als Feld vereinbart. In dieser Anweisung fehlt der Index der anzusprechenden Komponente. Die Angabe einer Zeichenteilfolge kann nicht auf das ganze Feld bezogen werden.

6. Falsch. Die kleinste ansprechbare Zeichenposition in einer Zeichenkette ist 1. Die Angabe (0:10) als Zeichenteilfolge ist daher falsch.

7. Richtig. Der Komponente mit dem Index 2 des Feldes FLUSS wird die Zeichenkette 'Ems' zugewiesen. Vor der Zuweisung wird die Zeichenkette 'Ems' mit Leerzeichen bis zur Länge der Komponenten von FLUSS aufgefüllt (20 Zeichen).

8. Richtig. Der Komponente mit den Indizes 1 und 0 des Feldes ZAHLEN wird der Wert 100 zugewiesen.

9. Richtig. Der Komponente mit dem Index 25 des Feldes REGEN wird der logische Wert .TRUE. zugewiesen.

K.14.5.

Allen genannten Programmen ist gemeinsam, daß es bei den Berechnungen zu Bereichsüberschreitungen des Datentyps INTEGER kommen kann, die dem Benutzer verborgen bleiben. Vermeintlich korrekte Resultate können also durchaus fehlerbehaftet sein.

Abhilfe kann man schaffen, indem man vor einer Rechenoperation jeweils überprüft, ob das zu erwartende Resultat noch im zulässigen Zahlenbereich liegt. Im Beispiel 3 des Abschnitts 12.1.2 der Fibel haben wir eine solche Überprüfung für die Addition durchgeführt. Ganz analog kann vor einer Multiplikation durch Dividieren festgestellt werden, ob das Produkt zweier Zahlen einen zulässigen Wert über- bzw. unterschreitet.

K.14.6.

```
16 15 14 13 12 11 10 9 8 7 6 5 4 3 2 1
13 12 11
```

```
16  15  14
13  12  11
10   9   8
 7   6   5
 4   3   2
 1

1 2 3 4 5 6 7 8 9 10 11 12 13 14 15 16
1 5 9 13 2 6 10 14 3 7 11 15 4 8 12 16
1 5 9 13 2 6 10 14 3 7 11 15 4 8 12 16

1 2 3 4
5 6 7 8
9 10 11 12
13 14 15 16

   1   2   3   4
   5   6   7   8
   9  10  11  12
  13  14  15  16

   6   7
  10  11
  14  15
```

K.14.7.

Das Unterprogramm wurde TRANSP genannt, da die beschriebene Manipulation eines Zahlenquadrats in der Mathematik als Transponieren einer quadratischen Matrix bezeichnet wird.

Beim Entwurf des Algorithmus zum Vertauschen der Elemente muß man darauf achten, daß jedes Element oberhalb der Diagonalen genau einmal mit dem gegenüberliegenden Element unterhalb der Diagonalen vertauscht wird. Ein Vertauschen aller Zeilen mit allen Spalten würde nicht zum Ziel führen.

Zu beachten ist außerdem die strikte Einhaltung der auferlegten Regeln bei der Verwendung von Feldern als Formalparameter. Die Konstante NMAX des Hauptprogramms wird sowohl zur Vereinbarung des Feldes im Hauptprogramm als auch zur Weitergabe an das Unterprogramm benötigt. Die aktuelle Größe des Zahlenquadrats, die von Programmlauf zu Programmlauf unterschiedlich sein kann, wird getrennt als Parameter an das Unterprogramm übergeben.

```
      PROGRAM TTEST
C**************************************************************
C*    Programm zum Testen des Unterprogramms TRANSP
C*
C*    Eingabe eines Zahlenquadrats, Aufruf des Unterprogramms
C*    TRANSP und Ausgabe des veränderten Zahlenquadrats
```

```
C*      Verwendete Moduln:
C*         RDINT     Einlesen einer ganzen Zahl
C****************************************************************

C==== Vereinbarungsteil ========================================

C---- Konstanten -----------------------------------------------
C---- NMAX       Maximale Seitenlänge des Zahlenquadrats
        INTEGER       NMAX
        PARAMETER     (NMAX=10)
C---- Variablen ------------------------------------------------
C---- QUAD       Feld für Zahlenquadrat
C---- N          Aktuelle Seitenlänge des Zahlenquadrats
C---- I, J       Laufvariablen für Zeile, Spalte
        INTEGER       QUAD (NMAX,NMAX), N, I, J
C---- Externe Funktionen ---------------------------------------
C---- RDINT      Einlesen einer ganzen Zahl
        INTEGER       RDINT


C==== Anweisungsteil ===========================================

C---- Überschrift ausgeben -------------------------------------
        PRINT *, 'Zahlenquadratmanipulation'
        PRINT *, '========================='
C---- Seitenlänge einlesen -------------------------------------
        N = RDINT ('Seitenlaenge ?', 0, 1, NMAX)
C---- Zahlenquadrat einlesen -----------------------------------
        PRINT *, 'Bitte Zahlenquadrat zeilenweise eingeben:'
        READ *, ( ( QUAD(I,J), J=1,N ), I=1,N )
C---- Unterprogramm TRANSP -------------------------------------
        CALL TRANSP (QUAD, NMAX, N)
C---- Ausgabe des Zahlenquadrats -------------------------------
        DO 100 I = 1, N
            PRINT '(10I8)', ( QUAD(I,J), J=1,N )
  100 CONTINUE
C---- Ende von TTEST -------------------------------------------
        END

        SUBROUTINE TRANSP (MATRIX, NDIM, N)
C****************************************************************
C*      Unterprogramm zum Transponieren einer quadratischen
C*      Matrix
C*
C*      Parameter:
C*      MATRIX INTEGER   Ein/Aus  Feld für Matrix
C*      NDIM    INTEGER   Ein      Indexgrenze für Dimensionierung
C*      N       INTEGER   Ein      Grad der Matrix
C****************************************************************

C==== Vereinbarungsteil ========================================

C---- Formalparameter ------------------------------------------
        INTEGER       MATRIX (NDIM,NDIM), NDIM, N
```

```
C---- Variablen -------------------------------------------------
C---- ZEILE     Zeilenindex
C---- SPALTE    Spaltenindex
C---- ZAHL      Variable zum Merken der zu vertauschenden
C               Werte
      INTEGER        ZEILE, SPALTE, ZAHL


C==== Anweisungsteil ===========================================


C---- Für alle Matrixelemente rechts oberhalb der Diagonalen...
      DO 100 ZEILE = 1, N-1
          DO 200 SPALTE = ZEILE+1, N
C------------ Vertausche jeweils mit dem gegenüberliegenden
C             Element links unterhalb der Diagonalen
              ZAHL                = QUAD (ZEILE, SPALTE)
              QUAD (ZEILE, SPALTE) = QUAD (SPALTE, ZEILE)
              QUAD (SPALTE, ZEILE) = ZAHL
  200     CONTINUE
  100 CONTINUE
C---- Ende von TRANSP -------------------------------------------
      END
```

K.15.1.

WSUCHE

Wort über die Tastatur einlesen
Datei TEXTDAT öffnen
Anzahl der nachfolgenden Datensätze einlesen
Anzahl der Datensätze, die das Wort enthalten, auf Null setzen
Wiederhole für alle nachfolgenden Datensätze

Datensatz einlesen	
Falls Wort im Datensatz enthalten	
——— dann ———	——— sonst ———
Anzahl erhöhen	

Datei TEXTDAT schließen
Ausgabe der Anzahl

```
      PROGRAM WSUCHE
C*****************************************************************
C*    Suchen und Zählen eines Wortes in der Datei TEXTDAT
C*
C*    Eingabe des Wortes über die Tastatur, Einlesen und
C*    Untersuchen jedes Datensatzes, Ausgabe einer ent-
C*    sprechenden Meldung auf den Bildschirm.
C*****************************************************************

C==== Vereinbarungsteil =========================================

C---- Konstanten ------------------------------------------------
C---- UNITNR    Nummer der Eingabeeinheit
      INTEGER   UNITNR
      PARAMETER (UNITNR=8)

C---- Variablen -------------------------------------------------
C---- SANZ      Anzahl der Datensätze
C---- WANZ      Anzahl der Datensätze, die das Wort enthalten
C---- LAENGE    Wortlänge
C---- I         Laufvariable
      INTEGER   SANZ, WANZ, LAENGE, I
C---- SATZ      Datensatz
C---- WORT      Wort
      CHARACTER*80    SATZ
      CHARACTER*21    WORT

C==== Anweisungsteil ============================================

C---- Wort einlesen ---------------------------------------------
      PRINT  *  , 'Bitte das zu suchende Wort eingeben ',
     &           '(maximal 20 Zeichen) !'
      READ '(A)', WORT
C---- Wortlänge bestimmen ---------------------------------------
      LAENGE   = INDEX (WORT, ' ') - 1
C---- Datei TEXTDAT öffnen --------------------------------------
      OPEN   (UNIT=UNITNR, FILE='TEXTDAT')
      REWIND (UNIT=UNITNR)
C---- Anzahl der nachfolgenden Datensätze einlesen ------------
      READ   (UNIT=UNITNR, FMT=*) SANZ
C---- Anzahl Datensätze, die das Wort enthalten, initialisieren
      WANZ     = 0
C---- Wiederhole für alle nachfolgenden Datensätze ... --------
      DO 100 I = 1, SANZ
C-------- Datensatz einlesen ------------------------------------
         READ (UNIT=UNITNR, FMT='(A)') SATZ
C-------- Falls Wort enthalten, dann Anzahl erhöhen -----------
         IF (INDEX (SATZ, WORT(1:LAENGE)) .NE. 0) THEN
            WANZ     = WANZ + 1
         ENDIF
  100 CONTINUE
```

```
C---- Datei TEXTDAT schließen -------------------------------
      CLOSE (UNIT=UNITNR)
C---- Ausgabe der Anzahl ------------------------------------
      PRINT *, 'Das Wort', WORT(1:LAENGE), 'ist in',
     &          WANZ, 'Datensaetzen enthalten.'
C---- Ende von WSUCHE ---------------------------------------
      END
```

K.15.2.

```
      PROGRAM SZAEHL
C****************************************************************
C*    Zählen der Datensätze einer Textdatei
C*
C*    Der Name der zu bearbeitenden Datei wird über die Tasta-
C*    tur eingelesen. Das Ergebnis wird auf den Bildschirm
C*    ausgegeben.
C****************************************************************

C==== Vereinbarungsteil ====================================

C---- Konstanten --------------------------------------------
C---- UNITNR    Nummer der Eingabeeinheit
      INTEGER   UNITNR
      PARAMETER (UNITNR=8)
C---- Variablen ---------------------------------------------
C---- ANZAHL    Anzahl der Datensätze
      INTEGER   ANZAHL
C---- NAME      Dateiname
C---- SATZ      Datensatz
      CHARACTER*8      NAME
      CHARACTER        SATZ


C==== Anweisungsteil =======================================

C---- Dateiname einlesen ------------------------------------
      PRINT  *  , 'Bitte den Dateinamen eingeben ',
     &           '(maximal 8 Zeichen) !'
      READ '(A)', NAME
C---- Datei öffnen ------------------------------------------
      OPEN  (UNIT=UNITNR, FILE=NAME)
      REWIND (UNIT=UNITNR)
C---- Initialisierungen -------------------------------------
      ANZAHL   = 0
C---- Solange Dateiende nicht erreicht ... ------------------
  101 CONTINUE
C-------- Datensatz lesen -----------------------------------
         READ (UNIT=UNITNR, FMT='(A)', END=102) SATZ
C-------- Anzahl erhöhen ------------------------------------
         ANZAHL   = ANZAHL + 1
      GOTO 101
```

```
  102 CONTINUE
C---- Datei schließen ---------------------------------------------
      CLOSE (UNIT=UNITNR)
C---- Ergebnis ausgeben -------------------------------------------
      PRINT *, 'Die Datei ', NAME, ' enthaelt ', ANZAHL,
      &              ' Datensaetze.'
C---- Ende von SZAEHL ---------------------------------------------
      END
```

K.15.3.

```
      PROGRAM NEULO2
C****************************************************************
C*    Aktualisieren der Dateien LOTTODAT und LOTTOSTAT
C*
C*    Das Programm hängt den Inhalt der Datei LOTTODAT an die
C*    Datei LOTTOSTAT an. Es liest das Datum der letzten
C*    Ziehung und die Lottozahlen über die Tastatur ein und
C*    gibt diese Angaben auf die Datei LOTTODAT aus.
C****************************************************************

C==== Vereinbarungsteil =========================================

C---- Konstanten --------------------------------------------------
C---- DATNR     Nummer der Ein-/Ausgabeeinheit für LOTTODAT
C---- STATNR    Nummer der Ein-/Ausgabeeinheit für LOTTOSTAT
      INTEGER    DATNR, STATNR
      PARAMETER (DATNR=7, STATNR=8)
C---- Variablen ---------------------------------------------------
C---- DATUM     Datum der letzten Ziehung
C---- ZAHLEN    Feld für Gewinnzahlen
C---- ZUSATZ    Zusatzzahl
      CHARACTER*30       DATUM
      INTEGER            ZAHLEN(1:6), ZUSATZ
C---- SATZ      Variable für Datensatz
      CHARACTER          SATZ


C==== Anweisungsteil ============================================

C---- Datei LOTTODAT öffnen ---------------------------------------
      OPEN   (UNIT=DATNR, FILE='LOTTODAT')
      REWIND (UNIT=DATNR)
C---- Datum aus LOTTODAT lesen ------------------------------------
      READ   (UNIT=DATNR, FMT='(A)', END=101) DATUM
      GOTO   102
C-------- Datei LOTTODAT leer --------------------------------------
  101     CONTINUE
          GOTO 199
C-------- Datum gelesen --------------------------------------------
  102     CONTINUE
```

```
C-------- Lottozahlen aus LOTTODAT lesen ----------------------
         READ   (UNIT=DATNR, FMT=*) ZAHLEN, ZUSATZ
C-------- Datei LOTTOSTAT öffnen ------------------------------
         OPEN   (UNIT=STATNR, FILE='LOTTOSTAT')
         REWIND (UNIT=STATNR)
C-------- Dateizeiger von LOTTOSTAT ans Ende setzen:        --
C-------- Wiederhole Datensatz lesen, bis Dateiende erreicht --
  201    READ   (UNIT=STATNR, FMT='(A)',END=202) SATZ
         GOTO   201
  202    CONTINUE
C-------- Datum und Lottozahlen in LOTTOSTAT schreiben --------
         WRITE  (UNIT=STATNR, FMT='(A)') DATUM
         WRITE  (UNIT=STATNR, FMT=*  ) ZAHLEN, ZUSATZ
C-------- Datei LOTTOSTAT schließen ---------------------------
         CLOSE  (UNIT=STATNR)
C-------- Dateizeiger von LOTTODAT an den Anfang setzen -------
         REWIND (UNIT=DATNR)
         GOTO   199
  199 CONTINUE
C---- Datum und Lottozahlen über die Tastatur einlesen --------
      PRINT *, 'Bitte Datum der letzten Ziehung eingeben !',
     &          '(maximal 30 Zeichen)'
      READ  '(A)', DATUM
      PRINT *, 'Bitte Gewinnzahlen und Zusatzzahl eingeben !'
      READ  *, ZAHLEN, ZUSATZ
C---- Datum und Lottozahlen in LOTTODAT schreiben -------------
      WRITE  (UNIT=DATNR, FMT='(A)') DATUM
      WRITE  (UNIT=DATNR, FMT=*  ) ZAHLEN, ZUSATZ
C---- Datei LOTTODAT schließen --------------------------------
      CLOSE  (UNIT=DATNR)
C---- Ende von NEULO2 -----------------------------------------
      END
```

K.16.1.

Einfügen eines Namens als erstes Element der Liste:

In die folgende Beispielliste solle der Name 'Anton' eingefügt werden. In LEINF wird durch Aufruf des Unterprogramms LSUCH zunächst die Einfügestelle bestimmt, d.h., der Zeiger VORZEI wird ermittelt:

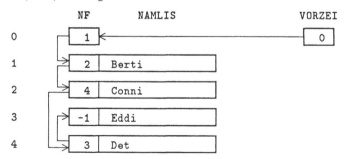

Nach dem Umsetzen der Zeiger und dem Eintragen des Namens in die Liste bietet
sich folgendes Bild:

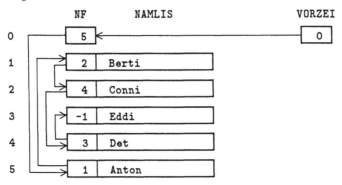

Der Name 'Anton' wurde erfolgreich am Anfang in die Namensliste eingefügt.

Einfügen eines Namens als letztes Element der Liste:

Betrachten wir analog zum Vorstehenden das Eintragen des Namens 'Fritzchen'
in die Beispielliste. Die Bilder geben die Zeigerwerte wieder, die nach dem Aufruf
von LSUCH und nach dem Umsetzen der Zeiger und dem Eintragen des Namens
in die Liste vorliegen.

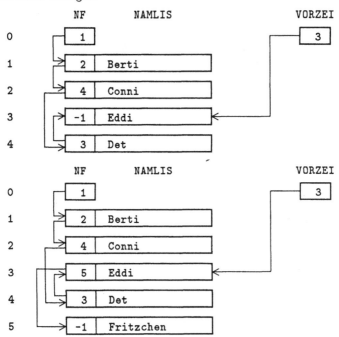

Auch der Name 'Fritzchen' wurde korrekt am Ende der Liste eingefügt.

K.16.2.

```
       SUBROUTINE LINIT2 (LISMAX, LISLGE, NF, FREI)
C******************************************************************
C*     Initialisieren der verketteten Namensliste mit Frei-
C*     speicherverwaltung
C*
C*     Parameter:
C*     LISMAX INT  Ein      Obere Indexgrenze der Felder
C*     LISLGE INT  Aus      Aktuelle Länge der Liste im Feld
C*     NF     INT  Aus      Feld für Zeiger auf Nachfolger
C*     FREI   INT  Aus      Zeiger auf erstes Element der
C*                          Freispeicherliste
C******************************************************************
C==== Vereinbarungsteil ==========================================
C---- Formalparameter --------------------------------------------
       INTEGER   LISMAX, LISLGE, NF (0:LISMAX), FREI
C==== Anweisungsteil =============================================
C---- Zeiger auf erstes Element der Namensliste auf -----------
C---- Endekennung setzen                            ----------
       NF (0)    = -1
C---- Aktuelle Listenlänge im Feld mit Null initialisieren ----
       LISLGE    = 0
C---- Zeiger auf erstes Element der Freispeicherliste ---------
C---- auf Endekennung setzen                         --------
       FREI      = -1
C---- Ende von LINIT2 --------------------------------------------
       END

       SUBROUTINE LEINF2 (LISMAX, LISLGE, NF, FREI,
      &                   NAMLIS, NAME, EXIST, ERFOLG)
C******************************************************************
C*     Einfügen eines Namens in die verkettete Namensliste
C*     mit Freispeicherverwaltung
C*
C*     Parameter:
C*     LISMAX INT  Ein      Obere Indexgrenze der Felder
C*     LISLGE INT  Ein/Aus  Aktuelle Länge der Liste im Feld
C*     NF     INT  Ein/Aus  Feld für Zeiger auf Nachfolger
C*     FREI   INT  Ein/Aus  Zeiger auf erstes Element der Frei-
C*                          speicherliste
C*     NAMLIS CHAR Ein/Aus  Feld für Namen
C*     NAME   CHAR Ein      Einzufügender Name
C*     EXIST  LOG  Aus      Name existiert ja/nein
C*     ERFOLG LOG  Aus      Name eingefügt ja/nein
C******************************************************************
C==== Vereinbarungsteil ==========================================
C---- Formalparameter --------------------------------------------
       INTEGER        LISMAX, LISLGE, NF (0:LISMAX), FREI
       CHARACTER*(*)  NAMLIS (1:LISMAX), NAME
       LOGICAL        EXIST, ERFOLG
C---- Variablen --------------------------------------------------
C---- VORZEI                    Zeiger auf den Vorgänger des Namens
```

```
C---- ZEIGER          Zeiger (nur für Aufruf von LSUCH)
C---- NEU             Zeiger auf neuen Eintrag
      INTEGER         VORZEI, ZEIGER, NEU
C==== Anweisungsteil ============================================
C---- Initialisierung: Einfügen nicht erfolgreich -------------
      ERFOLG   = .FALSE.
C---- Einfügestelle suchen ------------------------------------
      CALL LSUCH (LISMAX, NF, VORZEI, ZEIGER,
     &            NAMLIS, NAME, EXIST)
C---- Falls Name nicht in der Liste ... -----------------------
      IF (.NOT. EXIST) THEN
C------ Falls noch Platz in der Freispeicherliste ist ... -----
        IF (FREI .NE. -1) THEN
C---------- Erstes Element der Freispeicherliste löschen und --
C---------- als neuen Platz für die Namensliste verwenden    --
          NEU    = FREI
          FREI   = NF (NEU)
          ERFOLG = .TRUE.
C------ sonst falls noch Platz im Feld ist ... ----------------
        ELSEIF (LISLGE .LT. LISMAX) THEN
C---------- Listenlänge im Feld erhöhen und neuen Platz aus ---
C---------- dem Feld verwenden                              ---
          LISLGE = LISLGE + 1
          NEU    = LISLGE
          ERFOLG = .TRUE.
        ENDIF
C------ Falls Einfügen erfolgreich ... ------------------------
        IF (ERFOLG) THEN
C---------- Zeiger umsetzen ------------------------------------
          NF (NEU)    = NF (VORZEI)
          NF (VORZEI) = NEU
C---------- Name in die Liste eintragen -----------------------
          NAMLIS (NEU) = NAME
        ENDIF
      ENDIF
C---- Ende von LEINF2 -----------------------------------------
      END

      SUBROUTINE LLOES2 (LISMAX, NF, FREI,
     &                   NAMLIS, NAME, ERFOLG)
C**************************************************************
C*    Löschen eines Namens aus der verketteten Namensliste
C*    mit Freispeicherverwaltung
C*
C*    Parameter:
C*    LISMAX INT  Ein      Obere Indexgrenze der Felder
C*    NF     INT  Ein/Aus  Feld für Zeiger auf Nachfolger
C*    FREI   INT  Ein/Aus  Zeiger auf erstes Element der Frei-
C*                         speicherliste
C*    NAMLIS CHAR Ein      Feld für Namen
C*    NAME   CHAR Ein      Zu löschender Name
C*    ERFOLG LOG  Aus      Name gelöscht ja/nein
C**************************************************************
```

```
C==== Vereinbarungsteil ====================================
C---- Formalparameter ------------------------------------
      INTEGER          LISMAX, NF (0:LISMAX), FREI
      CHARACTER*(*)    NAMLIS (1:LISMAX), NAME
      LOGICAL          ERFOLG
C---- Variablen ------------------------------------------
C---- VORZEI           Zeiger auf den Vorgänger
C----                     des gesuchten Namens
C---- ZEIGER           Zeiger auf den gesuchten Namen,
C----                     falls er in der Liste existiert
C---- EXIST            Name existiert ja/nein
      INTEGER          VORZEI, ZEIGER
      LOGICAL          EXIST
C==== Anweisungsteil ====================================
C---- Name in der Liste suchen ---------------------------
      CALL LSUCH (LISMAX, NF, VORZEI, ZEIGER,
     &            NAMLIS, NAME, EXIST)
C---- Löschen erfolgreich, falls Name in der Liste ----------
      ERFOLG    = EXIST
C---- Falls Löschen erfolgreich ... --------------------------
      IF (ERFOLG) THEN
C------ Zeiger der Namensliste umsetzen ----------------------
        NF (VORZEI) = NF (ZEIGER)
C------ Freigewordenen Platz als erstes Element der ----------
C------ Freispeicherliste einfügen                 ----------
        NF (ZEIGER) = FREI
        FREI        = ZEIGER
      ENDIF
C---- Ende von LLOES2 -------------------------------------
      END
```

K.17.1.

Bei der Ausführung des Programms FEHLER werden die ganzzahligen Werte der Variablen A und B in einen, nämlich den ersten Datensatz der Datei HALLO geschrieben. Nach dem Rücksetzen des Dateizeigers wird dieser Datensatz eingelesen, und der Variablen C wird ein Wert zugewiesen. Mit der nächsten READ-Anweisung soll ein zweiter Datensatz gelesen werden. Die Anweisung schlägt fehl, da die Datei nur einen Datensatz enthält.

K.17.2.

```
      PROGRAM LISTE2
C****************************************************************
C*    Bearbeitungsmenü für die verkettete Namensliste
C*    mit Freispeicherverwaltung
C*
```

```
C*    Menü mit folgenden Funktionen:
C*       - Einfügen eines Namens in die Liste
C*       - Löschen eines Namens aus der Liste
C*       - Ausgabe der gesamten Liste
C*    Die Namen werden in der Datei NAMDAT abgelegt und stehen
C*    für weitere Programmläufe zur Verfügung.
C*****************************************************************
C==== Vereinbarungsteil =========================================
C---- Konstanten ------------------------------------------------
C---- LISMAX     Obere Indexgrenze für Felder
C---- EANAM      Nummer der Ein-/Ausgabeeinheit für Datei NAMDAT
      INTEGER           LISMAX, EANAM
      PARAMETER         (LISMAX=100, EANAM=8)
C---- Variablen -------------------------------------------------
C---- LISLGE     Aktuelle Länge der Liste im Feld
C---- NF         Feld für Zeiger auf Nachfolger
C---- FREI       Zeiger auf erstes Element der Freispeicherliste
C---- I          Laufvariable für Ein-/Ausgabe der Felder
      INTEGER           LISLGE, NF (0:LISMAX), FREI, I
C---- NAMLIS     Feld für Namen
C---- NAME       Name
C---- WAHL       Menüauswahlbuchstabe
      CHARACTER*30      NAMLIS (1:LISMAX), NAME
      CHARACTER         WAHL
C---- EXIST      Name existiert ja/nein
C---- ERFOLG     Name eingefügt/gelöscht ja/nein
C---- ENDE       Menü beendet ja/nein
      LOGICAL           EXIST, ERFOLG, ENDE
C==== Anweisungsteil ============================================
C---- Öffnen der Datei NAMDAT -----------------------------------
      OPEN   (UNIT=EANAM, FILE='NAMDAT', FORM='UNFORMATTED')
      REWIND (UNIT=EANAM)
C---- Einlesen der Namensliste aus der Datei NAMDAT -----------
      READ   (UNIT=EANAM, END=101) LISLGE, FREI,
     &                            (NF(I), I=0,LISLGE),
     &                            (NAMLIS(I), I=1,LISLGE)
      GOTO 102
  101 CONTINUE
C------ Dateiende erreicht ---------------------------------------
      PRINT *, 'Die Namensdatei kann nicht gelesen werden.'
      PRINT *, 'Es wird eine neue Liste angelegt.'
C------ Erzeugen einer leeren Liste -----------------------------
      CALL LINIT2 (LISMAX, LISLGE, NF, FREI)
      GOTO 199
  102 CONTINUE
C------ Namensliste gelesen --------------------------------------
      PRINT *, 'Die Namensliste wurde aus der Datei gelesen.'
      GOTO 199
  199 CONTINUE
C---- Initialisierung: Menü nicht beendet ----------------------
      ENDE = .FALSE.
C---- Wiederhole ... --------------------------------------------
  201 CONTINUE
```

```
C------ Menü -------------------------------------------------
       PRINT  *  , 'Einfuegen, Loeschen, Ausgabe, Beenden',
     &             '(E,L,A,B) ?'
       READ '(A)', WAHL
       GOTO (301, 302, 303, 304, 301, 302, 303, 304),
     &       INDEX ('ELABelab', WAHL)
       GOTO 388
 301   CONTINUE
C---------- Einfügen eines Namens in die Liste ----------------
       PRINT  *  , 'Bitte einzufuegenden Namen eingeben !'
       READ '(A)', NAME
       CALL LEINF2 (LISMAX, LISLGE, NF, FREI,
     &              NAMLIS, NAME, EXIST, ERFOLG)
       IF (ERFOLG) THEN
          PRINT *, 'Der Name wurde eingefuegt.'
       ELSEIF (EXIST) THEN
          PRINT *, 'Der Name steht bereits in der Liste !'
       ELSE
          PRINT *, 'In der Liste ist kein Platz mehr !'
       ENDIF
       GOTO 399
 302   CONTINUE
C---------- Löschen eines Namens aus der Liste ----------------
       PRINT  *  , 'Bitte zu loeschenden Namen eingeben !'
       READ '(A)', NAME
       CALL LLOES2 (LISMAX, NF,  FREI,
     &              NAMLIS, NAME, ERFOLG)
       IF (ERFOLG) THEN
          PRINT *, 'Der Name wurde geloescht !'
       ELSE
          PRINT *, 'Der Name steht nicht in der Liste !'
       ENDIF
       GOTO 399
 303   CONTINUE
C---------- Ausgabe der gesamten Liste ------------------------
       CALL LAUSG (LISMAX, NF, NAMLIS)
       GOTO 399
 304   CONTINUE
C---------- Beenden des Menüs ---------------------------------
       ENDE = .TRUE.
       GOTO 399
 388   CONTINUE
C---------- Falsche Menüauswahl -------------------------------
       PRINT *, 'Falsche Auswahl !'
       GOTO 399
 399   CONTINUE
C---- ... bis Menü beendet ------------------------------------
       IF (ENDE) GOTO 202
       GOTO 201
 202 CONTINUE
```

```
C---- Dateizeiger von NAMDAT zurücksetzen --------------------
      REWIND (UNIT=EANAM)
C---- Namensliste auf die Datei NAMDAT schreiben -------------
      WRITE  (UNIT=EANAM) LISLGE, FREI,
     &                    (NF(I), I=0,LISLGE),
     &                    (NAMLIS(I), I=1,LISLGE)
C---- Schließen der Datei NAMDAT -----------------------------
      CLOSE  (UNIT=EANAM)
C---- Ende von LISTE2 ----------------------------------------
      END
```

K.17.3.

```
      SUBROUTINE LEINFD (LISMAX, LISLGE, NF, FREI,
     &                   NAMLIS, NAME, EXIST, ERFOLG)
C*****************************************************************
C*   - nur Änderungen gegenüber LEINF2 -
C*****************************************************************
      . . .
C---- Konstanten --------------------------------------------
C---- EAINF     Nummer der Ein-/Ausgabeeinheit für Datei INFDAT
      INTEGER         EAINF
      PARAMETER       (EAINF=9)
      . . .
C---- GEB       Geburtsdatum
C---- ADR       Adresse
C---- TEL       Telefonnummer
      CHARACTER       GEB*10, ADR*60, TEL*20
      . . .
C------ Falls Einfügen erfolgreich ... -----------------------
      IF (ERFOLG) THEN
C---------- Zeiger umsetzen ---------------------------------
          NF (NEU)     = NF (VORZEI)
          NF (VORZEI)  = NEU
C---------- Name in die Liste eintragen ---------------------
          NAMLIS (NEU) = NAME
C---------- Einlesen der Informationen über die Tastatur ------
          PRINT *, 'Geburtsdatum   (max. 10 Zeichen ) ?'
          READ '(A)', GEB
          PRINT *, 'Adresse        (max. 60 Zeichen ) ?'
          READ '(A)', ADR
          PRINT *, 'Telefonnummer (max. 20 Zeichen ) ?'
          READ '(A)', TEL
C---------- Schreiben der Informationen in die Datei INFDAT ---
          WRITE (UNIT=EAINF, REC=NEU) GEB, ADR, TEL
      ENDIF
      . . .
C---- Ende von LEINFD ----------------------------------------
      END
```

Anhang E

Literaturhinweise

Nachschlagewerke

DIN 66027 Programmiersprache FORTRAN
  Beuth Verlag, Berlin, 1980

FORTRAN 77 Sprachumfang
  CDC-Version (8. Auflage) und
  DEC-/FUJITSU-/IBM-/SIEMENS-Version (2. Auflage),
  Regionales Rechenzentrum für Niedersachsen RRZN (Hrsg.),
  Universität Hannover, 1984/1985
  (nur erhältlich über Großabnehmer, zum Beispiel wiss. Rechenzentren und
  Institute, Volkshochschulen oder Firmen)

Weiterführende Literatur

L. Goldschlager / A. Lister:
  Informatik – Eine moderne Einführung
  Hanser Verlag, München, 1983

H. Siebert:
  Höhere FORTRAN-Programmierung (2. Auflage)
  de Gruyter Verlag, Berlin, 1980

N. Wirth:
  Algorithmen und Datenstrukturen (3. Auflage)
  Teubner Verlag, Stuttgart, 1983

Stichwortverzeichnis

A

A-Format 35, 37, 148
Abbruchbedingung 104, 106 f
Abbruchkriterium 104 ff
ABS 29 f, 209
ACCESS 194 f, 202
ACOS 210
Addition 18, 26 ff, 66, 89
Aktualparameter 113 ff, 118, 121 f, 156 f
Algorithmus 6 f, 18, 22
.AND. 48 f, 226
Antivalenz 48
Anweisung 2 f, 7, 12 f, 15
Anweisungsfolge 8, 41
Anweisungsgerüst 1, 44, 50, 58, 65, 71,
    81, 170, 206 f
Anweisungsmarke 12 f, 15, 114
Anweisungsteil 18, 26
Äquivalenz 48
Arbeitsplatzrechner 9, 211
Arbeitsspeicher 9 f
Argument 29, 210
Argumenttyp 209 f
ASCII-Sortierfolge 47
ASIN 210
ATAN 121, 210
ATAN2 210
Aufruf des Übersetzers 11, 19, 211 f
    – einer externen Funktion 110 ff,
        156 f
    – einer Standardfunktion 29
    – eines Subroutinenunterpro-
        gramms 120 ff
Ausdruck 26
    –, arithmetischer 26, 32, 49, 53, 56,
        58, 81, 88 ff
    –, logischer 33, 48 f, 65 f, 71, 79, 125
    –, Vergleichs- 43, 45 f, 103
    –, Zeichen- 32
Ausgangsparameter 116, 120 ff

Ausnahmebehandlung 174
Aussage 15
Auswahlstruktur 41 f, 56, 174, 206
Auswertung eines Ausdrucks 26
Auswertungsreihenfolge 27 f, 32, 48, 53,
    79

B

Bedingung 41 ff, 64, 67 f, 70 f, 206 f
Begrenzer 13
Beispielprogramm ADD 18
    – ADDNEU 66 f, 89 f
    – BUG 98
    – DATAUS 169, 172
    – DREICK 102
    – FAK 111, 114 f, 125, 222
    – FAKTST 111 f, 115
    – FEHLER 201, 239
    – GGT 70, 72, 104
    – JA 119, 224
    – KALK2 61 f
    – KALKUL 57, 59
    – KREIS 120 f, 125
    – LAUSG 180 f
    – LEINF 185, 187, 193, 196, 235
    – LEINF2 193, 205, 237, 241
    – LEINFD 242
    – LINIT 185, 189, 192, 196
    – LINIT2 193, 237, 240
    – LISTE 196, 198, 201, 203
    – LISTE2 201, 203, 239
    – LISTED 202, 204 f
    – LLOES 189, 191, 197
    – LLOES2 193, 238, 241
    – LOTTO 162 f
    – LSUCH 181, 183
    – MATAUS 159
    – MATP 149, 151, 155
    – MITTEL 220

– MTAGE *63*
– NEIN *118, 125, 139*
– NEULO2 *234*
– NEULOT *166 f, 173*
– NICHTS *155*
– NOTEN *129, 132, 140*
– NSUMME *80 f*
– ORDNE *218*
– PREIS *51, 54*
– PRIMF *85*
– PRVEK *157 f*
– PRVEKN *158*
– PRZAHL *156 f*
– QSUMME *222*
– RDCHAR *119, 225*
– RDINT *116, 118*
– RDSTR *122, 124, 171*
– RECHO *97*
– SEKTAG *12*
– SKAP *141, 143, 155*
– SKAPN *144, 155*
– SPIEL *30 f, 33*
– SZAEHL *233*
– TRANSP *229 f*
– TST1 *156*
– TST2 *157*
– TST3 *157*
– TST4 *158*
– TST5 *159*
– TTEST *229*
– VOKAL *41, 45, 55, 64*
– VOKAL2 *217*
– WORTLG *36, 39 f, 49, 74*
– WRTLG2 *74, 77*
– WSUCHE *231 f*
– WTAB *101, 224*
– WURZEL *105, 107*
Betrag *29 f, 209*
Betriebssystem *10, 88, 211*
Bildschirmbreite *15*
Bildschirmdialog *34*
Bildschirmgerät *6*
Bildschirmzeile *146, 153, 171*
Binärdatei *194 ff*
Binärstellen *96*
Bit *89*
Bitmuster *88 f, 93 ff, 109, 223*
Block-IF-Struktur *42*
Byte *89, 202*

C

CALL *120, 122*
CHARACTER *23 ff, 32, 73 f, 140*

Charakteristik *94 f, 109*
CLOSE *161, 195, 202*
Code *46*
compiler *11*
COMPLEX *127*
computer *2, 9*
CONTINUE *59*
COS *210*
COSH *210*
CPU *10*

D

Datei *10 f, 115, 160, 194, 211 f*
–, Direktzugriffs- *201 f*
–, sequentielle *160, 194 ff, 213*
–bearbeitung *160, 194*
–endeerkennung *169*
–name *161, 212*
–typ *194 f*
–verwaltung *11*
–verzeichnis *10 f*
–zeiger *164*
Datensatz *160, 194, 201 f*
–länge *162, 202*
–nummer *202*
Datenstruktur *126 f, 177 ff, 201*
Datentyp *23*
DIM *30, 209*
Dimension *137*
DIRECT *194, 202*
Disjunktion *48*
Diskette *10, 160*
Division *27 f, 32, 52 f, 134 f*
Divisionsrest *29 f, 53, 209*
DO *81 ff, 101 f, 146, 208*
DOUBLE PRECISION *109*
Dualbruch *94*
dumm *3*

E

Editor *11*
Ein-/Ausgabe *34 f, 141, 161*
–, formatgebundene *35, 37, 107, 135, 147, 153 f*
–, listengesteuerte *34, 146, 148, 152 f*
–, komponentenweise *146*
–anweisungen *36, 161, 170, 174, 176, 195, 202*
–einheit *161, 213*
–geräte *10*
–liste *141, 147, 161, 170, 200*
Eingangsparameter *111, 116*

ELSE *44*
ELSEIF *50*
END *18*
ENDIF *44, 50*
.EQ. *43 f, 48 f*
.EQV. *48 f*
Ergebnistyp *209 f*
ERR *174, 176, 195, 202*
EXP *210*
Exponentialfunktion *210*
Exponentiation *27 f, 100*

F

F-Format *135*
.FALSE. *15, 33*
Fehlerbehandlung *174 f*
Feld *126 ff*
   –, mehrdimensionales *136 ff, 159*
   –grenzenüberschreitung *139, 213*
   –index *128, 136 f, 139*
   –komponente *127*
Festplatte *10*
Festpunktschreibweise *14*
FILE *161, 195, 202*
FMT *161, 176*
FORM *194 f*
Formalparameter *113 ff, 118, 122, 156 ff*
FORMAT *35, 37, 107, 135, 147, 153 f*
FORMATTED *194 f*
FORTRAN-Zeichensatz *13*
Fortsetzungszeilen *15*
FUNCTION *113*
Funktion *29, 111, 209 f*
   –, externe *111*
   –, vordefinierte Standard- *29, 32, 36,*
     46, 209 f
Funktionsaufruf *29, 110 ff, 156 f*
Funktionswert *29 f, 37, 46, 111*

G

G-Format *107*
.GE. *46*
Genauigkeit *95 ff, 109*
Gleitpunktschreibweise *14, 94, 107, 109*
GOTO *58 f, 65, 71*
Grundsoftware *9 f*
.GT. *46*

H

Hauptprogramm *18*

I

I-Format *135*
IF *44, 50*
INDEX *37 f, 55, 61*
Initialisierung *61, 93, 128*
Inkrementparameter *81*
INT *135, 209*
INTEGER *23 ff*
Iteration *64, 80, 104 ff, 182*

K

Klammerung *28, 48, 53*
Kommandomodus *10*
Kommentar *12, 15, 86 f*
Kommentierung *84 ff, 123*
Komplement *48*
Konjunktion *48*
Konstante *23*
   –, symbolische *24*
Kreiskonstante π *120 f*

L

Laufvariable *82*
.LE. *46*
Leeranweisung *59*
Leerzeichen *16, 32, 34 f, 47*
Leerzeile *15, 67, 135*
LEN *37 f, 118, 122 f, 210*
LGE *46 f, 210*
LGT *46 f, 210*
LLE *46 f, 210*
LLT *46 f, 210*
LOG *210*
LOG10 *210*
Logarithmus *32, 210*
LOGICAL *23 f, 33, 43, 48*
.LT. *46*

M

Mantisse *94 f, 107, 109*
Marke *12 f, 15, 114*
Maschinenprogramm *5, 10 f, 19 f*
Maschinensprache *3 f*
Matrix *149 ff*
MAX *29 f, 209*
Maximum *7, 29 f, 209*
Menü *196 ff*
MIN *29 f, 209*
MOD *29 f, 209*

Modul *110*
Modulo-Funktion *29 f, 209*
Multiplikation *27 f*

N

Näherungsverfahren *105 ff*
Name *13, 18, 23 f*
   –, symbolischer *12 f*
Namensregel *24*
Nassi-Shneiderman-Diagramme *8*
.NE. *46*
Negation *48*
.NEQV. *48 f*
NINT *209*
.NOT. *48 f*

O

Objektprogramm *5, 211 ff*
OPEN *161, 165, 174, 195, 202*
Operatoren *13*
   –, arithmetische *26 f, 32, 49*
   –, logische *33, 44, 48 f*
   –, Vergleichs- *43, 45, 49, 52*
.OR. *43, 48 f*

P

Parameter *110 f, 120 f, 156*
PARAMETER *24 f*
PRINT *34 f*
PROGRAM *18*
Programmausführung *5 f, 11, 20 ff, 211*
   –entwicklung *6 ff*
Programmiersprache *3 ff*
   –stil *84 ff, 110, 115*
Programmkopf *18, 87, 113, 120*
   –rumpf *18, 113*
   –schema *1, 170*
   –segment *113, 115*
   –struktur *8, 41, 87, 206*
   –übersetzung *4 f, 10 f, 19 ff, 211 f*
   –zeilen *15*
Prozedur *110*

Q

Quadratwurzel *32, 105, 210*
Quellprogramm *4 ff, 11*

R

Rangfolge *27 f, 32, 48 f, 53*
READ *34, 37, 161, 170, 174 ff, 195, 202*
REAL *23 ff, 95 ff*
REC *202*
Rechenoperationen *26*
Rechnerungenauigkeit *95 ff, 109*
RECL *202*
REWIND *164 f*
Rundung *209*
Rundungsfehler *96 ff*

S

Schleife *64, 80 ff*
Schlüsselwörter *13*
Schnittstelle *110 f, 114, 121*
schrittweise Verfeinerung *7, 110, 208*
Semantik *21 f*
SEQUENTIAL *194 f*
SIGN *30, 209*
SIN *210*
SINH *210*
Sonderzeichen *12 ff*
Sortierfolge *46 f*
Speicher *9 f, 160*
Spezialsymbol *12 f*
SQRT *210*
Standardausgabeeinheit *162, 176, 213*
Standardeingabeeinheit *162, 176, 213*
Standardfunktion *29, 32, 36, 46, 209 f*
Steuerzeichen *47*
Struktogramm *8, 206 ff*
Strukturierte Programmierung *8, 114*
SUBROUTINE *120 f*
Subroutinenunterprogramm *120*
Subtraktion *27 f*
symbolischer Name *12 f*
Syntax *21 f*

T

T-Format *35, 135*
Tabulator *35, 135*
TAN *210*
TANH *210*
Textdatei *160, 194*
THEN *44, 50*
.TRUE. *15*
Typenkonvention *24*
Typumwandlung *100 f, 134 f, 209*
Typvereinbarung *23 f, 111 ff, 118*

U

Übersetzer 4f, 10f, 19ff, 211f
undefiniert 27, 38, 128
UNFORMATTED 194f, 202
Ungenauigkeit 95ff, 109
UNIT 161
Unterprogramm 110f
 —parameter 110, 156

V

Variable 23f, 127
 —, lokale 114
Vektor 141ff
Vereinbarungsteil 18, 23
Vergleichsausdruck 43, 45f, 103
Vergleichsoperator 43, 45, 49, 52
verkettete Liste 177
Verkettungsoperator 32
Verzweigung 42, 56
Vorrangregeln 27f, 32, 48f, 53
Vorzeichen 14, 27f, 94f
Vorzeichenübertrag 30, 209

W

Wahrheitswerte 15
Wertzuweisung 26, 32f, 37

Wiederholungsstruktur 64, 70, 80, 170,
 207f
WRITE 161, 174ff, 195, 202

Z

Zahlen 14
 —, ganze 14, 23, 26ff, 53, 89ff, 213
 —, komplexe 127
 —, reelle 14, 23, 32, 93ff, 134f, 213
Zahlenbereiche 14, 89, 96, 213
Zahlenbereichsüberschreitung 89ff, 95,
 135, 213
Zahlendarstellung 89, 93, 109
Zahlendatentypen 23, 109, 127
Zahlenkonstante 25
Zahlenvorrat 88
Zeichencode 46
Zeichenkonstante 25
Zeichenoperator 32, 49
Zeichenposition 38, 73
Zeichenreihe 12ff, 23ff, 32
Zeichenteilfolge 73, 140
Zeichenvariable 24, 37f
Zeiger 164, 180
Zeilenvorschub 34, 135, 147
Zeilenvorschubzeichen 135
Zentraleinheit 9f
Zugriffsart 195
Zuweisung 26, 32f, 37
Zweierkomplementdarstellung 89

Kurzindex

Sprachelemente

FORTRAN-Zeichensatz	13, 213
Spezialsymbole, Namen	13
Zeilenstruktur, Kommentare,	
Anweisungsmarken	15
Zahlen	14
Wertebereiche	213
Zeichenreihen	14
Logische Werte	15

Ausdrücke, Operatoren

Arithmetische Ausdrücke	27
Zeichenausdrücke	32
Vergleichsausdrücke	45
Logische Ausdrücke	48
Auswertungsreihenfolge	27, 48
Vorrangregeln	49
Zeichenteilfolgen	73, 140
Typumwandlung	100, 209

Vereinbarungen

INTEGER	23
CHARACTER	23
LOGICAL	23
REAL	23
DOUBLE PRECISION	109
COMPLEX	127
PARAMETER	25

Programmstrukturen

Folge	8
Auswahl ...	
... nach logischer Bed.	41
IF,THEN,ELSE,ENDIF	44
ELSEIF	50
... nach arithm. Ausdruck	56
GOTO(..),GOTO,CONTINUE	58
Wiederholung ...	
... mit nachfolgender Bed.	64
IF(..)GOTO,GOTO,CONTINUE	65
... mit vorausgehender Bed.	70
IF(..)GOTO,GOTO,CONTINUE	71
... mit vorgegebener Anzahl	80
DO,CONTINUE	81

Datenstrukturen

Felder	126
eindimensionale F.	127
mehrdimensionale F.	136
Ein-/Ausgabe	154
Verkettete Listen	177

Ein-/Ausgabe

Bildschirm	34
READ,PRINT	34
FORMAT	35
Sequentielle Textdatei	160
OPEN,CLOSE,READ,WRITE	161
REWIND	165
Sequentielle Binärdatei	195
OPEN,CLOSE,READ,WRITE	195
REWIND	195
Direktzugriffs-Binärdatei	201
OPEN,CLOSE,READ,WRITE	202
Formatierung	
A-Format	35, 37, 148
I-Format	135
F-Format	135
G-Format	107
T-Format	35, 135
/-Format	135

Programmoduln

Hauptprogramm	18
PROGRAM,END	18
Externe Funktion	111
FUNCTION,END	113
Subroutinenunterprogramm	120
SUBROUTINE,END	120
CALL	122
ASCII-Tabelle	47
Struktogramme	206
Standardfunktionen	209